中小学海洋意识教育系列教材

我们的海洋
教师用书

高中版

国家海洋局宣传教育中心 编

中国海洋大学出版社　海洋出版社

顾 问

管华诗　中国工程院院士、中国海洋大学原校长
金翔龙　中国工程院院士、国家海洋局海底科学重点实验室主任
丁德文　中国工程院院士、国家海洋局海洋环境保护研究所名誉所长
麦康森　中国工程院院士、中国海洋大学长江学者特聘教授
徐　刚　青少年教育专家、中国少先队工作学会理事
刘宗寅　山东省教育科学研究所原所长、中国海洋大学出版社原社长

编委会

主　任　盖广生　国家海洋局宣传教育中心主任、编审
副主任　李巍然　中国海洋大学副校长、博士生导师
　　　　杨绥华　海洋出版社社长、编审
　　　　李　航　国家海洋局宣传教育中心党委副书记
　　　　朱德洲　国家海洋局宣传教育中心副主任
　　　　王　忠　国家海洋局宣传教育中心副主任
　　　　杨立敏　中国海洋大学出版社社长、研究员
委　员（按姓氏笔画为序）

石亚平　白刚勋　曲金良　刘向力　刘宗寅　刘家沂　齐继光
李　宁　李　丽　李夕聪　李凤岐　李学伦　李建筑　张　艳
张开城　邵文台　陈　杰　陆儒德　麦康森　季岸先　金翔龙
姜国良　赵　觅　姚　健　唐洪森　徐　刚　钱秀丽　高朝君
曹钰娟　温　泉　董永华　韩宝江　魏建功

总策划　盖广生

执行策划

杨立敏　曹钰娟　李夕聪　邵文台　张　艳　柳　茵

高中版

主　　编　陆儒德
副 主 编　韩宝江
执行主编　姚　键
执行副主编　王太文　褚衍儒　马　欣　武剑英　邢　英
编　　者　马　婷　王晓霞　崔开付　李　芸　马　莹　张坚志　隋秀伦

前言

　　由海洋大国向海洋强国的历史性跨越，是实现中华民族伟大复兴中国梦的必然选择。当前，我国正在实施"建设海洋强国"和"21世纪海上丝绸之路"战略，亟须进一步提高全民的海洋意识。根据中央领导同志的指示精神，为积极推动海洋知识"进学校、进教材、进课堂"，引导中小学生树立热爱海洋、经略海洋的理念，我们组织有关的海洋专家、教育专家和从事海洋教育的教师编写了全国首套"中小学海洋意识教育系列教材——《我们的海洋》"，以及这套教材的教师用书。

　　本着努力提高海洋意识教育系列教材教师用书的科学性、实用性、指导性、创新性的原则，在编写过程中我们特别注意了以下几点。

　　1. 注重对海洋意识教育系列教材的编写意图、设计思路、内容结构和主要特点的分析，使海洋意识教育系列教材的创新精神和丰富内涵得以充分展现。

　　2. 科学地提炼各层次的教育目标，并对教育目标进行具体说明，充分发挥海洋意识教育目标的引领、激励和评价作用。

　　3. 引导教师了解知识载体的选用与海洋意识教育目标达成之间的关系，加深他们对有关载体内容的理解，并及时将新的信息运用到海洋意识教育活动之中。

　　4. 充分地展现教材中的现代教育观点，引导教师从现代教育观的高度来看待教材、分析教材，充分运用现代教育策略来切实增强学生的海洋意识。

5. 凸显海洋意识教育。系列教材十分重视以活动体验来增强学生海洋意识的特点，引导教师积极主动地组织学生开展自主探究、合作研究和实践活动。

6. 加强分类指导，引导教师发挥主观能动性和创新精神，使各地的海洋意识教育活动开展得各具特色、切实有效。

教师用书共分五册：小学分上、中、下三册，初中、高中各一册。各册教师用书皆包括本册总说明、单元说明、主题活动（小学版）或课题研究（中学版）内容分析、教学设计和教学资源拓展等部分。

欢迎广大教师根据这套教师用书提供的建议和策略广泛深入地开展海洋意识教育活动，切实有效地增强学生的海洋意识，也欢迎大家对这套教师用书提出宝贵意见和建议，以便使其不断完善。

目录

本册教材总说明

一、 本册教材海洋意识教育的总任务和总目标

根据高中生的知识储备和认知水平，以专题研究的形式，引导学生运用科学的方法发现、分析和解决某些与海洋有关的问题，并在这一过程中进一步强化如下海洋意识：海洋是人类赖以生存和发展的基本环境、重要资源，海洋资源具有巨大的战略利益，蓝色经济是国民经济发展的有力引擎，保护海洋环境的任务重大且迫在眉睫，发展海洋高新技术对建设海洋强国有着至关重要的意义，走向深蓝和国际海底区域是建设海洋强国的重要内容，坚决维护国家海洋主权和海洋权益是我们义不容辞的责任，中华民族拥有灿烂的海洋文化和勇于探索、崇尚和谐的海洋精神，海洋强国战略的实施是建设现代化国家的必然要求。

二、 本册教材的内容构成

本册教材按照"主题—课题—问题"的主线构建教材内容。每个课题围绕着所在单元的主题，选取有关案例理出问题线索，引导学生进行自主探究和合作研讨，开展有利于提升海洋意识的各种活动。针对每个探究问题，都给出相关的研究资料和方法导引，对学生的探究予以启迪和指导。

全册共分五个主题，分别涉及海洋科技、海洋资源、海洋经济、海洋文化和海洋强国等方面。每个主题选取2～4个并列的研究课题，共计15个课题。

每个研究课题皆分为三大部分。

第一部分，情境创设。情景创设是为每个研究课题的全部活动做好铺垫。该部分又包括"案例回放"和"导引"两个部分。

"案例回放"通过呈现典型案例激发学生对探究课题的浓厚兴趣和探究欲望，为

学生带着有关问题开展探究活动建立情境基础。

"导引"不仅提出了探究的目标和方向，同时也明确了探究的具体任务和内容。

第二部分，主体活动。主体活动是指主要在课堂上进行的活动（有些活动需要课上和课下结合进行）。主体活动又分为若干板块；每个板块都以有关的活动性栏目来体现，有关的教材内容为开展活动服务。活动性栏目包括"观察·思考""联想·分析""活动·研讨"和"交流·分享"四种。

"观察·思考"：提供观察图片、图表、视频或指导观察实物等，引导学生思考有关问题并形成自己的看法。

"联想·分析"：给出有关的资料或提供有关的事件，引导学生进行联想和分析，形成发现问题、分析问题和解决问题的思路。

"活动·研讨"：安排实验、网上搜索、查找资料、动手制作等具体活动，引导学生经历活动过程，进行活动体验，实现活动收获。

"交流·分享"：根据有关资料提出问题，引导学生相互交流看法，实现思想碰撞，提升对问题的认识。

有些活动性栏目附有"方法导引"，对有关活动的开展进行提示。

本册教材在设计了活动性栏目的同时，还设计了许多资料性栏目，每个课题根据需要随机选用这些栏目，具有很大的灵活性和开放性。资料性栏目包括"信息长廊（提供与所研讨的问题直接有关的信息）"和"相关链接（提供与所研讨的问题间接有关的信息）"两种，它们有的是为开展活动服务的，有的是为拓宽视野设置的。

第三部分，拓展活动。拓展活动包括每一课题后设有的"蓝色行动"和"后续研究"两个栏目的活动。

"蓝色行动"是学生课外实践活动，通过设计有关的实践活动引导学生更多地走出校门，到有关的企业、部门或社区开展参观、调查、访问、咨询、宣传等有意义的活动，进一步增强自己的海洋意识，也为促进全民海洋意识的提升作出贡献。

"后续研究"是学生的自主课外活动。鼓励学生继续就有关课题进行研究，研究课题和研究方案完全根据学生自己的需要和爱好来确定。研究方案按照一般的科学研究的程序来制订，包括确立课题、提出假设、搜集证据、具体论证、验证假设、得出结论、进行评价等环节。

另外，本册教材各课题皆设置了"时代寄语"，它是各课题海洋意识教育目标的具体描述和凝练，以便使学生更清楚应提升的海洋意识，并将其与自己对这一课题的研讨收获结合起来予以内化。

三、 本册教材的主要特点

1. 主线清晰，结构有序。本册教材以重大主题划分单元，每单元选取2~4个研究课题。每一课题设置3个左右的探究问题，层层深入，逐渐细化，形成一条清晰的主线，便于学生在一个科学的体系中探究问题，既有具体研讨，又能通观全局，从而有目的地增强有关方面的海洋意识。

2. 课题新颖，代表性强。每一主题单元中选取的课题新颖、典型、时代感强且宜于学生研讨，使他们通过具体的课题研究就可以较为全面地认识有关主题的丰富内涵，体会其重要意义，把握其研究方法，为今后继续关注和研究有关方面的问题打下基础。

3. 问题导引，便于探究。"思维自问题始。"只有有了正确的问题导向，才能通过科学的思维进行合理的研讨。每一课题通过具体的"案例回放"和"导引"自然而然地产生问题线索，使学生在一个科学的问题体系中进行研讨，从而可进一步提升研讨的收获感。

4. 巧设栏目，活动驱动。本册教材15个课题共设置了73个活动性栏目和58个资料性栏目，做到了每一小标题下至少有一个活动性栏目，而且不同形式的活动性栏目交替安排、资料性栏目得当辅助、启示性语言描述科学引导，充分体现了教材通过活动驱动研讨的特点，有利于学生在活动体验中有效地增强海洋意识。

第一单元　海洋科技

一、设置本单元的目的

建设海洋强国必须富有创新思维，大力发展海洋高新技术，提高人类认识海洋、开发利用和保护海洋的能力。当今世界，全球环境、经济社会发展和海洋安全等重大问题的解决对海洋科技的需求越来越迫切。我国正在实施建设海洋强国的伟大战略，十分需要加快海洋科技的发展，使其实现由支撑为主向支撑与引领并进的转变，为实现中华民族伟大复兴的中国梦作出更大的贡献。本单元选取了四个课题供学生探讨，引导学生领略海洋科技的风采，认识其作用，从而增强"海洋是人类生存和发展的基本环境、重要资源""发展海洋高新技术对建设海洋强国有着至关重要的意义"等海洋科技意识。

二、本单元的内容安排

本单元共设计如下四个课题，从不同角度凸显海洋科技意识。

生命起源于海洋——以令人称奇的深海生物群落为案例，引出生命起源的重大课题。通过剖析海洋为生命的生存和发展所提供的各种条件，引导学生重新认识海洋对生命的重大意义，从而帮助学生树立"海洋是人类生存和发展的基本环境和重要资源""热爱海洋""保护海洋"等意识。

海洋与气候——引导学生探究本属海洋现象的厄尔尼诺和拉尼娜引起的气候反常以及全球气候变暖对海洋的影响等问题，了解海洋与大气相互影响，从而树立"保护海洋生态环境"的意识。

鹦鹉螺与现代仿生——引导学生通过对鹦鹉螺以及其他海洋生物仿生学应用的了解，认识人类与海洋生物之间的密切关系，从而树立起"热爱和保护海洋生物、与它们和谐共处"的意识。

发展中的海水淡化——引导学生通过了解海水淡化的必要性、方法以及产业规划等信息，认识海水淡化在解决水资源危机、促进经济社会发展中的重大作用，从而树立"大力发展海洋科技，更科学、合理、经济、有效地利用海水资源"的意识。

1 生命起源于海洋

海洋意识教育目标

1. 通过"原始生命诞生于海洋而不是陆地"的探究活动，引导学生分析原始海洋中生命孕育和生存的必要条件，树立"海洋孕育了生命，并为生命的生存与发展创造了各种各样的条件"等海洋意识。

2. 通过"海洋是生命进化的摇篮"的探究活动，引导学生了解海洋生物的漫长进化历程，增强"海洋是生物生存和进化的摇篮"等海洋意识。

3. 通过"破坏了海洋环境，人类将面临灾难"的探究活动，引导学生了解海洋是人类经济活动的物质基础和重要领域，增强"海洋是地球生态的重要组成部分，要珍惜海洋资源，保护海洋生态环境，努力构建和谐的人海关系"方面的海洋意识。

活动准备

（一）教师准备

1. 作好"学情"调查。利用问卷调查的形式了解学生对生命起源于海洋、海洋生物及其化石的认识情况，对海洋环境与人类的生存环境的密切关系等的认识情况。除了采用问卷形式调查外，还可以采用座谈以及课前学案的形式进行调研。通过"问卷星"设计网上问卷调查——生命的起源。

第1题　你认为地球上的生命起源于海洋吗？［单选题］

选项	小计	比例（%）
是		
不是		
本题有效填写人次		

第2题　对以下关于生命起源的观点，你赞同哪一种？ ［单选题］

选项	小计	比例（%）
神创论		
进化论		
自然发生说		
化学起源说		
外星人说		
其他		
本题有效填写人次		

第3题　你是通过哪些途径了解生命起源的？ ［多选题］

选项	小计	比例（%）
教科书		
传媒		
网络		
其他		
本题有效填写人次		

第4题　你赞同所学教材中生物起源与进化的观点吗？ ［单选题］

选项	小计	比例（%）
完全赞同		
部分赞同		
不赞同		
本题有效填写人次		

第5题　美国部分地区要求教师讲授神创论和进化论，你的态度是什么？ ［单选题］

选项	小计	比例（%）
这是浪费时间		
有利于学生的思考		
神创论和进化论都是科学的		
本题有效填写人次		

第6题 古生物学上，至今没有找到人类进化的过渡类型，你认为这是什么原因？〔单选题〕

选项	小计	比例（%）
化石保留不全，可以用间断平衡学说解释		
根本不存在进化的过渡类型，进化论是错误的		
本题有效填写人次		

第7题 你认为科学家发现生命起源于地球之外的证据可信吗？〔单选题〕

选项	小计	比例（%）
可信，我相信科学		
可能，有待进一步研究		
不信，我只相信人是由猴子变来的		
本题有效填写人次		

第8题 伦敦大学教师斯蒂夫·琼斯宣称由于没有自然压力，人类进化已经停滞。你认为人类还会再进化吗？〔单选题〕

选项	小计	比例（%）
会		
不会		
不好说		
本题有效填写人次		

第9题 你认为陆地上的生物都是从海洋中诞生的原始生命进化而来的吗？〔单选题〕

选项	小计	比例（%）
是		
不是，陆地上化学物质转变而来		
不确定，有待进一步的研究		
本题有效填写人次		

2. 作好教材分析。教材由"案例回放"和三个探究活动组成，涉及海洋孕育了生命，并为生命的生存与发展创造了各种各样的条件；海洋是生物生存和进化的摇篮；

海洋是人类经济活动的物质基础和重要领域；海洋是地球生态的重要组成部分，要珍惜海洋资源，保护海洋生态环境，努力构建和谐的人海关系等内容。为了引起学生的学习兴趣，课前应广泛收集有关方面的资料，包括文字、图片、视频等。有条件的学校还可以提供相应的海洋生物化石以及米勒实验装置。

搜索下列相关的视频录像等资料，供学生课前观看。

（1）热液冷泉"蛟龙"号海底探真相。

（2）揭秘生命的奥秘。

（3）生命的起源。

（4）原始海洋生物化石图片。

3. 选择适当的课堂教学形式。为提高学生探究参与度，最大限度地调动学生的主动性，要充分利用"案例回放"中的"海底热液喷口周围的深海生物群落"材料，加入视频资料，引起学生的探究兴趣；为了保证学生学习的效率，增加课堂活动的趣味性，提前设计三个探究活动采用的组织形式，最好能交替使用不同的方法，以利于学生思维的转换和兴趣度的保持。活动过程中，可以采取个体探究、小组合作探究、小组辩论、师生交流讨论等组织形式，也可以采取归纳总结、演绎推理、横向比较、纵向对比等学习模式，总之，要根据探究内容的难易程度、可操作性等灵活选择。

（二）学生准备

1. 课前完成调查问卷。

2. 课前分组进行材料的收集。主要是做好老师提前安排的在课堂上难以完成的内容，如上网查询有关生命起源于海洋的资料、观看有关生命起源的视频材料等，以便课堂上探究研讨。

活动内容分析

第一部分，情境创设。

"案例回放"以"海底热液喷口周围的深海生物群落"创设情景，打破人们观念中万物生长靠太阳的认知，从而激发学生对深海生物群落的浓厚兴趣。

"导引"指明了本课题探究的目标和方向——生命起源于海洋，起到"画龙点睛"的作用。

第二部分，主体活动。

本主题活动分为3个板块。

板块1：认识海洋所具备的生命存在的条件，增强探究海洋世界奥秘的兴趣。

本板块活动主要通过教材"探究1　为什么原始生命诞生于海洋而不是陆地"中的"活动·研讨"来体现。

为引导学生认识原始生命诞生于海洋而不是陆地的原因，教材从四个方面说明海洋具备的生命生存的条件。

"活动·研讨"目的在于提高学生的动手实践和分析解决问题的能力。在这一"活动·研讨"中通过实验来证明海水的温度变化小，为低等生物的存活提供了良好的环境；教师指导学生写出实验方案和实验报告，引导他们搜集原始生命诞生于海洋的依据。

"信息长廊"通过米勒实验引导学生了解在原始地球的条件下，从小分子无机物到小分子有机物是完全可能实现的；证明海洋提供了生物生存所必需的无机盐；同时拓宽了学生的视野，丰富了对海洋和海洋科技知识的了解和掌握。

板块2：了解原始生命的进化过程，用事实证明，地球上所有的生命都是从海洋中诞生的，引导学生充分认识海洋是生命进化的摇篮。

本板块活动主要通过教材"探究2　为什么说海洋是生命进化的摇篮"中的"交流·分享"来体现。

为引导学生探究海洋是生命进化的摇篮，教材从历史进化的角度，用数字和科学事实说话，指出海洋是生命进化的摇篮，是人类完成进化历程的场所。"信息长廊"介绍的澄江生物群为生命起源于海洋又添力证。建议以小组合作研讨为主，引导学生分析图文资料，形成对生命起源的正确看法。

"交流·分享"引导学生以小组为单位进行交流研讨，尽可能从不同的角度去看问题、分析问题，不同的想法交流碰撞得出科学合理的结论。该栏目所列举的现象证明生命的起源与发展都与海洋有着密切的关系。通过小组交流研讨，进一步帮助学生树立"海洋孕育了生命，并为生命的生存与发展创造了各种各样的条件"等海洋意识。

"信息长廊"通过澄江生物群再现图，激发学生的探究兴趣，培养他们严谨的科学推理精神和大胆推测的想象力。建议在本栏目的引领下，让学生以小组的形式在课前预习时查找更多、更详细的信息，课上交流研讨、共享信息，增强对生命起源问题的理解。在此过程中，学生也会逐渐增强保护海洋环境的意识。

板块3：认识到海洋与人类生活息息相关，树立"海洋是保障人类可持续发展的物质基础""保护海洋是我们每个人的责任"等海洋意识。

本板块活动主要通过教材"探究3　'破坏了海洋环境，人类将面临灾难'是真的吗"中的"活动·研讨"来体现。

"活动·研讨"引导学生通过四幅图片，查阅相关资料，了解海洋环境对我们人类的重要性及目前出现的问题，认识到海洋的生态状况对全球影响极大，是关系人类能否在地球上持续生存发展的重大问题。通过该栏目的活动探讨来增强学生"海洋是地球生态的重要组成部分""要珍惜海洋资源""保护海洋生态环境，努力构建和谐的人海关系"方面的海洋意识。

三个板块活动相互联系，层层递进。从生命诞生于海洋出发，继而谈原因和依据，最后落脚在海洋的可持续发展上，引导学生树立"保护海洋生态环境，努力构建和谐的人海关系"的海洋意识。这三个板块活动构成了有机的整体，不可分割。

第三部分，拓展活动。

"时代寄语"从更高的角度，凝练和突出了本课题研究所传递的海洋意识。在知识方面，总结了海洋为生命的生存与发展创造的各种条件，同时明确生命起源问题存在着争论。时间允许的话，也可以对不同的生命起源学说进行对比分析。可将学生分成几个小组，每个小组支持一种学说，大家进行辩论。在海洋意识方面，不仅介绍了海洋是人类生存和发展的基本环境，还上升到人与海洋的角度阐释了海洋是地球生态的重要组成部分，要珍惜海洋资源，保护海洋生态环境，努力构建和谐的人海关系。

"蓝色行动"要求组织一次研讨会。根据学生介绍的远古海洋生物进行分类，每一小组选一类并选派一名专家介绍相关海洋生物的特点，然后各组之间建立联系，最后汇总分析它们之间的进化关系。为此，要准备好自己要介绍的远古海洋生物的相关知识。

"后续研究"的研究课题和研究方案要在海洋与生命起源和进化之间的关系以及海洋环境与人类的生活等相关领域进行选择；难度深浅可以自主选择，但一定要在现有的条件下具有可操作性。教师可以提供几个课题供学生参考，如"人类活动与海洋的可持续发展研究""生命起源的调查"，可以成立兴趣小组，在课后完成本栏目任务，或者结合研究性学习课程来完成，以研究报告的形式进行交流。条件允许的学校，还可以聘请相关领域的专家或教师进行研究指导。

探究参考

探究1 "活动·研讨"：设计具体的实验方案，进行实验并写出实验报告。
我的实验方案（参考模板）：
一、实验目的（明确实验任务所达到的要求）
二、实验原理（包括公式、原理示意图及相应说明等）

三、实验器材（实验动物、实验药品、实验器材等）

四、实验步骤（方法）

五、预期的实验结果

六、实验中可能遇到的问题和对策

七、参考资料（列出主要参考文献）

我的实验报告（参考模板）

实验题目						日期	
班级		级别		姓名		类型	
【实验目的】							
【实验原理】							
【实验器材】							
【实验步骤】							
【实验结果与数据处理】							
【实验结论】							

探究2 "交流·分享"：以上事实（见教材第6页）能够说明什么问题？以小组为单位，进行交流。

我的看法： 科学家发现，鱼类、两栖类、爬行类、哺乳类和人类，在它们胚胎的发育初期都很相似，即都有鳃裂。只是到了发育晚期，除鱼以外，其他动物和人的鳃裂都消失了。这种现象说明高等脊椎动物是从古代的某些低等动物进化而来的，在生物的个体发育过程中，迅速重演了它们祖先的主要发育阶段，并且陆生脊椎动物和人在胚胎发育过程中出现了鳃裂。科学家还发现，任何动物血液中的无机物成分及其比例几乎都同海水一样，人在胚胎发育阶段，必须泡在母亲子宫的羊水中。这些事实说明生命的起源与发展都与海洋有着密切的关系。

探究3 "活动·研讨"：选取其中任意一幅图中的事例，说明人类活动对海洋系统的哪些环节造成了危害以及这种环境破坏是如何威胁人类生活的。

我的看法： 图片1为因全球变暖导致冰川融化，北极熊面临生存危机。全球变暖将导致海平面上升，从而引起海洋生态系统发生变化，这将造成重要海洋生物资源分布范围的改变，还将导致海洋生物的地理分布和物种分布格局发生改变。不仅如此，海平面上升、水温升高等引发的各种海洋灾害的频率及强度将会有不同程度的加剧。

图片2为海上溢油事故现场。溢油是指在石油勘探、开发、炼制以及运输过程中，由于意外事故或操作失误，造成原油或油品从作业现场或储器外泄，溢油流向地面、海滩或海面等，同时由于油质成分的不同，形成薄厚不等的一片油膜的现象。这些大面积的油膜，阻止了空气中的氧气向海水中溶解，同时石油的分解也消耗水中的溶解氧，对海洋生物产生危害，并祸及海鸟和人类，危害巨大。

图片3为赤潮爆发的现场。赤潮是一种海洋灾害，是指海洋水体中某些微小的浮游植物、原生动物或细菌，在一定的环境条件下突发性增殖和聚集，引发一定范围和一段时间内水体变色的现象。在海洋中一旦发生赤潮，会给海洋环境乃至人们生活造成严重的危害。高度密集的赤潮生物，会造成鱼、贝类窒息死亡。有些赤潮生物能分泌毒素和其他有害物体，毒害和杀死海洋中的动植物。赤潮生物的残骸在海水中氧化分解，消耗了海水中的溶解氧，从而造成缺氧环境，进一步威胁其他海洋生物的生存。当人们食用积聚了赤潮毒素的海产品，如蛤类，会造成食物中毒，严重的会死亡。

图片4是在日本发现的核辐射变异生物——变异的海鲇鱼。尽管日本福岛核事故发生很久了，但核泄漏引发的核辐射并未停止。在距日本30～640千米的太平洋海域，检测到的辐射物质铯[137]浓度是正常值的10～1000倍。有科学家指出，当变异发生，给物种、生物链带来的灾害是巨大的，人类也是受害者。

活动重点

为达成"海洋孕育了生命，并为生命的生存与发展创造了各种各样的条件""海洋是生物生存和进化的摇篮""海洋是人类经济活动的物质基础和重要领域""海洋是地球生态的重要组成部分，要珍惜海洋资源，保护海洋生态环境，努力构建和谐的人海关系"等有关的海洋意识教育目标，应重点讨论海洋为生命的生存和发展创造的各种条件、远古海洋生物存在和进化的依据以及分析当前海洋环境的变化及其原因。其中，当前海洋环境的变化及其原因分析与我们的生活密切相关，应为本课题研究的重点。

活动内容划分与课时安排

本课题研究包含三个探究活动，建议分为三个课时。

第一课时完成"案例回放"与探究1；第二课时为探究2和探究3；第三课时为"蓝色行动"——"神奇的海洋生物"研讨会（第三课时可根据课时情况进行取舍）。

活动设计案例

活动环节	师生活动	设计意图
活动导入	播放关于"热液冷泉'蛟龙'号海底探测真相"的视频或者以PPT的形式进行介绍。尽量选择学生感兴趣的视频。 　　教师：原始海洋是如何形成的？原始生命为什么会诞生于海洋？海洋为原始生命的形成提供了哪些必要条件？陆地生物与海洋生物的进化有一定关系吗？你知道澄江生物群吗？海洋有很强的自净能力，但是人类的污染正在使这一能力特别是在近海大为减弱你知道吗？用这些问题引导学生进行本课题的探究	通过案例回放"海底热液喷口周围的深海生物群落"，打破人们观念中万物生长靠太阳的认知，激发学生探究海洋生物如何生存的兴趣和热情
探究1　为什么原始生命诞生于海洋而不是陆地（以推理法为主）	1."水是一切生命之源和生存基础"的探究。 　　阅读教材第3页中"海洋提供了生物组织必需的水"部分，结合课前上网查询的资料，尝试以小组为单位，组内讨论通过什么实验及事实证明水是一切生命之源和生存基础 　　2.阅读教材第3页"信息长廊"中介绍的米勒实验，有条件的学校可以组织学生分组进行实验，并讨论该实验结果能够说明什么。 　　教师要给学生补充关于米勒实验的相关知识： 　　① 米勒实验提出的问题——生命起源中的有机小分子物质（如氨基酸等物质）是怎样形成的。 　　② 米勒做出的假设——有机小分子物质是由无机物质经过一系列化学反应形成的。 　　③ 实验中火花放电的作用——模拟原始地球条件下的闪电。 　　④ 向装置内输入的气体——原始大气（成分主要有水蒸气、氨气、甲烷、氢气、硫化氢等）。 　　⑤ 米勒得出的结论——由学生自己根据材料中的实验结果或自己动手实验结果分析得出结论 　　3.阅读教材第4页"海洋提供了孕育原始生命的'温床'"部分，明确：海水温度变化平缓，营造了适合低等生物存活的良好环境。完成"活动·研讨"中的实验，写出实验报告。 　　教师对各实验方案进行点评，提出改进意见	通过"原始生命诞生于海洋"的探究活动，看学生能否描述出"生物体内发生的一切化学反应都是在介质水中进行，没有水，养料不能被吸收；一切生物都离不开水；有水的地方就有可能存在生命，没有水的地方就没有生命"。学生还可以对不同种类的生物体内水分含量进行对比分析。培养学生的海洋意识以及演绎推理能力。 　　让学生通过该实验明确生命起源是一个极其复杂的问题；能够通过实验结果得出：在原始地球的条件下，小分子无机物逐渐形成小分子有机物。又经过漫长的演变，小分子有机物之间通过复杂的变化形成了生物大分子物质

活动环节	师生活动	设计意图
探究2 为什么说海洋是生命进化的摇篮（比较法探究）	1. 以小组为单位，查询资料，结合教材所给的图文资料分析海洋生物的进化过程，及陆地生物与海洋生物的关系。阅读教材第6页"信息长廊"中有关澄江生物群的材料。补充材料：澄江生物群以全景式写照，生动再现了5.3亿年前的"寒武纪大爆发"发生的真实过程，充分显示了寒武纪早期生物多样性。几乎所有现生动物的门类和许多灭绝的生物在完全没有祖先痕迹可寻的前提下奇迹般地出现在寒武纪的原始海洋中，从而将大多数现生动物门类的演化历史追溯到了寒武纪的开始阶段。 开展方式：小组之间相互展示、互评，教师评价 2. 阅读教材第6页"交流·分享"栏目，结合科学家长期观察和实验结果及几种动物的胚胎发育图，分析其说明的问题。 开展方式：学生阅读图文材料，小组内分析讨论，教师给出点评	通过"海洋是生命进化的摇篮"的探究活动，学生要明确推测原始生命的演变规律的依据之一是生物化石；学生能根据材料有理有据地描述地球上所有的生命，都是从海洋生命进化而来的。发言要有逻辑性、科学性。 增强"海洋是生物生存和发展的基本环境""生命起源于海洋"等海洋意识
探究3 "破坏了海洋环境，人类将面临灾难"是真的吗（自由探究）	1. 查阅相关资料，结合所学知识，说明海洋如何影响大气的循环活动，如何调节着全球的气候。 开展方式：教师点评，强调海洋对陆地的影响 2. 可以采用分角色的方式，由不同学生代表不同的海洋资源，各自描述自己扮演的海洋资源的相关特点。学生讨论说明海洋有很强的自净能力。 开展方式：教师组织好分组，给出恰当的提示，及时点评 3. 阅读教材第7页"活动·研讨"栏目，安排不同的学习小组分别从全球变暖、溢油、赤潮以及生物变异等角度描述海洋环境的异常现象。分析以上海洋灾害的原因，提出保护海洋环境的相应措施与建议。 开展方式：教师协调好分组，可以参与某个小组的讨论	通过"破坏了海洋环境，人类将面临灾难"的探究活动，能够用水循环的图文材料来描述；能够说出海洋从气温和降水两个方面来影响气候。了解海洋为我们人类可持续发展提供物质保障，了解海洋有很强的净化能力，增强"海洋是地球生态的重要组成部分，要珍惜海洋资源，保护海洋生态环境，努力构建和谐的人海关系"方面的海洋意识。 在探究过程中，让学生能够从人类活动和海洋环境的相互作用的角度来说明人类保护海洋环境的必要性。分析学生给出的保护海洋环境具体措施是否可行，鼓励好的措施，优化其他措施

活动环节	师生活动	设计意图
小结	教师引导学生归纳总结本课题研究的主干知识结构： 生命起源于海洋 { 海洋具备生命起源的必要条件 海洋是生命进化的摇篮 海洋与人类生活息息相关	教师给出本课题研究主线，引导学生补充和细化，帮助学生构建本课题研究的认知结构。同时教师对学生的归纳和总结能力给予充分肯定和鼓励；指导学生树立科学的资源观、合理开发利用海洋资源和保护海洋生态环境等意识
"蓝色行动"——"神奇的海洋"研讨会	1. 学生可以课前观看中国第一部用三维动画复原史前海洋生物的自然类纪录片《劫后重生——罗平古生物群大揭秘》，选取视频中出现的一种远古海洋生物，也可以从网络或图书中选取一个自己感兴趣的远古海洋生物 　2. 按照教师的要求，学生课前查阅相关资料，做好汇报展示准备。整个准备工作要按照教师的要求和教材进行，可以有所拓展、延伸。教材关于远古生物的案例不是很多，这实际上给学生留下了空间。学生通过自主收集素材，按照自己的兴趣深入探究一种远古海洋生物，激发自己的创新精神和学习动力，发挥自己的想象力 　3. 小组划分。按照学生选取的远古海洋生物进行分类，然后确定分组，每个小组讨论总结本组海洋生物的共同特点。 　活动重点： 　① 学生研讨会材料准备的翔实程度； 　② 确定对远古海洋生物进行分类的依据； 　③ 明确各类之间能够建立联系的科学依据； 　④ 要有助于学生强化"海洋是生物生存和进化的摇篮"等海洋意识。 　课时安排。一课时。 　活动（或研究）过程。提前一周布置研讨会的准备工作，保证质量；研讨会用时35～40分钟，学生展示课前准备的远古海洋生物有关材料，然后根据生物特点进行分类，根据类别分好小组，总结各组内生物的共同特点，各组派一名成员作专题发言；最后根据各组生物之间的联系，分析出各组之间的进化关系	逐步培养学生的演绎推理能力、表达能力，帮助他们树立正确的生命起源观和生物进化观，树立"海洋孕育了生命，并为生命的生存与发展创造了各种各样的条件""海洋是生物生存和进化的摇篮"等海洋意识

活动资源拓展

（一）海底热泉生物的食物链

海底热泉生物能够生存完全是依靠初级生产者——化学自养细菌。"黑烟囱"喷出的热液里富含硫化氢，这样的环境会吸引大量的化学自养细菌聚集，并能够使硫化氢与氧作用，产生能量及有机物质，形成"化能自养"现象。

作为食物链源头的化学自养细菌与海底其他动物有两种生存关系。首先，化学自养细菌以硫化氢等为营养物质，大量繁殖。初级消费者为管状蠕虫类、双壳类、腹足类、环节动物和虾类。另外，化能自养细菌与海洋无脊椎动物之间的共生现象普遍存在。管状蠕虫没有嘴、肛门以及专门的消化道，体内充满共生细菌。宿主动物为其体内共生的细菌提供了一个稳定的生存环境，并提供所有化学合成原料。细菌通过一系列的化学作用合成糖类等碳水化合物或者其他具丰富能量的分子来回报宿主动物，为其提供营养和能量。细菌在这些动物体内完成化学合成。硫化氢对大多数动物来说是有毒的，但是深海动物在演化过程中都有自己的解毒机制。它们有一种非常独特的可溶性血红蛋白，对硫化氢有极强的吸附力，能直接把硫化氢运往细菌寄生的器官，防止其与酶结合，避免中毒。

就这样，一个小规模、独特、完整而又独立的食物链就建立起来了：初级生产者（化能自养细菌），二级生产者（管状蠕虫、贻贝、蛤、虾类），三级生产者，如食肉动物（鱼）和食腐动物（蟹类）。这种不依靠光合作用的食物链表明阳光和氧气并非生命生存的唯一条件，在地球上的其他许多极端环境以及星球的类似环境都有可能存在生命。

（二）生命起源的"宇宙来源说"

有关生命起源的假说众多。米勒实验自20世纪50年代以来，一直被载入包括教科书和百科全书在内的各种书籍中。但近年来，"宇宙来源说"也具有一定的代表性。

20世纪七八十年代，科学家在澳大利亚西部诺思波尔地区发现了35亿年前的、可能是蓝藻类的丝状微化石。这些丝状微化石由多个细胞组成，形态已较复杂，需要有一段较长时间的进化过程，不可能突然出现。由此推测，生命起源很可能在40多亿年前就发生了。这一假说被称为"宇宙生命胚种说"。然而，这种假设按"生命地表化学起源说"是无法解释的。因为刚刚形成的地球表层环境与宇宙环境千差万别，宇宙生命"胚种"要很快地落到地球并迅速地适应地表环境而发展起来并非轻而易举。20世纪60年代以来，天文学家利用射电望远镜及其他先进技术，发现了数十种星际分子，其中除氨、氰等十几种无机分子外，大多是含碳的有机化合物，不少是合成生物大分子蛋白质、核酸和糖类"元件"的重要原料。据此科学家推断星际分子在宇宙射线、紫外辐射等自然能源作用下，也能合成氨基酸等生命小分子，并能通过陨石传到地球上，这就是霍伊尔等所倡导的"新宇宙生命论"。

仅仅根据星云及彗星中简单有机分子的存在就推测宇宙空间存在生命，虽然尚且证据不足，但仍能揭示这样一个事实：在星云及彗星这样的微尘结构的物质中存在着形成和保存简单有机分子的物质条件和能量条件；而且作为实验室合成生命有机物质原料的所有简单有机分子和无机分子几乎在宇宙星云中都有发现。所以，可以说在这些星云物质中存在着进一步合成复杂的生命有机分子的物质基础。

（三）重大溢油事件及其造成的危害

近年来，近海石油开发和频繁的海上运输，在给人类带来巨大经济利益的同时，也对海洋环境造成极大威胁。单从油轮溢油事故来说，从20世纪60年代以来，几乎每年都要发生一次万吨以上的油轮溢油事故，其损失难以估量，造成的生态灾难更是触目惊心。

全球严重石油泄漏事件

时间	事故情况
1967年3月	利比里亚油轮"托雷峡谷"号在英国锡利群岛附近海域沉没，12万吨原油倾入大海，浮油漂至法国海岸
1978年3月	利比亚油轮"阿莫科·加迪斯"号在法国西部布列塔尼附近海域沉没，23万吨原油泄漏，沿海大面积区域受到污染
1979年6月	墨西哥湾一处油井发生爆炸，100万吨石油流入墨西哥湾，产生大面积浮油
1989年3月	美国埃克森公司"瓦尔德斯"号油轮在阿拉斯加威廉王子湾搁浅，泄漏5万吨原油。沿海区域受到污染，当地鲑鱼和鲱鱼近于灭绝，数十家企业破产或濒临倒闭
1991年1月	海湾战争期间，伊拉克军队撤出科威特前点燃科威特境内油井，多达100万吨石油泄漏，污染沙特阿拉伯西北部沿海区域
1992年12月	希腊油轮"爱琴海"号在西班牙西北部拉科鲁尼亚港附近触礁搁浅，后在狂风巨浪冲击下断为两截，至少6万多吨原油泄漏，污染加利亚西亚沿岸区域
1996年2月	利比亚油轮"海上女王"号在英国西部威尔士圣安角附近触礁，14.7万吨原油泄漏，导致超过2.5万只水鸟死亡
1999年12月	马耳他油轮"埃里卡"号在法国西北部海域遭遇风暴，断裂沉没，泄漏1万多吨重油，沿海区域受到污染
2002年11月	利比亚油轮"威望"号在西班牙西北部海域解体沉没，至少6.3万吨重油泄漏。法国、西班牙及葡萄牙共计数千千米海岸受污染，数万只海鸟死亡
2007年11月	装载4 700吨重油的俄罗斯油轮"伏尔加石油139"号在刻赤海峡遭遇狂风，解体沉没，3 000多吨重油泄漏，导致出事海域遭严重污染
2010年4月	英国石油公司在美国墨西哥湾租用的钻井平台"深水地平线"发生爆炸，钻井平台每天漏油5 000桶，酿成一场经济和环境惨剧。此次漏油事故超过了1989年阿拉斯加埃克森公司"瓦尔德斯"号油轮的泄漏事件，是美国历史上"最严重的一次"漏油事故

2 海洋与气候

海洋意识教育目标

1. 通过"海洋对气候究竟有何影响"的探究活动，引导学生了解海洋是重要的热量和液态水储存库，树立"海洋是全球环境的调节器"的意识。

2. 通过"全球变暖对海洋有什么影响"的探究活动，引导学生了解全球变暖的原因及全球变暖对海平面、海流、海洋生态系统的影响，树立对气候变化的忧患意识等。

活动准备

（一）教师准备

1. 作好"学情"调查。利用问卷调查的形式了解学生对海洋与气候相互影响的认知等。通过"问卷星"设计网上问卷调查——海洋与气候。

第1题　你了解厄尔尼诺和拉尼娜现象吗？ ［单选题］

选项	小计	比例（%）
一点也不了解		
了解一点		
了解		
很了解		
本题有效填写人次		

第2题　你关注过马尔代夫的水下内阁会议吗？ ［单选题］

选项	小计	比例（%）
关注过		
没有关注过		
本题有效填写人次		

第3题 下列哪些因素对气候有影响？［多选题］

选项	小计	比例（%）
海陆风和季风		
海流		
感热交换		
海–气热交换		
海洋藻类		
本题有效填写人次		

第4题 全球气候变化包括什么？［多选题］

选项	小计	比例（%）
全球气候变暖		
海水酸化		
海洋环流结构变化		
海洋灾害		
本题有效填写人次		

第5题 全球变暖的原因有哪些？［多选题］

选项	小计	比例（%）
因工业化而大量使用矿物燃料		
人口剧增		
植被被破坏		
地球周期性公转轨迹的变动		
其他		
本题有效填写人次		

第6题 你觉得温室气体排放最多的是什么？〔多选题〕

选项	小计	比例（%）
F_2		
CH_4		
N_2O		
CO_2（化石燃料）		
CO_2（砍伐森林）		
CO_2（其他）		
本题有效填写人次		

第7题 你觉得全球变暖对海洋的影响包括哪些？〔多选题〕

选项	小计	比例（%）
海平面上升		
海流变化		
海洋生态系统变化		
海洋物种向两极转移		
其他		
本题有效填写人次		

第8题 你认为全球变暖对海流有哪些影响？〔多选题〕

选项	小计	比例（%）
改变上层风海流的流向和路径		
冰川融化		
不清楚		
本题有效填写人次		

第9题 你怎样看待全球变暖对环境的影响？〔多选题〕

选项	小计	比例（%）
应加强立法控制碳排放		
应加强低碳生活教育		
随着科技发展，这种影响是可控的		
本题有效填写人次		

第10题 日常生活中你做了哪些低碳小事？ ［多选题］

选项	小计	比例（%）
随手关灯关水		
外出尽量步行、骑车、乘坐公交车		
节约用纸		
少用空调		
本题有效填写人次		

2. 仔细分析教材，了解"教情"。教材由"案例回放"和两个探究活动组成，涉及海陆热力差异、海流、海-气热交换、海洋藻类等对气候的影响，全球变暖的原因及全球变暖对海平面、海流、海洋生态系统的影响等。为了吸引学生的学习兴趣，课前应广泛收集有关方面的资料，包括文字、图片、视频等，目的是让学生了解全球变暖，形成深刻认识。

参照下列信息，搜索相关的视频录像等资料，供学生课前观看。

（1）外国公益广告：globalwarming。

（2）2011中国美术学院影视系毕业创作WWF全球变暖公益——消融篇。

3. 研究教法。为调动学生探究参与度、最大限度地发挥学生的主体性做好准备。例如，为了增加案例回放的冲击力，可以准备一些震撼人心的全球变暖的视频；为了保证学生活动的效率，增加课堂活动的趣味性，提前设计两个探究活动所采用的组织形式，最好能交替使用不同的方法。

（二）学生准备

1. 上网填写教师设计的"海洋与气候"问卷调查表，对海洋与气候的相互关系有一定的了解。

2. 做好教师提前安排的在课堂上难以完成的工作，如上网查询有关厄尔尼诺和拉尼娜现象的资料、观看有关全球变暖的视频材料等，以便课堂上探究讨论。

3. 条件允许的学校，可以在课前参观访问海洋研究所或实验室，了解全球海洋生态环境的情况。

活动内容分析

第一部分，情境创设。

"案例回放"目的在于激发学生对探究海洋与气候关系的浓厚兴趣，引导他们带着自己的兴趣与思考开展活动。"厄尔尼诺与拉尼娜"引导学生了解厄尔尼诺与拉尼娜现象通常交替出现，对气候的影响大致相反，通过海洋与大气之间的能量交换，改变大气环流而影响气候；"马尔代夫水下内阁会议"则说明了气候对海洋的影响。两则材料点明海洋与气候的关系十分密切。材料新颖、有趣，引发学生的关注，激发他们对海洋与气候的探究欲望。

"导引"点明了本课题探究的目标和内容：海洋与气候的相互作用，即海洋对气候究竟起着怎样的作用和气候变暖对海洋有哪些影响。

第二部分，主体活动。

本主题活动分为2个板块。

板块1：认识海洋及海水的特点，了解海洋主要通过海流、感热交换、水汽循环、海洋藻类的作用对气候产生影响，增强探究海洋对气候影响的兴趣。

本板块活动主要通过教材"探究1　海洋对气候究竟有何影响"中的"联想·分析""活动·研讨""交流·分享"来体现。

为引导学生了解海洋对气候的影响，教材首先简要介绍了地球表面海洋的面积和海水的总体积，进而点出海陆热力性质的差异，海洋对气候的巨大影响。

"联想·分析"针对前文提到的海流引发气候异常，提出"厄尔尼诺和拉尼娜现象主要影响了哪几个国家？对当地的气候产生了怎样的影响？"为学生提供思维导向，引发他们深入思考与研究海流对气候的影响。要想让学生比较准确地回答相应问题，教师必须结合教材第10页案例一和第14页"观察·思考"中的沃克环流，引导学生弄清"厄尔尼诺和拉尼娜现象"的相关问题，真正理解这两种现象的来龙去脉。

"活动·研讨"旨在提高学生分析生活中出现的自然现象并解决相应问题的能力。可以事先将学生分成三组，指定一小组探究一个近几年出现的热带风暴。教师指导学生从热带风暴的形成条件、位置、移动的路径以及对天气的影响等方面来探究。教师可以给学生提供热带风暴移动线路图、热带风暴的结构图，引导学生了解热带风暴的形成机理。建议这一探究活动结合高中地理中"常见的天气系统"来进行，便于学生理解。

"交流·分享"激发学生发散思维，尽可能从不同的角度去分析和解决问题，并为他们提供拓展方向。例如，了解潜热的含义、海洋进行热量收支的过程有哪些、海洋热量收支过程是如何影响气候的、海平面上升会对沿海地区造成哪些影响、全球变暖对于密度流和补偿流有何影响、密度流和补偿流受到影响后会对全球变暖产生何种影响等。在交流研讨的过程中，切记不要扼杀那些看似不切实际的提法，要从发展的角度去看问题。在海洋意识领域，教师要注重从全球观、可持续发展观出发，引导学生在交流的前提下分享、在分享的基础上交流。通过教材第13页内容的交流分享，教师应该和学生一起了解以下内容。① 潜热，相变潜热的简称，指单位质量的物质在等温等压的情况下，从一个相变化到另一个相吸收或放出的热量。这是物体在固、液、气三相之间以及不同的固相之间相互转变时具有的特点之一。② 海洋表层热量收支情况：海洋表层收入的热量，主要包括来自太阳和天空的短波辐射、大气通过湍流向海面输送的热量（感热）、海面水汽凝结时的热量（潜热）、海水内部由下层向海面输送的涡动热量和水平方向的暖平流带来的热量。海洋表层支出的热量，主要包括海面的长波有效回辐射、海面以湍流的方式向大气输送的热量（感热）、海水蒸发时消耗的热量（潜热）、由表层向下层输送的涡动热量和冷平流带走的热量。③ 其他的热量收支，如星体辐射、放射性、结冰、融冰、海底热量传导等，不是因为作用微小，就是因为具有明显的局部性、短暂性或季节性，在整个大洋表层的热量收支的计算中，一般不予以考虑。

"信息长廊"在拓宽视野的同时，提供了关于海洋与气候相互关系的内容。例如，"海洋对温室气体的吸收"提示学生，科学家经过搜集检验得出在燃料燃烧和工业制造过程中释放的温室气体被海洋吸收了将近一半的结论。

板块2：了解全球气候变暖的现状，从海平面上升、海流发生变化、海洋生态系统发生变化等角度阐述全球气候变暖对海洋的影响。

本板块活动主要通过教材"探究2　全球气候变暖对海洋有什么影响"中的"交流·分享""观察·思考""交流·分享"来体现。

以全球气候变暖背景引入，引导学生探究全球气候变暖对海洋的影响。

"交流·分享"引导学生分组探究"海平面上升会对沿海地区造成哪些影响"，从资源和人类活动两方面进行分析，只要言之有理、言之有物即可。

"观察·思考"引导学生通过观察正常状态下的沃克环流示意图以及世界海流模式图，思考全球变暖对海流、风向以及厄尔尼诺和拉尼娜现象的影响。本栏目知识较难理解，学生要想分析出厄尔尼诺和拉尼娜现象的成因，必须具备热力环流的基础知识以及了解秘鲁寒流的分布与成因。建议结合高中地理中的热力环流和世界洋流分布来进行该栏目的探究活动。

"交流·分享"引导学生分组讨论，全球气候变暖对于密度流和补偿流的影响，密度流和补偿流受到影响后又将引发全球气候怎样的变化，从而了解全球变暖与海流相互影响，树立对气候变化的忧患意识。

"方法指导"主要是提示学生应从哪些方面来考虑问题，从而使小组交流进行得更加深入。

"信息长廊"通过"气候变暖引发海洋物种向两极转移"提示学生，海洋变暖正在造成海洋物种迁移时间以及聚居地的移位等变化。为加深认识，可引导他们通过查阅资料掌握更多的信息并在小组内交流。

两个板块活动相互联系、层层深入，认识海洋与气候的相互作用，即海洋对气候究竟起着怎样的作用和气候变暖对海洋有哪些影响。

第三部分，拓展活动。

"时代寄语"总结了海洋与气候相互影响的表现，引导学生意识到节能减排的重要性；不仅介绍了海洋与气候的关系，还上升到人与海洋的角度阐释了节能减排、恢复海洋生机的具体要求。

"蓝色行动"借鉴目前校园中盛行的创意展示大赛，引导学生为以马尔代夫为代表的岛国设计海报，以班级为单位举办大赛，成果在社区组织展览，以扩大影响。

"后续研究"让学生在一定的范围内自主选择。研究课题和方案都可以自主选择和确定，但一定要在与海洋与气候有关的领域进行选择；也可以由教师设定几个探究主题让学生进行选择。例如，厄尔尼诺对当地气候产生怎样影响、海平面上升会对沿海地区造成哪些影响。建议成立兴趣小组，在课后完成本栏目任务，或者结合研究性学习课程来完成，条件允许的学校还可以聘请相关领域的专家或教师进行研究指导。

探究参考

探究1 "联想·分析"：海流是海洋影响气候最活跃的因素，一旦出现异常，自然会引发气候异常。那么，厄尔尼诺和拉尼娜主要影响了哪几个国家？它们对当地的气候分别产生了怎样的影响？

我的分析：厄尔尼诺主要影响的国家和地区：南美洲的秘鲁北部、中部地区暴雨成灾；哥伦比亚境内的亚马孙河河水猛涨，造成河堤多次决口；巴西东北部少雨干旱，西部地区炎热；澳大利亚东部及沿海地区雨水明显减少；中国华北地区、南亚至非洲北部大范围地区均少雨干旱。

拉尼娜出现时，印度尼西亚、澳大利亚东部、巴西东北部、印度及非洲南部等地降水偏多。相反，在赤道太平洋东部和中部地区、阿根廷、非洲、美国东南部等地易干旱。

"活动·研讨"：近几年出现过哪些热带气旋风暴？分小组各选三个热带气旋风暴进行探究，研究它们最初的诞生海域在哪里、诞生的条件有何相似之处。

我的探究：2013年影响我国的热带风暴有第1号热带风暴"清松"、第2号热带风暴"珊珊"、第3号热带风暴"摩羯"、第4号热带风暴"丽琵"、第5号热带风暴"贝碧嘉"、第6号热带风暴"温比亚"、第7号热带风暴"苏力"、第8号热带风暴"西马仑"、第9号热带风暴"飞燕"等。

这些热带风暴大多数发生在南、北纬的5°～20°海域，都发生在广阔高温的热带洋面上，有低层大气向中心辐合、高层向外扩散的初始扰动；垂直方向风速相差太大；有足够大的地转偏向力作用，地球自转作用有利于气旋性涡旋的生成。

"交流·分享"：你了解潜热的含义吗？除了提到过的海流、长波辐射、感热交换和潜热输送之外，你认为海洋进行热量收支的过程还有哪些？这些热量收支过程是如何影响气候的？通过上网搜索等方式查阅资料，分小组交流研讨。

我的结论：潜热，相变潜热的简称，指单位质量的物质在等温等压的情况下，从一个相变化到另一个相吸收或放出的热量。这是物体在固、液、气三相之间以及不同的固相之间相互转变时具有的特点之一。

海洋表层热量收支情况：海洋表层收入的热量，主要包括来自太阳和天空的短波辐射、大气通过湍流向海面输送的热量（感热）、海面水汽凝结时的热量（潜热）、海水内部由下层向海面输送的涡动热量和水平方向的暖平流带来的热量。海洋表层支出的热量，主要包括海面的长波有效回辐射、海面以湍流方式向大气输送的热量（感热）、海水蒸发时消耗的热量（潜热）、由表层向下层输送的涡动热量和冷平流带走的热量。

探究2　"交流·分享"：海平面上升会对沿海地区造成哪些影响？请分组从资源和人类活动两方面进行分析讨论。

我的分析：海平面上升对人类的生存和经济发展是一种缓发性的自然灾害。沿海地区灾害性的风暴潮发生更为频繁，洪涝灾害加剧，沿海低地和海岸受到侵蚀，海岸后退，滨海地区用水受到污染，农田盐碱化，潮差加大，波浪作用加强，减弱沿岸防护堤坝的能力，还将加剧河口的海水入侵，增加排污难度，破坏生态平衡。

"观察·思考"：全球气候变暖是如何通过大气环流、全球风向变化一步步影响海流走向的？厄尔尼诺和拉尼娜的发生与其有何关系？

我的看法：全球气候变暖会影响大气环流，进而影响全球风场的分布。因为海洋上层的环流主要靠风场和地球自转决定，所以气候变暖可能会直接导致海洋上层环流发生变化。例如，全球变暖使副极地与副热带地区的温度差变小，副高与副极地低气压间气压差减少，气压梯度力因此减小，西风势力变小，引起北大西洋暖流减弱。

全球变暖在一定程度上可以加剧厄尔尼诺的出现频率和负面影响。厄尔尼诺现象也会使全球温度不断升高，进而导致大气风速加快，地球自转速度变缓。拉尼娜现象在当前全球气候变暖的背景下频率趋缓，强度趋弱。特别是在20世纪90年代，1991~1995年曾连续发生了三次厄尔尼诺，但中间没有发生拉尼娜。

"交流·分享"：全球气候变暖对于密度流和补偿流有什么影响？密度流和补偿流受到影响后又将引发全球气候怎样的变化？请分组交流研讨，并选派代表在全班发言。

我的看法：密度流是相邻海区海水温度、盐度差异，导致海水密度不均而形成的海水流动，如大西洋到地中海的表层洋流。密度流的"发动机"就是温度和盐度。全球变暖以后，海水中的盐度就会下降，属于密度流的暖流就会失去动力，气温会变低。

全球变暖对补偿流也会产生一定影响，以秘鲁寒流为例说明全球变暖对补偿流的影响。全球变暖后极地地区增温幅度大于赤道地区，即极地与赤道之间的温差会缩小。秘鲁寒流是表层海水被东南信风吹离海岸，底层海水上泛形成的。极地和赤道温差缩小会使整个三圈环流减弱，所以东南信风会减弱。因此秘鲁寒流表层海水离岸流动会减弱，所以上泛海水减弱，秘鲁寒流减弱。

活动重点

为达成"海洋是地球生态的重要组成部分，保护海洋生态环境，努力构建和谐的人海关系""低碳生活，减缓全球变暖趋势从而保护海洋环境"等有关的海洋意识教育目标，应引导学生分析厄尔尼诺和拉尼娜现象的形成条件、探究全球变暖的成因及影响、了解如何减少温室气体排放等。其中，有关全球变暖对海洋的影响以及海洋环境变化后对人类影响是本课题研究的重点。

活动内容划分与课时安排

本课题研究包含两个探究活动，建议分为三个课时。

第一课时进行"案例回放"与探究1；第二课时进行探究2；第三课时完成"蓝色行动"。

活动设计案例

活动环节	师生活动	设计意图
活动导入	播放关于全球变暖的视频或者图文介绍PPT。在趣味性上，最好选择有视觉冲击力的视频。 教师：厄尔尼诺和拉尼娜现象是什么？马尔代夫的水下内阁会议为什么要召开？全球变暖会带来哪些危害？我们应该如何进行低碳生活？带着这些问题引导学生进行本课题的探究	通过案例回放"厄尔尼诺和拉尼娜"，引起学生对海气反常现象的重视，调动学生探究海洋环境变化对人类影响的积极性

活动环节	师生活动	设计意图
探究1 海洋对气候究竟有何影响（小组探究为主）	1. 学生通过阅读教材，结合相关数据理解海洋是重要的热量和液态水的储存库。教师为学生提供世界海流分布示意图，引导他们明确海流的分类及不同海流对气候的影响。 结合教材"案例回放"中的案例一及教师提供的"厄尔尼诺与拉尼娜"图文材料，引导他们在此基础上完成教材第12页"联想·分析"中的活动 2. 完成教材第12页"活动·研讨"中的活动，教师提供热带风暴的分布示意图、移动路径示意图、结构示意图。学生据图文资料探究热带风暴诞生的海域、诞生的条件以及移动的路径。 教师给学生提供的材料：热带风暴的形成必须具备以下条件： ① 要有广阔的高温、高湿的大气。热带洋面上的底层大气的温度和湿度主要决定于海面水温； ② 要有低层大气向中心辐合、高层向外扩散的初始扰动； ③ 垂直方向风速不能相差太大； ④ 要有足够大的地转偏向力作用，地球自转作用有利于气旋性涡旋的生成 3. 阅读教材第12页正文及海—气热交换示意图，归纳海洋如何对地球表面热环境进行调节，引导学生结合教材第13页"交流·分享"，分组上网搜索查阅资料，了解潜热的定义以及海洋进行热量收支过程；阅读教材第13页"信息长廊"，了解海洋对温室气体的吸收情况。 开展方式：小组展示。小组之间互评、教师评价	通过探究活动，能够利用数据及科学原理说出海洋是地球重要的热量和液态水的储存库。初步了解厄尔尼诺和拉尼娜的简单原理及分布。引导学生树立"海洋是地球生态的重要组成部分，保护海洋生态环境，努力构建和谐的人海关系"的海洋意识；培养学生科学分析问题的能力。 学生能够根据图文资料分析出热带风暴是发生在热带、亚热带地区海面上的气旋性环流。能够理解其形成的基本条件。 能够利用海—气热交换示意图有理有据地说明有关问题，体现其演绎推理的能力；同时，对潜热含义的解释合理，能说出各个热量收支过程对气候的影响
探究2 全球变暖对气候有什么影响（小组探究）	1. 以小组为单位，查询资料，结合教材所给材料，深入了解海平面上升、海流变化、海洋生态系统变化的相关定义、原因和影响。 开展方式：小组展示。小组之间互评、教师评价 2. 引导学生阅读教材第14和15页"交流·分享"栏目的内容，分析讨论海平面上升会对沿海地区造成怎样的影响以及全球变暖与海流的相互影响作用。 开展方式：小组之间交流，教师总结点评 3. 引导学生阅读教材第14页"观察·思考"栏目的内容，结合热力环流、全球风带分布、全球洋流分布示意图，分析厄尔尼诺与拉尼娜现象的成因。 学生独立思考分析，写出分析结果，小组内交流分享。教师要提供给学生相关的图文资料，必要时进行简单解释，对学生的分析结果给出适当的点评	通过"全球气候变暖对海洋有什么影响"的探究活动，关注学生所搜集内容是否翔实。最后要评价学生在小组讨论过程中表达的能力和根据图文资料分析解决问题的能力。引导学生了解全球变暖的成因和影响，同时强化他们低碳生活、保护海洋环境的海洋意识等。 学生分析海平面上升对沿海地区的影响是否全面有理；对全球变暖与海流相互作用的综合分析过程能否用统一的思想把分散的数据、特征联系起来，并发现新的结论和规律，使人们对全球变暖的认识上升到更高的层次。 培养学生利用热力环流的原理分析问题的能力。当全球气候变化、风带的变化与洋流的变化对海水温度产生影响后，对沃克环流的影响的分析是否符合逻辑。学生逻辑推理能力得到提升

续表

活动环节	师生活动	设计意图
小结	教师引导学生归纳总结本课题研究的主干知识结构： 海洋与气候 { 海洋对气候的影响； 全球变暖对海洋的影响； 低碳生活	教师给出本课题研究主线，让学生去补充和细化。教师对其归纳和总结能力给予充分肯定。引导学生了解海洋环境与人类之间的相互作用、海洋环境的变化对人类生存的影响以及保护海洋环境。其中全球变暖是对海洋环境最主要的影响因素之一，学生应树立低碳生活的生活理念，可以作一个减缓全球变暖的科学合理的长远规划。引导学生构建本课题研究的认知结构，树立低碳节能观，保护海洋生态环境
根据"蓝色行动"栏目的要求以班级为单位，举办创意大赛	1. 创意大赛名称及策划书征集。 为了提高活动的质量，先将学生分成6组，每一个小组出一份创意大赛的策划书。最后6个小组展示，大家投票选择最佳方案 2. 按照最佳策划书的要求，组织相关活动。 活动重点： ① 海报设计； ② 社区展览； ③ 活动总结。 课时安排：1～2课时。 主要利用课外时间	策划书内容应全面、可行、有趣味。 学生海报内容及版面的设计要体现创新能力、要能正确反映保护海洋环境的理念等。培养学生低碳生活，减缓温室效应，保护海洋生态环境方面的海洋意识

活动资源拓展

（一）温室气体使海水酸化

海洋是一个巨大的碳储藏库，海洋容纳的碳比大气容纳的碳多出50倍。海洋中的冷深水是二氧化碳的主要储藏库。当化石燃料等燃烧时，二氧化碳被释放到大气中，大约有一半的二氧化碳迅速溶解在海水里，并被带入深海。据估算，1800～1994年，海洋吸收了48%因人类活动而释放到大气中的二氧化碳，海洋目前已经达到了它1/3的存储能力。以目前的二氧化碳排放量计算，到21世纪末，海洋的表层水将呈现明显的酸性。

（二）全球变暖使海洋环流结构发生变化

海洋的温盐环流系统是大洋中最重要的海水运动，一般被形象地称为"大洋输送带"。在这个系统中，北大西洋表面冷而致密的海水下沉到海洋深处，再经过印度洋和太平洋，最终回到大西洋。这整个循环过程要花费数百年之久，是调节地球上大陆之间热量的最重要的循环之一。

温盐环流在地球上温度和盐度都不同的大洋之间输送着营养物质和热量。北极冰川不断融化并快速流入海洋中，为其注入大量淡水，改变了温盐环流结构。淡水不再下沉（淡水的密度比咸水低，密度高的咸水才会下沉），将切断循环的下沉通道，从而停止全球性的热能传输，随后欧洲等地区可能会陷入严寒。

（三）关于厄尔尼诺的新研究

1. 厄尔尼诺现象或将增加1倍。

据科学家新闻网报道，因气候变化，可造成成千上万人伤亡的极端厄尔尼诺现象在21世纪出现的频次可能将增加1倍。这一发现为全球变暖将导致更极端的天气提供了强有力的证据。

2. 海平面上升，很多城市将被淹没。

海平面上升指由全球气候变暖、极地冰川融化、上层海水变热膨胀等原因引起的全球性海平面上升的现象。海平面的加速上升，已经成为海岸带的重大灾害。过去100年中世界海平面平均升高了12厘米左右，到2100年海平面可能会上升1米或是更高，最少不会少于50厘米。如果不采取防护措施，大片土地和许多沿海城市将被淹没。

3 鹦鹉螺与现代仿生

1. 通过"鹦鹉螺为什么能成为建筑领域仿生的重要对象"的探究活动，引导学生了解鹦鹉螺的分布、结构特点等信息，粗略认识鹦鹉螺仿生建筑的数学建模和结构设计，增强"人类与海洋生物之间的密切关系，从而树立起热爱和保护利用海洋生物资源，与它们和谐共处"等方面的海洋意识。

2. 通过"除了在建筑领域外，在其他领域鹦鹉螺的仿生学应用"的探究活动，引导学生了解鹦鹉螺在其他领域的仿生应用，树立"热爱海洋""保护海洋生物"等海洋意识。

3. 通过"除了鹦鹉螺外还有哪些海洋生物得到仿生学应用"的探究活动，引导学生了解其他海洋生物对仿生学提供的重大参考价值，增强"建设海洋强国必须大力发展海洋高新技术，提高人类认识海洋、开发利用海洋生物资源的能力"方面的海洋意识。

活动准备

（一）教师准备

1. 作好"学情"调查。利用问卷的形式了解学生对海洋生物特别是鹦鹉螺的特点以及在仿生学应用的认知情况。通过"问卷星"设计网上问卷调查——鹦鹉螺与现代仿生。

第1题　你见过鹦鹉螺或鹦鹉螺壳吗？　[单选题]

选项	小计	比例（%）
见过		
没见过		
本题有效填写人次		

第2题　你了解鹦鹉螺壳的内部结构吗？［单选题］

选项	小计	比例（%）
一点也不了解		
了解一点		
了解		
很了解		
本题有效填写人次		

第3题　关于鹦鹉螺的描述，下列哪些内容是正确的？［多选题］

选项	小计	比例（%）
鹦鹉螺是一种海洋软体动物		
鹦鹉螺进化始于距今4.5亿年前的古生代		
数亿年演变中，鹦鹉螺的外形、习性变化很小		
本题有效填写人次		

第4题　以下仿生学的相关内容你了解哪些？［多选题］

选项	小计	比例（%）
定义		
产生的背景		
历史变革		
组成内容		
研究方法		
本题有效填写人次		

第5题　鹦鹉螺形仿生建筑要考虑下列哪些环节？［多选题］

选项	小计	比例（%）
进行结构受力分析		
进行结构设计		
工程构件精确加工、装配		
检验建筑物完成的质量		
本题有效填写人次		

第6题 在日常生活中，你见过或听说过哪些仿鹦鹉螺用品？［多选题］

选项	小计	比例（%）
仿鹦鹉螺吊灯		
仿鹦鹉螺音箱		
仿鹦鹉螺的吸油烟机		
仿鹦鹉螺楼梯		
仿鹦鹉螺餐桌		
仿鹦鹉螺靠枕		
本题有效填写人次		

第7题 你知道鹦鹉螺在水中是如何升降的吗？［单选题］

选项	小计	比例（%）
知道		
不知道		
本题有效填写人次		

第8题 世界上第一艘核潜艇被命名为"鹦鹉螺"号，是因为潜艇外表像鹦鹉螺吗？［单选题］

选项	小计	比例（%）
不是，是仿照鹦鹉螺的内部结构建造的		
是，仿照了鹦鹉螺的形状		
不是，是为了纪念小说《海底两万里》中的"鹦鹉螺"号潜艇		
不是，是借用了鹦鹉螺的名称		
本题有效填写人次		

第9题 除了鹦鹉螺外，你知道还有哪些海洋生物得到仿生学应用吗？［多选题］

选项	小计	比例（%）
鲨鱼		
水母		
鲎		
海豚		
本题有效填写人次		

第10题　为什么穿鲨鱼皮泳衣会游得更快？［多选题］

选项	小计	比例（%）
鲨鱼皮泳衣表面粗糙的V形褶皱可以减小摩擦力		▭
鲨鱼皮泳衣表面光滑，摩擦力小		▭
鲨鱼皮泳衣有浮力可以提高游泳速度		▭
人穿鲨鱼皮泳衣在水里游泳没有阻力		▭
本题有效填写人次		

2. 仔细分析教材，了解"教情"。教材由"案例回放"和三个探究活动组成，涉及仿生学的简介、鹦鹉螺的特点、鹦鹉螺的仿生学应用、其他海洋生物的仿生学应用等。为了吸引学生的探究兴趣，准备好鹦鹉螺壳或者高仿实验室用的鹦鹉螺壳，广泛收集有关资料，包括文字、图片、视频等。

参照下列信息，搜索相关的视频录像等资料，供学生课前观看。

最美的海螺——鹦鹉螺（目的是让学生了解鹦鹉螺，形成直观认识。）

3. 研究教法，为提高学生探究兴趣、最大限度地发挥学生的积极性做好准备。例如，为了提高学生的自主参与度，课前安排学生准备鹦鹉螺的相关知识，课堂上让学生结合案例介绍鹦鹉螺的相关情况；提前设计三个探究活动采用的组织形式，保证学生学习的效率，增加课堂活动的趣味性，交替使用不同的方法，以方便学生思维的转换和兴趣度的保持。就本课题研究而言，探究1可采用导读提纲式，教师重点放在探究性问题的设计上，设计的问题要讲究科学性、实用性，并提前设计好引导和解决问题的方案；探究2可引导学生采用自主学习与小组探究相结合的形式；探究3可采用问题驱动式，由教师根据内容，提出1~2个涵盖探究活动主要内容的问题，问题要有激发求知欲望或能引发探究兴趣的特点。

（二）学生准备

1. 课前上网查询有关鹦鹉螺的资料并观看有关鹦鹉螺的视频材料等。

2. 制作关于鹦鹉螺相关知识的课件，以便在课堂上展示课下探究的收获。

3. 收集身边仿照鹦鹉螺制造的物品，如酒杯、吊灯、盘子等，为课堂探究活动提供实物。

活动内容分析

第一部分，情境创设。

"案例回放"——"世界最大螺形建筑亮相青岛"目的在于引导学生了解鹦鹉螺在仿生学领域的应用，激发他们参与活动的兴趣。案例本身内容并不多，简单易懂。材料简要介绍了鹦鹉螺与建筑设计的理念，能够引发学生的关注。案例材料的选取遵循短小精悍、引人入胜的原则。

"引导"起到画龙点睛的作用，突出鹦鹉螺在仿生学上的应用，同时强调以鹦鹉螺为代表的海洋生物在仿生学上的应用越来越广泛，为学生的探究指明了方向。

第二部分，主体活动。

本主题活动分为3个板块。

板块1：引入仿生学的概念，了解海洋生物的仿生应用，增强探究海底科技奥秘的兴趣。

本板块活动主要通过教材"探究1 鹦鹉螺为什么能成为建筑领域仿生的重要对象"中的"观察·思考"来体现。

教材首先说明了什么是仿生学，继而引出鹦鹉螺的仿生应用。接着，以"信息长廊"栏目介绍了鹦鹉螺的分布、种类、外形结构及其特点。"相关链接"栏目对其仿生建筑进行了简单介绍，这些都为"观察·思考"栏目的进行作了铺垫。

"信息长廊"介绍了海中"活化石"——鹦鹉螺的分布与习性等，在拓宽学生视野的同时，提供的信息和数据大多是仿生学研究领域具有很强的趣味性、能够密切联系生活的内容。

"观察·思考"引导学生通过观察仿鹦鹉螺的建筑物图片，结合鹦鹉螺的结构特点，发挥自己的空间想象力，思考设计师是怎样进行仿生设计的。学生之间可以合作探究，充分讨论，思想碰撞，得出结果。

"相关链接"引导学生了解建筑的仿生设计过程中的数学建模及结构设计。在这个过程中，各个结构部件都需要精确定位，而准确的数学建模是进行结构受力分析、设计以及工程构件精确加工、装配的基础，使学生更加全面地了解鹦鹉螺仿生建筑的原理。

板块2：除了在建筑领域，人类从鹦鹉螺身上得到的启发还应用在日用品、音箱、电气设备等领域。

本板块活动主要通过教材"探究2 除了在建筑领域外，在其他领域还有哪些鹦鹉螺的仿生学应用"中的"观察·思考"来体现。

为引导学生探究鹦鹉螺仿生学在其他领域的应用，教材图文并茂地列举实例，进一步介绍鹦鹉螺的仿生应用；借以培养学生对海洋科技探究的兴趣和提高他们认识、开发利用和保护海洋生物资源的能力。

"观察·思考"旨在通过生活中仿鹦鹉螺的吊灯、音箱等，引导学生了解仿生学与生活息息相关。在组织本栏目活动时，可以详细介绍某一建筑物的设计理念，引导学生在理解设计师设计意图的同时，思考有无可以改进的地方，提升他们的审美及空间想象力。

板块3：除鹦鹉螺外，其他海洋生物也得到仿生学的应用。

本板块活动主要通过教材"探究3　除鹦鹉螺外，还有哪些海洋生物得到仿生学的应用"中的"活动·研讨"来体现。

了解海洋生物在仿生学的应用，有针对性地合理开发利用海洋资源，同时从科学技术、环境保护等角度分析海洋仿生学的应用。

"活动·研讨"栏目研讨的任务是海洋仿生学案例大搜寻。学生通过生活中的案例、网络上的相关案例、相关文献上的案例，了解海洋生物在仿生学上的应用。可以引导学生选取其中一个案例详细介绍其仿生的原理及其优点，提高他们的分析和创新能力。

"信息长廊"栏目在拓宽视野的同时，提供的信息和数据大多是仿生学研究领域具有很强的趣味性、能够密切地联系生活的内容，"鲨鱼皮泳衣"引导学生认识海洋生物在仿生学领域的应用前景。建议引导学生以小组的形式在课前预习时查找更多关于海洋生物仿生学应用的信息，课堂上交流研讨，共享信息，提高活动效率。

"相关链接"介绍了外观类似鱿鱼的未来概念交通工具，展示了一款概念型汽车，可以作为阅读材料引导学生带着预设的问题去阅读，在阅读的基础上产生新的问题，让活动更加生动和充实。

三个板块活动相互独立，但有其内在的逻辑关系，以海洋生物和仿生学为核心，对探究问题进行延伸分析。在探究鹦鹉螺成为建筑领域仿生的重要对象的活动后，再将主体对象扩展，探究其他海洋生物的仿生学应用情况。这三个板块活动环环相扣，构成了有机的整体，不可分割。

第三部分，拓展活动。

"时代寄语"栏目总结了本课题研究的主要内容，凸显了相关的海洋意识。在知识方面，总结了海洋仿生学的意义。在海洋意识方面，介绍了海洋生物与现代仿生学的关系，并从人与海洋的角度阐释了保护海洋生物的理念。

"蓝色行动"引导学生展现动手能力，在愉悦的气氛中将鹦鹉螺仿生学的知识运用到日常生活中。

"后续研究"是一个开放性的栏目，学生可自主选择研究课题和研究方案；教师也可以提供几个课题供学生选择，如"海洋仿生学的应用案例""对鹦鹉螺与仿生学关系的进一步认识"；对于研究方案可从研究手段和方式、资料收集、我的认知与收获等方面进行。建议成立兴趣小组，在课后完成本栏目任务，或者结合研究性学习课程来完成，条件允许的学校还可以聘请相关领域的专家或教师进行研究指导。

探究参考

探究1 "观察·思考"：请仔细观察下列图片，结合鹦鹉螺的结构特点，思考设计师是怎样进行仿生学设计的。

我的看法：（本题是个开放性题目，引导学生从鹦鹉螺的外形以及内部构造特点进行分析。）

探究2 "观察·思考"：人们使用鹦鹉螺形象在日常生活中有哪些巧妙的设计？

应用4：英国的家具设计师Marc Fish推出了他的第二款"Nautilus Ⅱ（鹦鹉螺Ⅱ）"桌子设计，以计算机运算与创新的建筑技术结合，完成了这个迄今为止还无法超越的黄金比例家具设计。以超过4 000片独立的核桃木与枫木压合成鹦鹉螺的壳，完全遵照由大自然所发展出来的比例制作，这也是Marc Fish的灵感来源。以手

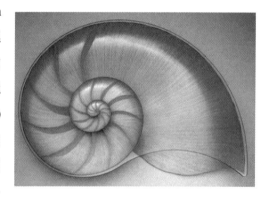

工雕刻外部凹槽，模拟螺壳自然生长的花纹。而内部除了抛光的亮面内壳，还利用日式花边纸来隔出每个腔室。

应用5：英国女王行宫毗邻国立海事博物馆，是英国最早的巴洛克式建筑。螺旋楼梯扶手上镶嵌着郁金香，所以，这个楼梯有"郁金香"楼梯之称。

探究3 "活动·研讨"：海洋仿生学案例大搜寻。

仿生案例4 科学家利用鱿鱼喷水的原

理，研制出喷水快艇，使它们的行进速度像奔驰的火车一样。鱿鱼的身体，颈部附近有一条窄缝叫套膜孔，往外有一个类似于炮筒的管子叫漏斗，套膜孔和漏斗通往腹腔。这三者组成奇妙的推进装置，使流入体内的海水变为强大的水流，向外喷射时产生极大的反作用力。

仿生案例5　海豹的耳朵极其灵敏，它们即使在水下快速潜行，仍能清晰地分辨出从遥远的地方发出的声音。根据海豹耳朵的特殊结构，人们设计出新型的水中听音器，并在船只航行中应用，即使是高速航行，船舶也能借此避开险情。

活动重点

为达成"珍惜海洋资源""保护海洋生态环境""海洋是个巨大的资源宝库""人类与海洋生物之间关系密切，要热爱和保护海洋生物，与它们和谐共处""建设海洋强国必须大力发展海洋高新技术，提高人类认识海洋生物资源、开发利用和保护海洋生物资源的能力"等海洋意识教育目标，应突出鹦鹉螺形态结构、鹦鹉螺及其他海洋生物仿生学应用等活动。学生对生活中常见仿鹦鹉螺的物品的观察与探究是本课题研究的重点。

活动内容划分与课时安排

本课题研究包含三个探究活动，建议分为三个课时。

第一课时完成"案例回放"与探究1；第二课时完成探究2和探究3；第三课时，举办"蓝色行动"中"鹦鹉螺仿生用品"制作会。

活动设计案例

活动环节	师生活动	设计意图
活动导入	播放关于"最美的海螺——鹦鹉螺"的视频或者以PPT的形式进行介绍，同时发给学生鹦鹉螺壳（可用塑料品代替）、仿鹦鹉螺的生活用品，让学生观察鹦鹉螺的结构及仿生品。 教师：你知道鹦鹉螺吗？它的分布与习性，你知道多少？你了解海洋仿生学吗？你知道还有哪些海洋生物仿生学应用吗？用这些问题引导学生进入探究活动	通过案例"世界最大螺形建筑亮相青岛"，激发学生对海洋仿生学应用的热情和兴趣，调动其探究的积极性

续表

活动环节	师生活动	设计意图
探究1 鹦鹉螺为什么能成为建筑领域仿生学的重要对象	1. 学生阅读"信息长廊"中的内容，结合鹦鹉螺壳（可用塑料品代替）、仿鹦鹉螺的生活用品，观察鹦鹉螺壳的结构及相关仿品，了解鹦鹉螺的特点，学生之间交流看法 2. 阅读教材第18页关于鹦鹉螺结构的内容，全面了解鹦鹉螺的内外结构，思考生活中见到的与鹦鹉螺结构外形相似的建筑物或其他事物是设计师们仿了鹦鹉螺的哪些特点；观察教材第19页"观察·思考"中的仿鹦鹉螺建筑物照片，交流鹦鹉螺结构建筑的特点，思考设计师是怎样进行仿生设计的	通过探究活动，增强学生对仿生学的了解及对鹦鹉螺的认识。 引导学生了解鹦鹉螺的外形、习性、进化历史、种类、存活区域等。 鼓励学生积极发言，说出生活中的仿鹦鹉螺建筑和物品。能够通过观察图片说出设计师是仿照了鹦鹉螺的哪些特点进行设计的以及这种设计的优点
探究2 除了在建筑领域外，在其他领域还有哪些鹦鹉螺的仿生学应用	1. 以小组为单位，观察课前准备的仿鹦鹉螺的生活用品以及相关图片材料，结合"观察·思考"中展示的仿鹦鹉螺吊灯、吸油烟机、音响，了解鹦鹉螺独特的外形给设计师们提供的设计灵感。以小组为单位交流日常生活中见到的其他仿鹦鹉螺独特结构设计的物品。 开展方式：小组展示；小组之间互评、教师评价 2. 教师提供鹦鹉螺壳剖面图，引导学生观察鹦鹉螺内部结构，了解其特点以及鹦鹉螺是怎样应用内腔多个壳室进行沉浮的；教师提供潜艇的工作原理相关材料，引导学生将鹦鹉螺各个壳室的作用和潜艇的工作原理进行对比。通过活动，引导学生了解鹦鹉螺：除了华丽的外表对人类的发明创造提供很多灵感外，它们的精密结构同样给人类提供了创造的灵感	通过探究活动，了解鹦鹉螺仿生学在生活中的广泛应用。 小组讨论时让所有学生都参与讨论发言；小组展示时，能够全面分析仿鹦鹉螺物品的设计依据。 理解鹦鹉螺内部精密结构中各个壳室在鹦鹉螺在海中升降时的作用；了解潜艇的工作原理
探究3 除了鹦鹉螺外，还有哪些海洋生物得到仿生学应用	1. 教师提供海洋仿生学的有关资料，引导学生了解海洋仿生学从20世纪60年代兴起后的发展情况。学生查阅相关资料，了解除了鹦鹉螺外，其他海洋生物仿生应用情况 2. 通过"活动·研讨"栏目，每组课前搜集海洋仿生学案例。将学生分成水母组、鲨组、海豚组、鱿鱼组、海豹组，活动前准备相关海洋生物的资料，尤其是在仿生学上的应用；学生将自己的成果在活动中展示，并在班级进行交流分享。教师要在肯定学生积极参与的基础上，将成果有机整合，进行点评和分析	通过探究活动，认真学习相关资料，简单介绍海洋仿生学的发展历史；说出其他海洋生物在海洋仿生学中的应用；说出鲨鱼皮的结构特点，人们可以在哪些方面仿照鲨鱼皮的特点来设计。学生进一步了解海洋仿生学，培养他们"建设海洋强国必须大力发展海洋高新技术，提高人类认识、开发利用和保护海洋的能力"方面的海洋意识。 引导学生在以下方面提高能力：学生准备材料的科学性，内容是否全面，展示的方式是否便于大家学习，重点是否放在介绍海洋生物仿生学应用上

续表

活动环节	师生活动	设计意图
小结	教师引导学生归纳总结本课题活动的主干知识结构： 鹦鹉螺与现代仿生 —鹦鹉螺在建筑学领域的应用； —鹦鹉螺在其他领域的应用； —海洋生物仿生学实例	教师给出本课题活动主线，让学生去补充和细化。教师对其归纳和总结能力给予充分肯定，让学生懂得海洋仿生学是建立在对其详细认识和了解基础之上的，海洋仿生学的广泛利用需要先进的技术支撑。需要有一个科学合理的长远规划，更需要人们为此去不懈努力。引导学生构建本课题活动的认知结构，树立科学的海洋观，深入了解海洋仿生学
"蓝色行动"——"鹦鹉螺仿生用品"制作活动	1. 根据制作的物品和学生的兴趣划分小组 2. 小组讨论： （1）制作的生活用品应用了鹦鹉螺的哪方面特点。 （2）分析制作的难度以及使用的材料。 （3）确定方案，制作图纸 3. 分头准备制作材料 4. 动手制作 5. 总结从开始设计到制作成功的过程中出现的问题及解决措施、作品的亮点 6. 展示介绍各组成果	方案制订过程中，学生讨论的情况是否能够提高大家分析解决问题的能力，给人的建议是否能够方便可行并且密切联系鹦鹉螺的特点。方案设计得是否科学合理、可行以及创新能力方面的评价；材料准备得是否齐全，制作过程中团队协作能力的表现情况如何；展示成果时是否将本组制作时的问题措施及亮点等表达得清楚完整。增强"提高人类认识海洋、开发利用生物资源的能力"方面的海洋意识。培养学生动手制造的能力

活动资源拓展

（一）现代仿生学

仿生学是20世纪60年代诞生的一门新兴科学，是一门属于生物科学与技术科学之间的边缘学科。它主要研究动植物的构造、原理，然后应用到新的工程技术中去，创造出全新的技术发展途径。

随着科学技术和生物学的发展，特别是解剖学和生理学的发展，人们揭示了许多生物界的奥秘，从中受到了很大启示，将其应用到技术生产实践中去，从而创造出很多仿生仪器。60年代，苏联首先提出仿生学的概念，并取得了一些成果。如根据海豚体型及皮肤结构的特点，造出了仿海豚舰艇，大大减少了舰艇的阻力，从而提高了航行速度。从此各国竞相研究仿生学，引起了一系列技术革新和技术革命。如科学家观察到青蛙逮捕飞虫，引起对蛙眼结构研究的兴趣，揭开了蛙眼的奥秘。原来，蛙眼对移动的目标能产生生物光效应。据此原理人们造出了人造卫星的自反差跟踪系统。

（二）鱼的仿生学应用

科学家经过细心观察，将鱼类上浮下潜的机制运用到潜艇的制造中。鱼鳔能起到调节鱼体的相对密度的作用。鱼要上浮时，鱼鳔就膨胀，体积变大，鱼体的相对密度相应变小，鱼体的相对密度小于海水的相对密度，鱼就浮出水面。鱼要下潜时，鱼鳔变小，鱼体的相对密度大于海水的相对密度，鱼就潜到水中。受此启发，人们把潜艇的壳体做成双层，里层是固壳，外壳是非耐压壳体，两层壳之间即为浮力舱，相当于鱼类的鱼鳔。当浮力舱注水时，艇体重量增加，超过海水的相对密度，潜艇下沉。浮力舱排水充气，艇体浮力增加，相对密度小于海水，潜艇上浮。潜水艇上的升降舵、推进器，也是仿造鱼类的胸鳍和尾鳍，保持了潜艇在水中的平衡、升降、前进和后退。

（三）海豚与潜艇

海豚每小时游泳速度可达70千米，如果短距离冲刺，每小时可达100千米。这是因为海豚不仅有一个理想的流线型体形，而且有特殊的皮肤构造。海豚的皮肤分两层：表皮和真皮。这种皮肤结构，除了有利于保持海豚体内温度外，还由于它富有弹性，可作为消振器，使水流的振动减弱，阻止湍流产生，从而使水的阻力显著减弱。目前，人工海豚皮就是模仿海豚的皮肤所取得的成果。人工海豚皮由三层橡胶组成，总厚度25毫米，如果潜艇外表覆盖上这种人造海豚皮，前进速度就可增快一倍以上。

（四）鲨与摄影机

鲨有4只眼，胸前方有2只单眼，每只直径约0.5毫米，具有晶体、视网膜等结构，视网膜上存有50～80个感光细胞，单眼专门用来感受紫外光。在鲨的头部两侧，还各有一只复眼，每只复眼由约1 000只小眼组成。鲨复眼中的小眼由侧向神经互相联系，当一个小眼受到光照而产生神经兴奋时，周围小眼会受到抑制，即小眼对光的刺激反应比正常情况下减弱了，这种现象也叫作侧抑制作用。鲨靠着这种特殊的作用，把眼睛接收到的视觉信号抽出加工，略去图像轮廓，这就大大增加了目标的清晰度，使鲨在海底能看清外界的景物。科学家利用鲨的这种视觉原理，发明了"鲨眼电子模拟机"，能将模糊不清的卫星照片处理得目标轮廓清晰分明。

发展中的海水淡化

海洋意识教育目标

1. 通过"为什么说海水淡化给人类带来新的希望"的探究活动，引导学生了解海水淡化的必要性及其对于解决淡水资源短缺的意义，增强"依靠科技利用海洋资源，提高人类认识海洋、开发利用海洋和保护海洋的能力"方面的海洋意识等。

2. 通过"海水淡化的主要方法"的探究活动，引导学生进一步理解海水淡化的主流方法——热法和膜法；活动中通过对比分析，引导学生探究海水淡化主流方法的优缺点，增强"对海水淡化科技的进一步认识，提高人类认识海洋、开发利用海洋和保护海洋的能力"方面的海洋意识。

3. 通过"我国海水淡化的现状如何，有何长远规划"的探究活动，引导学生了解现阶段我国海水淡化的规模及技术发展情况，增强"建设海洋强国必须大力发展海洋高新技术"等海洋意识，培养民族自豪感。

活动准备

（一）教师准备

1. 作好"学情"调查。利用问卷调查的形式了解学生对海水淡化的了解情况，包括海水淡化的必要性、方法和所取得的成就等。通过"问卷星"设计网上问卷调查——发展中的海水淡化。

第1题　你如何看待全球性淡水资源的短缺现状？

选项	小计	比例（%）
现阶段全球性的淡水资源短缺		
现阶段全球性的淡水资源不短缺		
本题有效填写人次		

第2题　你了解海水淡化技术吗？［单选题］

选项	小计	比例（%）
一点也不了解		
了解一点		
了解		
很了解		
本题有效填写人次		

第3题　你知道如何解决淡水资源短缺的问题吗？［多选题］

选项	小计	比例（%）
海水淡化		
利用海洋中的冰川		
利用海底淡水		
节约用水		
本题有效填写人次		

第4题　你是通过哪些渠道了解海水淡化的？［多选题］

选项	小计	比例（%）
电视		
广播		
报纸、杂志		
宣传单		
网络		
其他		
本题有效填写人次		

第5题　你认为海水淡化的前景如何？［多选题］

选项	小计	比例（%）
没想过		
发展缓慢		
大有前途		
能迅速发展与普及		
本题有效填写人次		

　　2. 仔细分析教材，了解"教情"。教材由"案例回放"和三个探究活动组成，涉及海水淡化的必要性、海水淡化的主流方法及其现状和未来规划等。为了激发学生的

探究学习兴趣，增强对海洋科技的热爱，应广泛收集有关方面的资料，包括文字、图片、视频等，有条件的学校还可以实地采访相关部门专家或者参观有关海水淡化的科技展览，在校园或社区举办"图说海水淡化"科普图展，增强学生的海洋科技意识，激发他们对海洋科技的创新意识。

搜索下列相关的视频录像资料，供学生课前观看。

以色列：世界最大的海水淡化工厂。

3. 研究教法，为调动学生探究积极性，最大限度发挥学生的主体性做好准备。例如，为了增加"案例回放"的冲击力，可以将抽象的文字语言转化成直观形象的视频素材，增强导入案例的冲击性，激发学生对海水淡化技术的兴趣；为了提高学生活动的效率、增加课堂活动的趣味性，根据内容的差异，建议三个探究活动采取不同的组织形式，或个体探究分析海水淡化的必要性，或小组合作探究海水淡化的主流方法并比较分析其优缺点，或分组探究海水淡化的现状、设计方案模拟未来海水淡化的技术环节，等等。具体采用哪种探究方式、运用哪些教学方法，可以依据学生主体差异、学校所在地的实际情况以及可操作性等灵活选择。

（二）学生准备

1. 完成教师课前的调查问卷，对本课题研究所涉及的海水淡化内容有初步直观的了解。

2. 做好教师提前安排的在课堂上难以完成的工作，如上网查询有关海水淡化的资料，如海水淡化历史、行业前景及其主要方法等，观看教师提供的以色列海水淡化的视频材料等，以便开展活动时能够更积极主动，内容更丰富。

3. 广泛收集有关海水淡化的典型图片及国内外先进技术的成功案例，配上相应的文字说明，为课后学校或班级举办的"图说海水淡化"科普图展积累素材。

4. 条件允许的学校可以在课前实地采访相关部门专家或者参观海水淡化科技展览，获取文字、视频等第一手材料，以便于更好地增强海洋科技意识。

活动内容分析

第一部分，情境创设。

"案例回放"以"海水淡化解决以色列淡水紧缺危机"创设情景，采用新颖、简短的视频材料引导学生认识海水淡化对解决以色列淡水资源匮乏所发挥的巨大作用，引发他们对海水淡化技术的关注，激发他们的探究欲望。

"导引"开门见山地点出海水淡化的必然性，指出如何从海水中取得淡水成为人们关注的焦点，起到"画龙点睛"的作用；不仅提出了探究的目标和方向——海水淡化，同时明确了探究的具体任务和内容，即海水淡化的方法和海水产业的发展现状和规划。

第二部分，主体活动。

本主题活动分为3个板块。

板块1：了解地球淡水面临枯竭的现状，而海水取之不尽、用之不竭，了解解决淡水资源短缺危机的途径，增强进一步探究海水淡化的兴趣。

本板块活动主要通过教材"探究1 为什么说海水淡化给人类带来新的希望"中的"联想·分析"来体现的。

教材首先分析了地球淡水面临枯竭的现状，分析了整个地球的水量构成，让学生认识到海水取之不尽、用之不竭的巨大优势。

在此基础上开展"联想·分析"活动，目的是引导学生思考认识海水转化为淡水的关键，通过分析海水的成分，总结将又苦又涩的海水变为可以饮用淡水的关键因素。建议以小组合作研讨为主，引导学生充分利用课前搜集的关于海水淡化方法的材料，并对所给材料进行加工构建，形成自己对海水淡化方法的认知结构，并且能灵活地使用其解决问题。

"联想·分析"先呈现有关知识引导学生归纳总结，在此基础上要求学生演绎推理、分析问题，难度适宜。对此，可以让学生自主探究，也可以小组合作研讨。

"信息长廊"介绍了海洋中的淡水情况，即冰山、海底中蕴藏着丰富的淡水资源，以此来加深学生对海洋中淡水的认识，拓宽他们对海水淡化的认识视野。

板块2：熟悉目前海水淡化的原理和主流方法，了解海水淡化方法的优缺点。

本板块活动主要通过教材"探究2 海水淡化的主要方法有哪些"中的"活动·研讨""交流·分享"来体现。

为引导学生更好地探究和掌握海水淡化的主要方法，教材采用先归纳后演绎的方式，给出海水淡化的基本原理，让学生自主设计海水淡化的方案；然后，教材介绍了目前海水淡化的主流方法。鉴于膜法中反渗透膜为关键材料之一，特意重点介绍。接下来，教材对这几种方法的优缺点列表对比，为学生开展"交流·分享"作好铺垫。

"活动·研讨"栏目引导学生在已有化学知识的基础上，分析海水和淡水在组成上的主要区别，同时运用海水淡化的基本原理，引导学生自主思考，设计海水淡化的方案，加深对海水淡化的认识。

"信息长廊"介绍了反渗透法工艺中的关键材料——反渗透膜，引导学生加深对科技含量较高的反渗透膜的认识，了解反渗透膜在海水淡化领域内的地位，培养学生的海洋科技意识。

"信息长廊"对海水淡化主流方法的优缺点进行了比较，进一步让学生加深对这些方法的理解，为开展"交流·分享"活动奠定基础。

"交流·分享"中的问题"分小组讨论上述两家电厂所采取的海水淡化技术的依据"，学生可针对一家电厂从水质、气温、能源价格以及最终使用淡化水的目标要求等角度分析，也可选取水质或者气温等某一个角度对两家电厂所采取的海水淡化技术进行比较和分析。不管从哪个角度分析，当学生说出自己的新观点时，教师都要及时给予他们肯定和鼓励，使他们充满信心地进行更深入的探究活动，获得更多的发现。在交流研讨的基础上，加深学生对海水淡化的主要方法的认识。对此，可引导学生上网查询，做更为深入的了解，并将查询结果与同学共享。

板块3：了解我国海水淡化的现状以及目前对海水淡化的规划及规划特点。

本板块活动主要通过教材"探究3　我国海水淡化的现状如何？有何长远规划"中的"活动·研讨"来体现。

为引导学生了解我国海水淡化的现状，教材先从宏观角度描绘了我国海水淡化事业的进展情况，然后用实例和数字具体介绍其发展情况。"信息长廊"栏目则详细介绍了国内海水淡化工程实例，以加深学生对我国海水淡化事业的了解。接着，教材引出了我国海水淡化产业的有代表性的规划文件，为下面的"活动·研讨"提供背景材料。

"信息长廊"讲解了国内海水淡化工程实例，深化了学生对我国海水淡化现状的具体认识，加深他们对海水淡化工程的理解，引导学生真实感受到我国海水淡化事业的顺利进展。在介绍国内海水淡化工程实例的基础上，引导学生交流研讨我国海水淡化的规划。

"活动·研讨"通过上网搜索等方式，让学生自主查阅我国的海水淡化战略规划，加深对我国相关规划特点的了解，增强对我国海水淡化产业政策和规划的认同感。

"相关链接"介绍了国外的海水淡化产业，引导学生了解国际上的海水淡化产业现状，拓宽他们对海水淡化领域的认识范围。这个栏目的内容可作为阅读材料，应引导学生带着预设的问题去阅读。

三个板块活动相互联系，层层深入。在了解淡水资源危机的背景、认识海水淡化原理的基础上探究海水淡化的方法，了解我国海水淡化的现状及长远规划，同时了解国外海水淡化产业。既有站在人类历史长河的角度对海水淡化必要性及必然性的分析，也有面对淡水资源短缺的现状对海水淡化产业未来发展前景的展望；既有微观角度对海水淡化具体方法的探究，也有宏观角度对海水淡化产业现状的分析。从这个意义上看，这三个板块活动构成了有机的整体，不可分割。

第三部分，拓展活动。

"时代寄语"总结了海水淡化的意义，同时指出进一步搞好海水淡化规划，进行海水淡化方法创新的重要性，引导学生加深对海洋科技的认识和了解。这样，不仅涉及了海洋资源与海洋科技的关系，而且进一步指明了海洋科技对经济社会的可持续发展的作用，增强学生科学、合理、经济、有效地利用海水资源的海洋科技意识和海洋开发意识。

"蓝色行动"引导学生以社会实践活动的形式，参观当地或者附近地区的海水淡化厂，用相机记录所看到的海水淡化设施，举行"图说海水淡化"展览。

"后续研究"引导学生根据自己的兴趣和已有的知识自主选择与海水淡化相关的课题进行研究。教师也可以设定一些相关研究课题供学生选择研究。无论采取哪种方式，教师应对学生的课题研究及注意事项进行具体的提示和引导。

探究参考

探究1 **"联想·分析"**：将又苦又涩的海水变为可以饮用的淡水的关键是什么？

我的分析：运用科技手段将海水中的化学成分，如氯化钠、氯化镁、硫酸钾、碳酸钙等去除。

探究2 **"活动·研讨"**：运用你所学的化学知识，分析海水和淡水在组成上的主要区别，并设计几种海水淡化的方案。

我的方案：（1）海水中含有许多种化学物质，80多种元素。根据各元素在海水中含量的不同，可以划分为五类：

① 主要成分（常量元素）：在海水中的浓度较大，而且性质比较稳定，基本上不受生物活动的影响，各成分浓度间的比值亦基本恒定。属于此类的有阳离子Na^+、K^+、Ca^{2+}、Mg^{2+}和Sr^{2+}五种，阴离子有Cl^-、SO_4^{2-}、Br^-、HCO_3^-（CO_3^{2-}）、F^-五种，还有以分子形式存在的H_3BO_3，其总和占海水盐分的99.9%，所以称为主要成分。海水中的Si含量有时也大于1 mg/kg，但是由于其浓度受生物活动影响较大，性质不稳定，属于非保守元素，因此讨论主要成分时不包括Si。

② 溶于海水的气体成分，如氧、氮及惰性气体等。

③ 营养元素（营养盐、生源要素）：主要是与海洋植物生长有关的要素，通常是

指N、P及Si等。这些要素在海水中的含量经常受到植物活动的影响，其含量很低时，会限制植物的正常生长，所以这些要素对生物有重要意义。

④ 微量元素：在海水中含量很低，但又不属于营养元素。

⑤ 海水中的有机物质：如氨基酸、腐殖质、叶绿素等。

（2）淡水是指含盐量小于500 mg/L的水，通常人们的饮用水都是淡水。

（3）方案：除去海水中的盐分以获得淡水的工艺过程叫海水淡化，亦称海水脱盐。海水淡化的方法，基本上分为两大类：热法和膜法。热法中，最常见的是多级闪蒸法和低温多效蒸馏法。膜法中的主流技术是反渗透法。具体工艺可以让学生通过上网查相关资料，进行整理。

"交流·分享"：分小组讨论上述两家电厂所采取的海水淡化技术的依据。

我的看法：结合所给情境材料，从当地的水质、气温、能源价格以及最终使用淡化水的目标要求等方面，分别阐述。

（1）华能玉环电厂：采取的双膜法，即超滤和反渗透相结合的工艺。依据如下：

① 华能玉环电厂位于浙江乐清湾海域，此段海水正常情况下呈微黄色混浊状。用超滤膜对海水进行预处理非常重要。

② 常规的反渗透系统设计中，一般需要配置加热装置，维持25℃的运行温度，以获得恒定的产水量。该电厂位于温带地区，常年平均水温15℃，且取自循环水排水虹吸井的原海水已经有了一定的温升，基本满足反渗透工艺对水温的要求。

③ 该电厂淡化水主要用于全厂淡水的需要，对水质要求不是太高，这也是选择该工艺的参考之一。

（2）天津北疆电厂：采取低温多效蒸馏海水淡化技术。依据如下：

① 北疆电厂位于渤海湾西北湾顶，取水工程附近属于典型的淤泥质海岸，其海水水质较差。而低温多效蒸馏法对水质的要求较低，故可以考虑。

② 该电厂淡化水主要用于生产和生活，对水质要求较高，这也是选择该工艺的重要参考因素之一。

探究3　"活动·研讨"：了解我国制定的海水淡化规划的特点。

我了解的情况：（1）规划制订的背景："十一五"期间，我国海水淡化发展迅速。2012年8月底，科技部和国家发改委编制并印发了《海水淡化科技发展"十二五"专项规划》(以下简称《规划》)。

（2）《规划》制定的重要目标：《规划》提出了提高产能、完善产业体系和增强竞争力等目标。具体而言，到2015年，我国海水淡化产能将达到220万立方米/日以上，海水淡化对解决海岛新增供水量的贡献率达到50%以上，对沿海缺水地区新增工业供水量的贡献率达到15%以上。另外，《规划》提出：建立我国自主技术研发、装备制造、工程设计建设和应用、原材料生产等完整的海水淡化产业体系，海水淡化原材料、装备制造自主创新率达到70%以上，完善海水淡化产业链；海水淡化成本不断降低，关键技术、装备、材料的研发和制造能力达到国际先进水平，拓展海水淡化市场，提高国内外市场竞争力。

活动重点

建设海洋强国必须大力发展海洋高新技术，提高人类认识海洋、开发利用和保护海洋的能力。当今世界，全球环境、经济社会发展和海洋安全等重大问题对海洋科技的需求越来越迫切。我国正在实施建设海洋强国的伟大战略，十分需要加快海洋科技的发展，使其实现由支撑为主向支撑与引领并进的转变，为实现中华民族伟大复兴的中国梦作出更大的贡献。本课题研究的重点是积极引导学生通过了解海水淡化的必要性、方法以及产业规划等信息，理解海水淡化在解决水资源危机、促进经济社会中发挥的重大作用，深刻认识大力发展海洋科技，更科学、合理、经济、有效地利用海水资源的重要性。

活动内容划分与课时安排

本课题研究包含三个探究活动，建议分为三个课时。

第一课时完成"案例回放"与探究1，第二课时完成探究2和探究3，第三课时举行"蓝色行动"——"图说海水淡化"展览会（第三课时可作为课外活动）。

活动设计案例

活动环节	师生活动	设计意图
活动导入	播放关于"以色列的淡化危机"的视频或者以PPT的形式进行图文介绍。为提高趣味性，最好选择有视觉冲击力的视频；在培养民族自豪感方面，最好选择能展示我国在海水淡化研究有重大突破的内容。 教师：什么是海水淡化？为什么要进行海水淡化？怎样进行海水淡化？用这些问题引导学生进入活动	通过案例回放"海水淡化解决以色列淡水紧缺危机"，激发学生对海水淡化的热情和兴趣，调动他们探究海水淡化的积极性

续表

活动环节	师生活动	设计意图
探究1　为什么说海水淡化给人类带来新的希望（以小组探究为主）	1. 阅读教材第25页"联想·分析"栏目内容，从化学的角度分析海水淡化的关键。 开展方式：小组展示。小组之间互评、教师评价 2. 通过阅读"信息长廊"内容，引导学生了解世界各地淡水分布情况	结合课前查阅的资料，探究海水淡化的过程，培养学生自主了解海洋科技的能力，培养其海洋意识。 通过探究活动，了解地球淡水面临枯竭现状，而海水取之不尽、用之不竭，了解目前世界部分国家和地区已使用海水淡化的情况，知道解决淡水资源短缺危机的途径，增强进一步探究海水淡化的兴趣，培养学生分析问题的能力
探究2　海水淡化的主要方法是哪些	1. 以小组为单位，查询资料，依据"活动·研讨"的要求，分析海水和淡水在组成上的主要区别，设计几种海水淡化的方案。 小组展示，小组之间互评、教师评价 2. 通过阅读教材第27页"信息长廊"内容，引导学生初步了解反渗透膜与海水淡化主流方法的优缺点 3. 通过阅读"交流·分享"中的内容，分析不同电厂采取不同海水淡化技术的依据。可以通过角色扮演的形式，让学生身临其境，深刻认识海水淡化技术	通过探究活动，引导学生了解目前海水淡化的主要方法，了解热法和膜法的基本原理，加深对海洋科技的了解，增强他们"海洋是人类生存和发展的基本环境、重要资源"的海洋意识等。 引导学生对比两种主流方法，进一步培养他们分析、解决问题的能力
探究3　我国海水淡化的现状如何？有何长远规划	1. 查阅相关资料，结合教材第29页"信息长廊"栏目内容，引导学生了解国内海水淡化工程实例 2. 通过上网搜索等方式查阅我国的海水淡化战略规划，引导学生了解我国制订的海水淡化规划特点，将自己的成果在课堂上展示，并回答其他同学的质疑和提问	通过探究活动，引导学生了解我国海水淡化的现状，认识我国目前对海水淡化的规划和我国海水淡化事业的规模程度和技术高度，培养其可持续发展的战略眼光，增强他们"建设海洋强国必须大力发展海洋高新技术，提高人类认识海洋、开发利用和保护海洋的能力"方面的海洋意识，培养民族自豪感

续表

活动环节	师生活动	设计意图
小结	教师引导学生归纳总结本课题活动的主干知识结构： 发展中的海水淡化〈海水淡化的必要性； 海水淡化的方法； 我国海水淡化的现状及规划	让学生懂得海水淡化是建立在对其详细认识和了解基础之上的，海水淡化是一种很有前途的海洋资源利用形式，需要先进的技术支撑，要考虑到海洋环境的保护，需要有一个科学合理的长远规划，帮助学生构建本课题活动的认知结构
"蓝色行动"——组织"海水淡化图片展"和"节约用水宣传会"	1. 教师课前利用学案导引，建议学生从国家所处发展阶段、国家资源禀赋、技术水平、经济效益、环境保护等不同角度进行分析归纳 2. 小组划分。按照班级人数，一般分为5~6组；如果时间不够，可以让每一个小组承担某一个侧面或方向的汇报 3. 按照教师的要求，学生课前查阅相关资料，做好汇报展示准备。整个准备工作基本要按照教师的要求和教材进行，可以有所拓展、延伸。学生按照自己的兴趣深入探究某一个方面，激发自己的创新精神和学习动力，发挥自己的想象力 4. 活动重点： （1）学生报告材料准备的翔实程度； （2）报告的论点是否准确，论据是否有力； （3）报告会对学生海洋意识的渗透和加强力度； （4）凸显我国海水淡化的研究与开发地位等 5. 课时安排。一课时 6. 活动（或研究）过程。提前一周布置报告会准备工作，保证质量。展览报告会用时35~40分钟，进行5~6组的展示报告。学生按照课前的准备就一个侧面展开报告。报告会可以由学生主持，报告内容由学生自主选择，教师做适当的补充和总结，就其内容和发言时间做好整体把握即可	培养学生创新能力、表达能力和正确的海洋观；培养"珍惜海洋资源，保护海洋生态环境，努力构建和谐的人海关系"的海洋意识；增强"建设海洋强国必须大力发展海洋高新技术，提高人类认识海洋、开发利用和保护海洋的能力"的海洋意识

活动资源拓展

（一）以色列的海水淡化

1. 海水淡化技术。

以色列的海水淡化工厂大多使用低耗能反渗透水处理法进行海水淡化。反渗透法是指将海水加压，使淡水透过选择性渗透膜，盐分被过滤出来的淡化方法。这种方法适用于海水、苦咸水，是海水淡化技术中近20年来发展最快的一种。

2.经济效益。

目前，以色列不仅彻底解决了国内的淡水危机，在国际上也已占领了全球近一半的海水淡化市场，用户遍及中国、美国、欧洲、澳大利亚等国家。2010年，以色列水技术出口总额高达15亿美元。全球第二大反渗透法海水淡化工厂——阿什科隆海水淡化厂生产饮用水占以色列年用水需求量的55%，且每立方米成本仅为0.53美元。

（二）美国、日本、西班牙等国家的海水淡化战略规划的情况

2004年以来，美国国会积极推动H.R.1071和H.R.3834等法案（10年内提供2亿美元资助脱盐设备的建造，并且每生产和销售1立方米淡水补贴0.16美元）。在南加州，Metropolitan Water District（MWD）还给予当地一些水利机构财务补贴（0.2美元/立方米），以促进海水淡化工程的实施。

日本政府出资85%建设了冲绳和福冈两大反渗透海水淡化示范工厂。通过工程示范使日本东丽、日东电工和东洋纺等反渗透膜、配套装备生产企业和工程公司走向全球。

西班牙是世界第四大海水淡化技术应用国，仅次于沙特阿拉伯、阿拉伯联合酋长国和科威特。西班牙的700多座海水淡化厂每天制取淡水约160万立方米，可以满足800万居民的需求。长期以来，西班牙政府大力支持海水淡化，以此作为解决缺水状况的一种途径。

（三）淡化后的海水成分以及利用价值

海水淡化工艺产生的浓海水相当于普通海水浓度的两倍，这样的浓海水含有大量的钠盐、钾盐、溴盐、镁盐等。利用浓海水提取溴、钾等盐化工原料可大幅度降低能耗，提高利用率，降低生产成本，用于日晒制盐可比正常海水节约盐田面积50%以上。

另外，海水淡化后的浓海水，由于进行了预处理或蒸馏过程，将更适于纯种藻类的人工养殖，而且作为原料的海水还可以被用来养殖贝类、鱼虾等海产品，浓度升高到初级卤水时人工养殖经济价值较高耐盐的卤虫，同时可养殖其他耐盐海洋生物。

第二单元　海洋资源

一、设置本单元的目的

海洋开发，自古有之。过去的"鱼盐之利，舟楫之便"已发展为今日对海洋资源的大规模开发。海洋是人类生存和发展的基本环境、重要资源，是支撑人类在地球上生存和未来发展的重要战略空间。海洋资源是人类社会可持续发展的后备资源宝库，尤其在当今全球粮食、资源、能源供应紧张与人口迅速增长间矛盾日益突出的情况下，开发利用海洋资源是人类的必然选择。

基于此，本单元通过三个研究课题引导学生探究如何科学、合理、可持续地开发利用海洋资源，以激发他们对海洋的热爱，树立新型的海洋资源观，认识海洋资源在人类社会、经济发展中所起到的巨大作用，从而增强海洋资源意识。

二、本单元的内容安排

本单元共设计三个研究课题，从不同角度凸显海洋资源意识。

"能源新秀"可燃冰——以"我国首次钻获高纯度可燃冰"为案例，引导学生探究海底可燃冰的形成条件、潜在的巨大能源优势以及商业开采情况，由点到面帮助学生认识海洋是个巨大的资源宝库，海洋资源开发对人类社会、经济发展的重要性及科学技术在海洋开发中所起的重要作用。

开发国际海底资源——通过"我国获得西北太平洋富钴结壳矿区专属勘探权"的案例，引导学生了解三种深海矿产资源：富钴结壳、多金属结核、多金属硫化物，进而了解国际上对开发利用深海海底资源的要求和规定以及目前实现商业化开采需要解决的关键技术等问题。加深他们对大力发展海洋科技重要性的认识，引导他们树立"加快向深海进发""积极勘探、开发深海海底资源"等海洋意识。

海洋空间资源的利用——引导学生了解港珠澳大桥修建的意义及其所涉及的海洋空间资源利用方式，帮助他们树立"海洋空间也是资源"的海洋意识。通过对海洋空间资源的开发利用前景的研讨，引导学生更深刻地认识由海上、海中和海底组成的海洋空间资源带给人类生存和发展的新希望，世界各沿海国家向海洋空间进军已是大势所趋。帮助他们形成关注海洋空间的开发利用的海洋意识，认识合理开发利用各种海洋空间资源和保护好海洋环境的重要性。

5 "能源新秀"可燃冰*

海洋意识教育目标

1. 通过"海底可燃冰形成原因"的探究活动，引导学生在时间尺度上纵向分析人类发现和合成可燃冰的历程，在空间尺度上探究可燃冰形成必备的条件和分布的规律，增强"海洋是地球生态的重要组成部分，要珍惜海洋资源，保护海洋生态环境，努力构建和谐的人海关系"等方面的海洋意识。

2. 通过"可燃冰能否成为能源的后起之秀"的探究活动，引导学生了解可燃冰的特点、分布和开发情况，增强海洋是个巨大的资源宝库的海洋意识。

3. 通过"我国可燃冰商业开采"的探究活动，引导学生了解我国可燃冰开发的现状，了解可燃冰开发需要克服的困难和注意的问题，增强"建设海洋强国必须大力发展海洋高新技术，提高人类认识海洋、开发利用和保护海洋的能力"方面的海洋意识，培养民族自豪感。

活动准备

（一）教师准备

1. 作好"学情"调查。利用问卷调查的形式了解学生对海洋新能源特别是可燃冰的认知情况，包括可燃冰的特点、分布及开发的意义等。通过"问卷星"设计网上问卷调查——"新能源利用"。

第1题　你认为地球上的能源是无穷的吗？〔单选题〕

选项	小计	比例（%）
是		
不是		
本题有效填写人次		

---

* 可燃冰：学名为天然气水合物，由天然气（主要成分是甲烷）和水结合而成。

第2题 你知道我国多煤、少油、缺气的能源状况带来了哪些环境危害吗？〔多选题〕

选项	小计	比例（%）
酸雨		
温室效应		
臭氧层空洞		
其他		
本题有效填写人次		

第3题 你了解新能源吗？〔单选题〕

选项	小计	比例（%）
一点也不了解		
了解一点		
了解		
很了解		
本题有效写人次		

第4题 你知道哪些新能源？〔多选题〕

选项	小计	比例（%）
太阳能		
风能		
潮汐		
波浪能		
沼气		
地热		
可燃冰		
本题有效填写人次		

第5题　你通常是通过哪些渠道得到新能源信息的？［多选题］

选项	小计	比例（％）
电视		
广播		
报纸、杂志		
宣传单		
网络		
其他		
本题有效填写人次		

第6题　你觉得哪些新能源有优势？［多选题］

选项	小计	比例（％）
太阳能		
风能		
潮汐能		
波浪能		
沼气		
地热		
可燃冰		
本题有效填写人次		

第7题　你认为可燃冰最突出的优点是什么？［多选题］

选项	小计	比例（％）
具有很高的能量密度		
清洁，燃烧后不产生残渣和废气		
方便快捷		
储量丰富		
经济效益高		
其他		
本题有效填写人次		

第8题 可燃冰主要分布在哪些地区？［多选题］

选项	小计	比例（%）
海底沉积物中		
高纬度和极地冻土地带		
不清楚		
本题有效填写人次		

第9题 你是怎样看待可燃冰开采对环境影响的？［多选题］

选项	小计	比例（%）
对环境造成破坏，开采没有意义		
所有能源开采都会不同程度地破坏环境		
随着科技的发展，这种影响是可控的		
本题有效填写人次		

第10题 你认为可燃冰应用的前景如何？［多选题］

选项	小计	比例（%）
没想过		
发展缓慢		
大有前途		
能迅速发展与普及		
很难大规模开发利用		
本题有效填写人次		

2.仔细分析教材，了解"教情"。教材由"案例回放"和三个探究活动组成，涉及可燃冰的成因、贮藏数量、空间分布、与其他能源相比的优点、开发利用的技术要求等。课前广泛收集相关资料，包括文字、图片、视频等。

（1）搜索下列相关的视频录像资料，供学生课前观看。

①新闻会客厅：张洪涛 十年钻获"可燃冰"。

②21世纪新能源——可燃冰（上）、（下）。

（2）建议学生课前百度"可燃冰"图片，了解可燃冰，形成直观认识。

（3）指导学生有目的、有重点地查阅资料、观看视频，并思考如下问题：

① 世界与我国的能源消费现状、消费结构与环境污染问题。

② 新能源的种类、开发利用现状以及前景展望。

③ 可燃冰作为未来能源的主要优点、分布地区以及储量情况。

④ 世界主要国家及我国在可燃冰研究、勘探、开发方面的最新进展情况。

3. 研究教法，为调动学生的积极性、最大限度地发挥学生的主体性做好准备。

例如，为了增加"案例回放"的冲击力，可以准备一些可燃冰开采或燃烧的视频；为了保证学生学习的效率，增加课堂活动的趣味性，提前设计三个探究活动采用的组织形式，最好能交替使用不同的方法，方便学生思维的转换和兴趣度的保持。就本课题研究而言，可以准备自主探究、小组合作探究、小组辩论、师生交流讨论等备选组织形式，也可以准备归纳总结、演绎推理、横向比较、纵向对比等学习模式，要根据探究内容的难易程度、可操作性等灵活选择。

（二）学生准备

1. 完成教师课前的调查问卷表，对新能源利用有一定的了解和认识。

2. 提前观看有关可燃冰的视频材料等，以便课堂上探究讨论。

3. 课前上网搜集有关可燃冰的图片、新闻报道、形成条件、分布地区、开发利用等资料，为课堂上专题报告会、分组探究活动、小组辩论以及课下宣传壁报等准备素材、论据和观点。

4. 条件允许的学校可以在课前参观访问相关地质研究所或实验室，以小组为单位采访相关海洋专家或者相关学科教师，获取文字、视频等第一手材料，了解可燃冰的开发利用及合成情况。

活动内容分析

第一部分：情境创设

"案例回放"介绍了我国首次钻获高纯度可燃冰的情况，目的在于激发学生对探究可燃冰的浓厚兴趣，引导他们带着有关问题开展探究活动。如果在教材案例的基础上补充选取新的案例，要注意案例材料的新、奇、趣，内容不要太多、太繁，而要短小精悍、引人入胜，能够引发学生的关注，激发他们对海底可燃冰的探究欲望。

"导引"不仅提出了探究的目标和方向，即可燃冰的形成条件和可燃冰能否成为"能源新秀"，而且明确了探究的具体任务和内容，即加深对可燃冰的认识、可燃冰商业开采方面的进展情况。

第二部分：主体活动

本主题活动分为3个板块。

板块1：认识深海海底的特点，了解海底可燃冰的形成，增强探究海底世界奥秘的兴趣。

本板块活动主要通过教材"探究1　海底可燃冰是如何形成的"中的"联想·分析"来体现。

为引导学生了解海底可燃冰的形成，教材首先说明了什么是可燃冰，结合物理和化学知识从分子结构的角度揭示了可燃冰的微观组成特点。"相关链接"栏目"气体水合物的发现和合成历程"介绍了人类发现和合成气体水合物的历程，以加深学生对可燃冰是一种气态水合物的认识，使他们更加全面地了解可燃冰。接着，教材指出了可燃冰的形成条件——天然气源、低温和高压。

在此基础上开展"联想·分析"活动，目的是引导学生认识深海海底的环境特点，结合可燃冰的形成条件，通过推理了解海底可燃冰的形成，并归纳总结关于可燃冰成因的普遍性规律；然后引导学生运用所总结的规律剖析高纬度地区为什么也具备形成可燃冰的条件。建议以小组合作研讨为主，引导学生关注图文资料，对所给材料进行加工构建，形成自己对可燃冰成因的认知结构，并且能灵活地使用其解决问题，更清晰地认识可燃冰等海洋资源与海洋环境之间的关系。

"联想·分析"先呈现有关知识引导学生归纳总结，在此基础上要求学生演绎推理、分析问题，难度适宜。对此，可以让学生自主探究，也可以小组合作研讨。

"信息长廊"栏目"我国在冻土带钻获可燃冰"进一步说明不仅高纬度冻土层中可能含有可燃冰，中低纬度的冻土层中也可能含有可燃冰，并指出我国是世界上第一个在中低纬度冻土区发现可燃冰的国家，以此来加深学生对可燃冰形成条件的认识，拓展他们对可燃冰的认识视野。

板块2：研讨世界各国热衷于可燃冰勘探与开发的原因，认识可燃冰是公认的21世纪可替代能源。

本板块活动主要通过教材"探究2　可燃冰能否成为能源的后起之秀"中的"交流·分享"来体现。

为引导学生探究可燃冰能否成为能源的后起之秀，教材用数据说话，科学地分析可燃冰作为能源具有密度高、分布广、储量大等特点；结合可持续发展的观念，从环境保护的角度比较分析可燃冰相对于传统能源的优势。

"交流·分享"中的问题"世界各国为什么如此热衷于可燃冰的勘探与开发"，学生可能站在可燃冰优点的角度分析，也可能站在常规能源不足的角度分析；可能从经济发展的角度分析，也可能从环境保护的角度分析，等等。不管从哪个角度分析，当学生说出自己的观点时，教师都要及时给予他们肯定和鼓励，使他们充满信心地进行更深入的探究活动，获得更多的发现。

"方法指导"主要是提示学生应从哪些方面来考虑问题，从而使小组交流进行得更加深入。

在交流研讨的基础上，教材说明全球范围内可燃冰的分布情况，加深学生对可燃冰作为新一代能源的优势的认识。对此，可引导学生上网查询，做更为深入的了解，并将查询结果与同学共享。

"信息长廊"栏目"我国可燃冰储量可供使用数百年"引导学生了解我国可燃冰开发利用的美好前景以及南海是我国可燃冰储量最为丰富的海区，增强他们的民族自豪感和爱国之情。为加深认识，可引导他们通过查阅资料掌握更多的信息并在小组内交流。

板块3：认识做好可燃冰开发利用规划的重要性。

本板块活动主要通过教材"探究3 在可燃冰的商业化开采方面我国进展如何"中的"联想·分析"和"交流·分享"来体现。

了解可燃冰商业开采方面的进展，认识当今能源短缺背景下开发可燃冰的意义，同时从科学技术、经济效益、环境保护等角度分析可燃冰开发需要克服的困难和注意的问题，是这一板块活动的主旨。

"联想·分析"在介绍我国可燃冰商业开采规划情况的基础上，引导学生交流研讨我国当前的可燃冰开发利用集中在"有多少"和"怎么采"上的原因，认识科学进行可燃冰商业化开采的重要意义。

"信息长廊"介绍了可燃冰的开采方法，总结了不同种类的开发利用手段，以加深学生对于可燃冰开采问题的理解。

"相关链接"栏目"我国形成可燃冰调查勘探技术体系"介绍了我国可燃冰的调查勘探技术体系居世界先进水平，增强学生的民族自豪感和爱国之情。这两个栏目的内容可作为阅读材料，让学生带着预设的问题去阅读。

在开展"交流·分享"活动的基础上，教材又进一步引导学生关注目前可燃冰开采要解决的问题，并从技术、开采成本和环境问题三个方面作了说明，为学生开展

"交流·分享"活动作好铺垫。

"交流·分享"活动制订"可燃冰开发战略规划"是一个角色定位很强的任务，站在不同的高度和位置，往往导致规划结果大不相同。具体活动过程中，可以让学生扮演国家能源局局长、沿海城市市长、大型国有企业总经理等角色，从而激发其来自不同视角的奇思妙想。在交流最终意见的过程中，切记不要扼杀一些看似不切实际的提法。要从发展的角度去看问题，有些方法和措施目前可能不具备操作性，但在不远的将来则有可能顺利实施。在海洋意识领域，教师要注重从全球观、可持续发展观、习近平总书记新的安全观去引领学生思维的触角，在交流的前提下分享，在分享的基础上交流。

"信息长廊"栏目"日本从海底可燃冰中成功提取出甲烷"显示日本是第一个掌握海底可燃冰开采技术的国家等。目的不仅仅是拓宽视野，更重要的是展示世界各国在海洋资源开发利用领域的竞争，引导学生了解我国在这一领域所处的地位和水平，在培养民族自豪感的同时增强危机感，从小树立放眼世界的海洋资源观念。建议在"信息长廊"栏目的引领下，布置学生以小组的形式在课前预习时查找更多、更详细的信息，课上交流讨论，共享信息，提高学习的效率。在此过程中，学生的海洋资源意识会更加根深蒂固。

三个板块活动相互联系、层层深入。在认识可燃冰的基础上了解其物理化学特征、数量分布特征、能量蕴藏和释放的特征、开发利用的要求等，既有站在人类历史长河角度对如何揭开可燃冰神秘面纱的过程的认识，也有面对能源短缺的现状对可燃冰未来发展前景的展望；既有微观角度对可燃冰结构、组成的探究，也有宏观角度对可燃冰分布、储量的分析。从这个意义上看，这三个板块活动构成了有机的整体，不可分割。

第三部分：拓展活动

"时代寄语"总结了可燃冰作为能源新秀的意义，同时打开了海洋世界的大门，引导学生联想种类繁多的海洋能源，如潮汐能、波浪能、海流能、海洋风能等，时间允许也可以选择一二与可燃冰进行对比分析，加深对海洋资源的认识和了解。这样，不仅涉及海洋资源与海洋环境的关系，还上升到人与海洋的角度阐释了可持续发展的具体要求。

"蓝色行动"可以借鉴目前校园中盛行的"模拟联合国"的形式，让学生扮演不同国家的官员，在课前充分准备的基础上展示自己的可燃冰开发计划和设想。

　　"后续研究"是一个开放性的栏目，使用时可以借鉴教育学中的"走廊效应"理论，让学生在一定的范围内自主选择。研究课题和研究方案都可以自主选择和确定，但一定要在与可燃冰或海洋能源有关的领域进行选择；难度深浅可以自主选择，但一定要在现有的条件下具有可操作性，太容易会导致研究流于形式，走过场，太难则会导致无法实现，难以为继。建议选题不宜过大、不要过难，最好从一个小的视角来切入研究，结合身边现有课外资源，以便开展研究活动。建议成立兴趣小组，在课后完成本栏目任务，或者结合研究性学习课程来完成，条件允许的学校还可以聘请相关领域的专家或教师进行研究指导。

探究参考

　　探究1　"联想·分析"：这些区域（见教材第34页）为什么会赋存可燃冰呢？请予以具体分析。

　　我的分析：可燃冰的形成必须具备三个条件，即低温、高压和天然气源。高纬度永久冻土层具备低温条件。该区域永久冻土层位于地下一定深度，具备高压的环境，同时这些地区为沉积物或者沉积岩分布地区，具备天然气形成的构造和沉积条件，于是天然气源在低温和高压的环境中以固体形态保存下来形成陆地可燃冰。

　　探究2　"交流·分享"：世界各国为什么如此热衷于可燃冰的勘探与开发？请分小组研讨。

　　我的看法：世界各国热衷于可燃冰的勘探和开发是一个开放性的问题，可以从可燃冰的优势、常规能源的不足、矿产能源的不可再生性、能源不能满足经济发展、科技水平的提高等角度去分析。

　　可燃冰的应用优势（包括能源角度、环保角度、使用角度等）：可燃冰具有很高的能量密度，是其他非常规气源岩（如煤层、黑色页岩等）能量密度的10倍，而且燃烧后不产生任何残渣和废气，不会对周围环境产生污染和其他不良影响，避免了最让人们头疼的污染问题，因此被誉为"属于未来的超级能源"。

　　可燃冰的储量情况和矿层规模等：世界上绝大部分的可燃冰资源分布在海洋里，海洋里可燃冰的资源量超过陆上100倍。目前，世界各国已直接或者间接发现可燃冰矿点132处，其中海洋以及少数深水湖泊122处、永久冻土带10处，可燃冰赋存于300～3000米水深的海底沉积物中，主要是大陆边缘和陆缘海盆的沉积物或沉积岩中。

目前已有40多个国家和地区正在勘测和试开采，预计2015年以后部分地区可能实现大规模的商业开采。中国可燃冰储量巨大，尽早实现其储量勘查及商业开采对于缓解能源危机具有重要意义。

探究3　"**联想·分析**"：在未来的10～15年内我国的可燃冰研究将集中在"有多少"和"怎么采"两个方面上，这究竟是为什么？

我的分析：原因要从科学技术的发展、调查勘探技术体系的完善、国家的长远规划、环境保护等角度去分析。

在全球能源竞争日趋激烈的格局下，可燃冰的勘探开发已经成为各国竞相攻关的战略制高点。目前，国际上对可燃冰的勘探与商业化开采步伐呈现你追我赶之势，在可燃冰商业化竞赛中，走在前面的是日本、美国等国家，印度也在急起直追。日本已于2013年成为世界上首个掌握海底可燃冰采掘技术的国家。我国开始可燃冰勘察研究较发达国家晚近20年，目前仍有一定的技术差距。无论是从能源结构还是环境容量等方面考虑，我国在可燃冰研究方面都是时不我待，应该再提速。

2013年12月17日，国土资源部在北京举行新闻发布会，宣布我国海洋地质科技人员在广东沿海珠江口盆地东部海域首次钻获高纯度可燃冰样品，并通过钻探获得可观的控制储量。但是取得实物样品，只不过是可燃冰勘察开发的第一步，我国可燃冰勘察研究与发达国家相比依然存在不小的差距。目前可燃冰的开发利用仍有一系列问题需要解决，各国尚无成熟的大规模商业开采方法。

中国科学院能源领域战略研究组编制的《中国至2050年能源科技发展路线图》报告指出了我国可燃冰开采目标和商业规划，对于缓解能源危机具有重要意义。

"**交流·分享**"：假设让你参与制订"可燃冰开发战略规划"，你会考虑哪些因素？有哪些建议？请分小组讨论，相互交流看法。

我的看法：可燃冰开发战略规划的制订，可以站在国家、沿海城市、大型国企、科研机构等角度去分析，要考虑科技水平、经济效益、环境效益、社会效益、设备条件等要素。

考虑的因素：① 地质勘察技术和可燃冰的储量情况；② 开采和利用技术，尤其是大规模商业开采技术，确保开采不至于造成可燃冰泄漏，同时降低开采成本；③ 要考虑对环境的影响，确保可燃冰的开发在可控制的状态下。

建议：① 增强海洋资源意识、海洋环境意识和海洋科技意识；② 国家财政和政策支持，大力发展海底可燃冰勘察和开采技术；③ 加强国际合作。为了让我国可燃冰早日步入商业化开发进程，应积极加强与拥有先进技术和丰富勘察经验的国家的合作与交流，这种交流与合作也有利于避免在可燃冰钻探、开采及生产过程中可能面临的风险（如甲烷泄漏、地质灾害等），早日实现可燃冰安全、高效地为我所用。

活动重点

为达成"珍惜海洋资源，保护海洋生态环境""海洋是个巨大的资源宝库""建设海洋强国必须大力发展海洋高新技术，提高人类认识海洋、开发利用和保护海洋的能力"等有关的海洋意识教育目标，应突出可燃冰的形成条件分析、可燃冰与其他能源的比较优势探究、可燃冰开采需要克服的困难分析等活动。其中，可燃冰形成条件分析是认识可燃冰的基础，可燃冰与其他能源的比较优势、海底可燃冰商业开采可能遇到的技术难题探究则是本课题研究的重点。

活动内容划分与课时安排

本课题研究包含三个探究活动，建议分为三个课时。

第一课时完成"案例回放"与探究1；第二课时完成探究2和探究3；第三课时举行"蓝色行动"——"可燃冰大有作为"报告会（"蓝色行动"可根据课时情况进行合理取舍）。

活动设计案例

活动环节	师生活动	设计意图
活动导入	播放关于"我国首次钻获高纯度可燃冰"的视频（如"新闻会客厅：张洪涛 十年钻获'可燃冰'"）或者图文介绍PPT。 可以再选取一些视频材料作为补充：为提高趣味性，最好选择有视觉冲击力的视频（如"21世纪新能源——可燃冰"）；在民族自豪感教育方面，最好选择能展示我国在可燃冰研究有重大突破的内容。 教师：可燃冰是一种什么样的能源？有什么特性？可燃冰是怎样形成的？可燃冰分布在什么地方？目前我国可燃冰研究和开发达到什么样的水平？用这些问题引导学生开展活动	通过案例回放"我国首次钻获高纯度可燃冰"和选取的其他视频材料激发学生对"能源新秀"——可燃冰探究的热情和兴趣，调动学生探究可燃冰形成、特点、分布、开发前景探究的积极性

续表

活动环节	师生活动	设计意图
探究1 海底可燃冰是如何形成的？——认识深海海底的特点，了解海底可燃冰的形成，增强探究海底世界奥秘的兴趣（小组探究为主）	1. "气体水合物的发现和合成过程"探究。 阅读教材第33页"相关链接"，结合课前上网查询的资料，引导学生以小组为单位，尝试制作一个气体水合物发现和合成过程的时间进程坐标示意图。横坐标为时间（时间截止到目前），纵坐标为发现和合成历程的内容。 制作坐标图，不仅是动手能力的考验，同时也是学生综合思维能力的考查。注意学生绘图过程中对于图名、坐标含义、单位等细节的处理。 教师：据坐标图可以看出，气体水合物发现和合成历程先有理论支持，后有实验室人工合成，最后才在实践中发现自然存在的可燃冰。对此，你有何评价？ 学生：说出自己的看法；据图就可燃冰研究的起步时间、人工合成技术水平、勘探和开采等方面评价我国对可燃冰研究的进程 2. 阅读教材第34页"联想·分析"栏目内容，归纳可燃冰形成的三个条件，了解深海海底特点以及海底可燃冰形成过程。在此基础上分析高纬度地区冻土层中可燃冰的形成过程。 教材第35页"信息长廊"栏目"我国在冻土带钻获可燃冰"进一步说明不仅高纬度冻土层中可能含有可燃冰，中低纬度的冻土层中也可能含有可燃冰，并指出我国是世界上第一个在中低纬度冻土区发现可燃冰的国家，以此来加深学生对于可燃冰形成条件的认识，开阔他们对可燃冰的认识视野。 教师：可燃冰是天然气（主要成分是甲烷）和水在高压、低温条件下混合时产生的冰状晶体物质。可燃冰的形成必须具备三个条件，即低温、高压和天然气源。深海海底发现可燃冰的事实说明深海海底具备这三个条件，那么我们来分组探究深海海底的特点以及海底可燃冰的形成过程，并由此推理分析陆地高纬度冻土层可燃冰的形成过程。 学生：分组探究深海海底的环境特点（高压、低温、黑暗、缺氧等）、形成可燃冰的天然气源来源（埋于海底底层中的有机物质在缺氧环境中被厌气性细菌分解，最后形成石油或天然气）、海底可燃冰的大致形成过程描述，在此基础上演绎推理、分析高纬度地区冻土层中可燃冰的形成过程。 开展方式：小组合作探究、成果展示；小组之间互评、教师评价	可燃冰研究处在探索和多样化发展过程中，能否从不同学科角度去认识可燃冰，对学生来说是最重要的。加深学生对可燃冰是一种气态水合物的认识，使他们更加全面地了解可燃冰。 通过制作和利用"气体水合物发现和合成过程的时间进程坐标示意图"，培养学生的动手和分析问题能力。 通过"海底可燃冰形成原因"的探究活动，培养学生珍惜海洋资源、保护海洋生态环境等方面的海洋意识。 "联想·分析"先呈现有关知识引导学生归纳总结，在此基础上要求他们演绎推理、分析问题。对此，可以让学生自主探究，也可以小组合作研讨。建议以小组合作研讨为主，引导学生关注图文资料，对所给材料进行加工构建，形成自己对可燃冰成因的认知结构，并且能灵活地使用其解决问题，更清晰地认识可燃冰等海洋资源与海洋环境之间的关系。 引导学生认识深海海底的环境特点，结合可燃冰的形成条件，通过推理了解海底可燃冰的形成，并归纳总结关于可燃冰成因的普遍性规律；然后引导学生运用所总结的规律分析高纬度地区为什么也具备形成可燃冰的条件。培养学生演绎推理能力和分析归纳能力

活动环节	师生活动	设计意图
探究2 可燃冰能否成为能源的后起之秀？——研讨世界各国热衷于可燃冰勘探与开发的原因，认识可燃冰是公认的21世纪可替代能源（比较法探究）	1. 以小组为单位，查询资料，结合教材所给材料列表对比分析可燃冰和常规能源（煤炭、石油、天然气）在储量、分布、能量密度、燃烧废气排放等方面的优缺点，据表说明可燃冰的优点。 教师：可燃冰被誉为"后石油时代"最有希望的战略资源，是公认的21世纪可替代能源。那么可燃冰与常规能源（煤炭、石油、天然气）相比有哪些优缺点呢？我们通过列表比较分析。 学生：设计比较表格时既要注意表名的准确性，更要注意表头创设是否全面，内容是否翔实等具体情况。最后要据表所列内容比较分析总结。 开展方式：小组合作查询资料、探究；成果展示；小组之间互评、教师评价 2. 阅读教材第35页"交流·分享"栏目，结合可持续发展的观点，从经济、社会、生态等角度分析为什么世界各国如此热衷于可燃冰的勘探与开发。 教师：目前已有40多个国家针对可燃冰开展了国家级的资源调查和研究工作。请分组结合可持续发展的观点，从可燃冰的应用优势（包括能源角度、环保角度、使用角度等）、储量情况和矿层规模等方面研讨。 学生：小组合作探究过程中，学生可以站在可燃冰优点的角度分析，也可以站在常规能源不足的角度分析；可以从经济发展的角度分析，也可以从环境保护的角度分析，等等。不管从哪个角度分析，当学生说出自己的观点时，小组其他成员和教师都要及时给予他们肯定和鼓励，使他们充满信心地进行更深入的探究活动，获得更多的发现。 最后每个小组内要汇总组内成员的研讨成果，形成组内相对完整的研究成果，并在全班展示，同时在各组之间互评。 开展方式：小组之间交流，教师总结点评	通过"可燃冰能否成为能源的后起之秀"的探究活动，了解可燃冰的分布和开发情况，增强"海洋是个巨大的资源宝库"等海洋意识等。 列表分析过程是一个把复杂事物或现象从整体分解为各个简单的组成部分，以便单独地认识各个组成部分的特点的一种形式和方法。既可以培养学生甄别比较项目、优缺点对比分析能力，又可以培养学生据表格项目、内容分析总结和表达的能力 "世界各国如此热衷于可燃冰的勘探与开发"是一个综合性很强的话题。设计学生分组合作探究原因有二：一是由话题的高度综合性决定的，二是可以更好地发挥学生发散思维、合作探究、自评和互评的主观能动性。学生的分析过程需要全面思考分析（经济、社会、生态）；潜移默化的渗透可持续发展的观点；需要统一思想，把分散的数据、特征联系起来，并发现新的结论和规律。在这一过程中学生对可燃冰的认识必然上升到更高的阶段

续表

活动环节	师生活动	设计意图
探究3 在可燃冰的商业化开采方面，我国进展如何？——认识做好可燃冰开发利用规划的重要性	1. 阅读教材第37页"联想·分析"，结合可燃冰开采方法和目前开采可燃冰需要解决的三个问题，讨论分析为什么我国在未来10～15年内可燃冰研究将集中在"有多少"和"怎么采"两个方面。 教师：在未来的10～15年内我国的可燃冰研究将集中在"有多少"和"怎么采"两个方面，这究竟是为什么？ 学生：将自己的论点和论据在课堂上展示，并回答其他同学的质疑和提问。原因要从科学技术的发展、调查勘探技术体系的完善、国家的长远规划、环境保护等角度去分析 2. 阅读教材第38页"交流·分享"栏目内容，安排不同的学习小组分别从不同的角度出发，分析制订"可燃冰开发战略规划"需要考虑哪些因素，有哪些合理的建议。 教师：可燃冰开发战略规划的制订，可以站在国家、沿海城市、大型国企、科研机构等角度去分析，要考虑科技水平、经济效益、环境效益、社会效益、设备条件等要素。 学生：活动过程中，可以扮演国家能源局局长、沿海城市市长、大型国有企业总经理等角色，会产生来自不同视角的奇思妙想。在交流最终意见的过程中，有些方法和措施目前可能不具备操作性，但在不远的将来则有可能顺利实施，要以发展的眼光来看待	引导学生研讨我国当前的可燃冰开发利用集中在"有多少"和"怎么采"上的原因，有助于科学认识进行可燃冰商业化开采的重要意义，增强学生的民族自豪感和爱国之情。并为学生开展"交流·分享"活动做铺垫。 参与制订"可燃冰开发战略规划"是一个角色定位很强的任务，站在不同的高度和位置，往往导致规划结果大不相同。 除了技术水平、经济效益和环境效益外，不同的国家和地区，在可燃冰开发方面存在差异性，因而在规划制订方面自然不会是一个模式。设计这一活动有助于激发学生主动探究问题、创造性地提出自己的观点和大胆设想。 在培养海洋意识方面，注重从全球观、可持续发展观引领学生思维的触角，在交流的前提下分享，在分享的基础上交流
小结	教师给出本课题主线，让学生去补充和细化： 「能源新秀」可燃冰——可燃冰的发现和合成；可燃冰的形成条件；可燃冰有利的成矿区；可燃冰的特点；可燃冰的开发利用	帮助学生构建本节课的认知结构。鼓励学生懂得海洋资源的开发和利用是建立在对其详细认识和了解基础之上的。可燃冰是一种很有前途的海洋资源，可燃冰的开发利用需要先进的技术支撑，需要考虑到海洋环境的保护，需要有一个科学合理的长远规划，更需要我们为此去不懈努力

活动环节	师生活动	设计意图
"蓝色行动"——"可燃冰大有作为"报告会（课后依据报告会成果办一起"可燃冰大有作为"宣传壁报，更好地增强学生的海洋意识）	1. 教师课前引导学生从国家所处发展阶段、国家资源禀赋、可燃冰自身特点、技术水平、经济效益、环境保护等角度进行分析归纳 2. 小组划分。按照班级人数，一般分为5～6组，如果时间不够，可以让每一个小组承担某一个侧面或方向的汇报 3. 按照教师的要求，学生课前查阅相关资料，做好充分的汇报展示准备。整个准备工作要按照教师的要求和教材进行，但也不必拘泥于教材和教师的要求，可以有所拓展、延伸。教材关于这方面的案例不是很多，这实际上给学生留下了空间。学生通过自主收集素材，按照自己的兴趣深入探究某一个方面，激发自己的创新精神和学习动力，发挥自己的想象力。 活动重点： （1）学生报告材料准备的翔实程度； （2）报告的论点是否明显，论据是否得当； （3）报告会对学生海洋意识的渗透和加强力度； （4）凸显我国可燃冰的研究与开发等。 课时安排：一课时。 活动（或研究）过程：提前一周布置报告会准备工作，保证质量。报告会用时35～40分钟，进行5～6组的展示报告。学生按照课前的准备就一个侧面展开报告。报告会可以由学生主持，报告内容由学生自主选择，教师作适当的补充和总结，就其内容和发言时间做好整体把握即可	1. 培养"珍惜海洋资源，保护海洋生态环境，努力构建和谐的人海关系"方面的海洋意识 2. 增强"建设海洋强国必须大力发展海洋高新技术，提高人类认识海洋、开发利用和保护海洋的能力"方面的海洋意识

活动资源拓展

（一）能源的定义及其种类划分

1. 能源的定义。

凡是能够提供能量的物质或物质的运动都叫做能源。煤炭、石油、天然气在燃烧时可以提供能量，它们是能源。水流和风可以提供能量，它们也是能源。

2. 能源分类。

从其产生的方式可分为一次能源和二次能源。一次能源指可以从自然界直接获取的能源，如水能、风能、太阳能、煤炭、石油、天然气、可燃冰等。二次能源指无法从自然界直接获取，必须通过一次能源的消耗才能得到的能源，如电能、煤气、汽油等。从能源的自然属性来看，可分为可再生能源和不可再生能源。可再生能源指在自然界里源源不断地得到的能源或可以循环再现的能源，如水能、风能、生物质能、太阳能等。不可再生能源指不可能在短期内从自然界得到补充的能源，如各种化石能源、核能、可燃冰等。从能源利用的历史和规模来看，又可以分为常规能源和新能源。常规能源指使用历史悠久、规模较大的能源，如煤、石油、天然气等。而开发历史较短、规模较小的能源属于新能源，如核能、太阳能、地热能、可燃冰等。

（二）生物质能

生物质能是生物的有机物质中所蕴藏的化学能。生物质能具有以下特点。① 低污染性。生物质的硫含量低、氮含量低、燃烧过程中生成的硫氮氧化物较少，灰尘排放量比化石燃烧小得多，因此十分清洁；生物质作为燃料时，由于它生长时需要的二氧化碳相当于它排放的二氧化碳量，因而对大气的二氧化碳净排放量接近零，可有效地减轻温室效应。② 可再生性。由于一切生物质都来源于太阳光能，因此生物质能是一种可以持续利用且潜力巨大的可再生能源，可保证能源的永续利用。③ 广泛分布性。缺乏煤炭的地域可充分利用生物质能。④ 生物质资源总量巨大，且转化方式多种多样。⑤ 单位热值较低。一般生物质中水分含量大而影响了生物质的燃烧和热裂解特性。

生物质能是世界第四大能源，仅次于煤炭、石油和天然气。根据生物学家估算，地球陆地每年生产1000亿~1250亿吨干生物质；海洋每年生产500亿吨干生物质。生物质能源的年生产量远远超过全世界总能源需求量，相当于目前世界总能耗的10倍。我国可开发为能源的生物质资源每年约为3亿吨。

生物质能的转化利用途径主要包括物理转化、化学转化、生物转化等，可以转化为二次能源，如热能、电力、固体燃料、液体燃料和气体燃料等。

（三）世界可燃冰的分布

海底可燃冰作为21世纪的重要后续能源，及其对人类生存环境及海底工程设施的灾害影响，正日益引起科学家们和世界各国政府的关注。20世纪60年代开始的深海钻探计划（DSDP）和随后的大洋钻探计划（ODP）在世界各大洋与海域有计划地进行了大量的深海钻探和海洋地质地球物理勘查，在多处海底直接或间接地发现了可燃冰。到目前为止，世界上海底可燃冰已发现的主要分布区是大西洋海域的墨西哥湾、加勒比海、南美东部陆缘、非洲西部陆缘和美国东海岸外的布莱克海台等，西太平洋海域的白令海、鄂霍次克海、冲绳海槽、日本海、苏拉威西海和新西兰北部海域等，东太平洋海域的中美洲海槽、加利福尼亚滨外和秘鲁海槽等，印度洋的阿曼海湾，南极的罗斯海和威德尔海，北极的巴伦支海和波弗特海，以及黑海等。

（四）可燃冰的"魅"与"惑"

可燃冰全球储量巨大，但要经济、安全地开采，环境保护和降低成本是需要解决的两大难题。盲目开采后果危险重重，不堪设想。首先它可能诱发海底滑坡等地质灾害。集中大量开采可燃冰，会改变沉积物的物理结构，使海底软化，很可能造成大规模的海底滑坡或导致海床塌方，毁坏诸如海底输电和通讯电缆或海洋石油钻井平台等重要设施。海底滑坡又会进一步造成可燃冰的崩解，形成严重的连锁反应，后果不堪设想。其次，盲目开采造成的潜在的温室效应巨大。可燃冰中甲烷的温室效应是二氧化碳的23倍，全球海底可燃冰中的甲烷总量约为地球大气中甲烷总量的3000倍，如果可燃冰在开采过程中发生泄漏，大量甲烷气体分解出来，经由海水进入大气层，全球温室效应将迅速增大。另外，盲目开采还会造成海水毒化。如果可燃冰在开采过程中发生泄漏，大量甲烷气体分解出来，进入海水。大量气体在海水中释放后，可能改变海水的密度与化学组分，造成对海洋生物或人类的危害。

成本高昂是开采可燃冰的另一掣肘。任何一种能源，如果没有经济性，不能实现商业化开发，就没有生存空间和发展前途。

要破解环境保护和降低成本这两大难题，关键问题还是技术进步。直到现在，世界上还没有一个国家能够对可燃冰进行大规模的商业化开采，因为现有的开采技术大都难度大、成本高，并不适合广泛推广。

6 开发国际海底资源

海洋意识教育目标

1. 通过对三种主要国际海底资源的特性与开采价值的探究，引导学生明确大洋海底蕴藏着丰富的资源以及这些资源对于人类具有重要的应用价值，增强"国际海底资源是人类发展需要的替代资源，是人类社会可持续发展主要保障"的海洋资源意识。

2. 通过探究国际上对开发利用国际海底资源的要求和规定，引导学生明确国际海底管理局的工作性质和职能，树立"国际海底资源是全人类的共同继承财产""国际海底资源应该在国际海底管理局的协调下进行勘探开发"的海洋意识。

3. 通过对从国际海底资源的勘探到商业化开采需要解决的技术问题的探究，引导学生明确未来国际海底资源开发竞争的方式主要是凭借科技力量，我国已进入国际海底资源开发的先进国家行列，深入参与国际海底区域活动也是对国际社会的贡献，我国应加快向国际海底进发的步伐，为实现中华民族伟大复兴的中国梦、为人类和平利用海洋作出更大的贡献。

活动准备

（一）教师准备

1. 作好"学情"调查：利用问卷调查的形式了解学生对大洋海底环境以及开发国际海底资源的认识情况，包括海底地形、环境的概况，国际海底资源的种类、分布、管理和商业化开采等。通过"问卷星"设计网上问卷调查——大洋海底环境以及国际海底资源的开发利用。

第1题　在陆地资源短缺的情况下，你认为人类寻求新资源的目光首先会转向哪里？［单选题］

选项	小计	比例（%）
月球		
海洋		
火星		
本题有效填写人次		

第2题　你认为下列哪些地形属于海底地形？〔多选题〕

选项	小计	比例（%）
大陆架		
大陆坡		
洋盆		
高原		
海沟		
海岭		
本题有效填写人次		

第3题　你认为海底环境的主要特征有哪些？〔多选题〕

选项	小计	比例（%）
高压		
黑暗		
缺氧		
高温		
海水温度比较稳定		
海水具有很强的腐蚀性		
本题有效填写人次		

第4题　我国获得专属勘探权和优先开采权的国际海底矿区名称与位置分布对应正确的是哪一项？〔单选题〕

选项	小计	比例（%）
东北太平洋——多金属硫化物矿区		
西北太平洋——富钴结壳矿区		
西南印度洋——多金属结核矿区		
以上组合都不对		
本题有效填写人次		

第5题 下列哪些海底矿产资源属于大洋中沉积作用过程中自生的？〔多选题〕

选项	小计	比例（%）
富钴结壳		
多金属结核		
多金属硫化物		
本题有效填写人次		

第6题 下列有关大洋多金属结核的描述哪些是正确的？〔多选题〕

选项	小计	比例（%）
以大西洋分布最广、储量最大		
又称锰结核，像马铃薯或姜块		
含有50多种金属元素		
属于大洋海底自生沉积矿产		
本题有效填写人次		

第7题 下列有关大洋多金属硫化物的陈述哪些是正确的？〔多选题〕

选项	小计	比例（%）
分布地区多为大洋中脊裂谷带		
其形成与海底"黑烟筒"有关		
赋存环境对揭示生命本质和起源意义重大		
属于自生沉积矿产		
本题有效填写人次		

第8题　国家管辖的海域范围包括下列哪些？［多选题］

选项	小计	比例（％）
领海		
大陆架		
专属经济区		
公海		
国际海底区域		
本题有效填写人次		

第9题　美国是不是国际海底管理局的成员国之一？［单选题］

选项	小计	比例（％）
是		
不是		
本题有效填写人次		

第10题　你认为影响大洋海底矿产资源商业化开采的主要因素有哪些？［多选题］

选项	小计	比例（％）
经济效益因素		
工程技术因素		
环境影响因素		
其他		
本题有效填写人次		

2.熟悉教材内容、结构，分析教材，确立"教情"。

教材由"案例回放"和三个探究活动组成，涉及三种国际海底资源（富钴结壳、多金属结核、多金属硫化物）的主要特征、开采价值，国际上对开发利用国际海底资源的要求和规定，以及这些资源从勘探到商业化开采需要解决的技术难题。本课题研究涉及的内容对学生来说既陌生又遥远，会引发他们的好奇心和想象力。为了进一步激发学生的探究兴趣，课前应广泛收集有关方面的最新资料，包括文字、图片、视频等；有条件的学校还可以实地采访相关部门专家或者参观相关科技展览，举办学校

"图说深海矿产资源"科普展增强学生的国际海底资源意识，运用动画模拟未来国际海底采矿过程等活动树立学生的海洋科技意识。

筛选"深海矿产资源"相关视频录像资料，提供相关视频供学生课前观看以便课堂上讨论。

（1）我国深海矿产资源开采技术的动画片。

（2）国际海底管理局接受中国富钴结壳矿区申请。

（3）中国大洋协会与国际海底管理局签署富钴结壳勘探合同。

（4）深海探秘，"大洋一号"发现之旅。

3. 研究教法，为调动学生探究的积极性，最大限度发挥学生的主体性做好准备。

"案例回放"栏目可以把2012年"国际海底管理局接受中国富钴结壳矿区申请"与2013年"中国大洋协会与国际海底管理局签署富钴结壳勘探合同"两段微视频结合起来，既增强了探究活动导入的冲击力，又让学生明确了国际海底管理局对开发深海海底资源的有关要求和规定，尤其是强调了保护海洋生态环境的要求，同时更加明确了富钴结壳的重要开采价值。建议本课题研究的三个探究活动设计不同的组织形式，或自主对比分析探究三种主要国际海底资源；或小组合作探究，分角色模拟汇报，等等。具体采取哪种探究方式，运用哪些教学方法，可以依据学生个体差异以及学校所在地的实际情况灵活选择。

（二）学生准备

1. 完成教师提供的"问卷星"网上问卷调查——大洋海底环境以及国际海底资源的开发利用，对海底地形、海底自然资源分类、海洋国土等海洋基础知识有一定的了解和认识，为本主题的探究活动作好铺垫。

2. 做好教师提前安排的在课堂上难以完成的工作。如提前上网搜索或查阅资料，了解富钴结壳、多金属结核、多金属硫化物是一些什么样的矿产，其主要的化学成分各是什么，有何开发利用意义；了解国际海底管理局、中国大洋协会、中国"大洋一号"远洋科考船的基本情况，等等；观看教师提供的"我国深海矿产资源开采技术动画片"等有关深海矿产资源的视频录像资料，以便课堂上探究讨论时更为积极主动。

3. 广泛收集有关深海矿产资源的典型图片，且配上相应的文字说明，为课后学校或班级举办的"图说深海矿产资源"科普图展积累素材。

4. 有条件的学校还可以实地采访相关部门的海洋专家或者参观相关的科技展览，获取文字、视频等第一手素材，便于进一步增强海洋资源和海洋科技意识。

活动内容分析

第一部分，情境创设。

"案例回放"介绍了我国获得西北太平洋富钴结壳矿区专属勘探权的情况，表明我国已进入国际海底资源勘探、开发的先进国家行列。目的在于激发学生的民族自豪感，增强他们的国际海底资源意识，激发他们对这类资源的探究欲望。

"导引"开门见山地点出了开发国际海底资源的必然性，指出大洋海底蕴藏的丰富资源是人类可持续发展的替代资源和重要保障。同时指出随着深海资源勘查的国际热，国际海底管理局也作出了统一的规定以规范深海海底资源的勘探和开发行为。

第二部分，主体活动。

本主题活动分为3个板块。

板块1：富钴结壳、多金属结核、多金属硫化物三种主要国际海底矿产资源的特性与开采价值。

本板块活动主要通过教材"探究1　富钴结壳、多金属结核、多金属硫化物都是什么样的矿产资源"中的"联想·分析"和"活动·研讨"来体现。

重点在于认识人类在面临陆地资源和近海资源濒临枯竭的背景下，开发深海海底资源成为历史的必然选择。本探究活动难度适中，可以采用对比研究、分析的方式在课上安排，可以自主探究，也可以小组合作探究，课后举办一期"图说深海矿产资源"科普展。教师不仅可以全面检查学生课前上网搜集资料、观看视频录像的落实情况，而且能够使他们明确大洋海底蕴藏着丰富的资源以及这些资源对于人类的重要应用价值，增强其海洋资源意识。

为帮助学生对比研究、分析富钴结壳、多金属结核、多金属硫化物等三种主要国际海底矿产资源的化学成分、成矿条件、分布等特性与开采价值，教材在本板块还安排了三处"相关链接"栏目，旨在以知识载体的形式拓展学生的视野，为探究活动的开展提供服务。"相关链接"栏目"海底是个聚宝盆"重点指明了海底矿产资源的五种类别，引导学生明确上述三种主要国际海底矿产资源的成因。"相关链接"栏目"多金属结核名称的由来"主要通过多金属结核名称的由来进一步明确其主要化学成分和开采价值。为配合学生深入阅读该链接内容，可以出示一些多金属结核矿的图片，尤其是一些剖面图以增强学生的直观印象。"相关链接"栏目"到2020年，我国9种矿产资源严重短缺"，引导学生把我国短缺和严重短缺的矿产与探究1中涉及的三种国际海底矿产资源的化学成分作一对比，进一步明确开发利用国际海底矿产资源对于我国经济社会发展的重要意义。

在此基础上开展"联想·分析"和"活动·研讨"活动。教材第41页"联想·分析"栏目可以作为教材中富钴结壳知识的总结和拓展，建议在学生自主上网查阅并分析相关资料的基础上，进行小组内补充、完善。这样做，既可以引发学生归纳总结、交流分析，又可以培养他们的合作精神和小组之间的竞争意识。教材第43页"活动·研讨"栏目研讨"多金属硫化物赋存的环境对人类认识海洋具有什么科研价值"。该研讨活动的开展除了充分利用教材中该板块内容和第2页"海底热液喷口周围的深海生物群落"以外，还需要通过网络等查询资料，主要从两个方面思考：① 对人类研究海底板块运动具有很高的科研价值；② 海底热液喷口周围的深海生物群落对人类揭示生命本质和起源具有重要的意义。

"信息长廊"栏目"多金属结核的化学成分"说明多金属结核的主要化学成分，指出了它的工业利用价值，可以作为本板块探究活动的材料使用。

板块2：分析国际上对开发利用深海海底资源的要求和规定。

本板块活动主要通过教材"探究2　国际上对开发利用深海海底资源有何要求和规定"中的"联想·分析"来体现。

随着国际海底资源勘查的国际热，有必要从管理层面上对开发利用深海海底资源进行规范。为了使国际海底区域资源的勘探和开发能够科学、合理、有序地进行，国际海底管理局应运而生。国际海底管理局代表全人类组织和控制国际海底区域内的活动，特别是管理区域矿物资源。这样做，既有利于避免资源争抢和随之而来的战争，又有利于人类共享海洋资源、共同管理海洋；既适应当今全球化的趋势，又契合可持续发展的愿景。了解国际上对开发利用深海海底资源的要求和规定是这一板块活动的主旨。

该板块探究活动内容中涉及的新概念、陌生的条文较多，如两处"相关链接"主要涉及这些新概念。"国际海底管理局"的相关链接既点明了国际海底管理局的性质，又介绍了当前这一机构的内部组织结构；"中国大洋协会"的相关链接既指出了中国大洋协会的成立时间和宗旨，又用附图的形式指出中国大洋协会已经登记为国际先驱投资者。在弄明白这些概念、条文含义的基础上，可以分角色模拟"国际海底管理局与中国大洋协会关于国际海底矿产资源勘探合同"的签字仪式，通过任务导引、角色扮演、小组对抗等探究活动，进一步调动学生参与活动的积极性。

教材第46页"联想·分析"中的问题：开辟区是否归先驱投资者所有？结合国际海底管理局的相关规定谈谈对这一问题的理解。对于这一问题的分析，一是借助于上网查询资料，二是采访有关专家。

"信息长廊"以"深海资源勘查的国际热"引导学生从时间尺度和空间尺度两方面认识国际深海资源勘查的热潮。该栏目既可以作为板块2探究活动的背景材料，又可以引导学生了解到我国开发国际海底资源的紧迫感和危机感，从而树立积极参与深海海洋资源开发利用的意识。

板块3：从技术层面上探究大洋海底矿产资源从勘探到商业化开采需要解决的技术难题。

本板块活动主要通过教材"探究3 从大洋海底矿产资源的勘探到商业化开采还要解决哪些方面的技术问题"中的"联想·分析"和"交流·分享"来体现。

本探究活动从联想大洋海底环境特征推断该处矿产资源开采可能遇到的困难入手，结合大洋海底环境特有的恶劣自然条件，以及深海采矿的核心问题（如何高效地将海底的矿石采集起来并提升到海面，脱水后运到港口），从集矿和扬矿两个环节探究大洋海底矿产资源开采需要解决的技术难题，并指出机器人在深海采矿中的巨大作用。该探究活动涉及的深海采矿技术、海洋工程装备等专业知识较多，需要学生课前上网搜集资料、观看相关视频录像为课上的探究活动作准备。课上分组探究大洋海底环境特征以及大洋海底矿产资源从勘探到商业化开采需要解决的技术问题，探究每一个环节可能遇到的技术难题以及针对这些技术难题设计相应的解决措施。

"联想·分析"栏目"大洋海底环境是什么样的，这样的环境将给海底矿产资源的开采带来哪些困难"，可以在学习高中地理必修教材中有关大洋海底环境相关知识的基础上进行演绎推理、分析论证，从不同的视角去思考这样的环境将给大洋海底矿产资源的开采带来哪些困难。建议在学生自主上网查阅和分析相关资料的基础上，小组内补充、完善。这样做，既可以引发学生归纳总结、交流分析，又可以培养他们的合作精神和小组之间的竞争意识，同时对深海海底矿产资源与海洋环境之间的关系有更清晰的认识。

"交流·分享"栏目"如果让你做一名设计师设计深海海底采矿，你会怎样做"属于动手实践类栏目。从一个设计师的角度设计"深海海底采矿"，学生侧重的角度不同，具体设计内容可能有很大的差异，但总的原则应该是既要考虑技术问题，还要考虑经济效益和生态环境效益，做到安全、环保、经济。深海采矿既要考虑水深且多变的深海环境，还要考虑不同的深海矿产资源种类涉及不同的采矿技术。该栏目的目的是激发学生的发散思维，引导他们尽可能从不同的角度去看问题、分析问题。要鼓励学生的一些奇思妙想，在小组交流最终意见的过程中，切记不要扼杀一些看似不切实际的提法。要从发展的角度去看问题，有些方法和措施目前可能不具备操作性，但在不远的将来则有可能顺利实施。在海洋意识领域，教师要注重引领学生思维的触角，在交流的前提下分享，在分享的基础上交流。

"信息长廊"栏目"影响深海海底矿产资源商业化开采的主要因素"，在拓宽学生视野的同时，还可以作为课上探究活动的素材和衔接。既可以作为探究活动的拓展补充（还要考虑经济效益、环境影响因素），又可以作为对学生进行海洋生态环境教育的素材，使他们明确深海勘探首先要保护环境，提高对深海生物多样性和生态系统的认知水平，在海底采矿之前有针对性地提出切实而有效的保护措施。建议在"信息长廊"的引领下，学生以小组的形式在课前预习时查找更多、更详细的信息，课上交流研讨，共享信息，提高活动效率。在此过程中，学生的海洋资源意识会更加根深蒂固。

"相关链接"栏目"机器人在深海采矿中的应用"详细说明了深海采矿各个环节使用的不同类型机器人。该链接可以作为该探究活动的载体，为探究活动的开展服务。

三个板块活动相互联系，层层递进。第一个探究活动是认识国际海底矿产资源的基础，有利于学生全面了解三种主要国际海底矿产资源的基本情况与开采价值，激发他们自主学习、对比分析的积极性，使他们明确大洋海底蕴藏着丰富的资源以及这些资源对于人类具有重要的应用价值，增强"深海矿产资源是未来人类发展需要的替代资源，是人类可持续发展主要保障"的海洋资源意识。第二和第三个探究活动分别从管理层面和技术层面上来探究国际海底矿产资源的开发利用问题。第一个探究活动是第二、第三个探究活动的基础，从这个意义上看，这三个板块活动构成了有机的整体，不可分割。

第三部分，拓展活动。

"时代寄语"栏目是本课题研究的小结，更是某种意义上的升华。在知识方面，总结了国际海底资源成为人类未来发展替代资源的必然性；对国际海底矿产资源的勘探、开采要遵循《联合国海洋法公约》规定，在国际海底管理局的协调下进行；国际海底资源从勘探到商业化开采要突破很多技术难题，因此未来国际资源竞争主要凭借科技力量。在海洋意识培养方面，不仅突出了我国在国际海底资源开发方面取得的成就，增强学生的民族自豪感，而且上升到加快海洋科技发展以及深入参与国际海底区域活动也是对国际社会贡献的海洋意识教育。

"蓝色行动"栏目引导学生就"大洋一号"深海勘探和取得丰硕成果的某一方面或某一角度进行介绍，侧重于科普的角度，避免写成大而空的散文或杂文。

"后续研究"是一个开放性的栏目，使用时可以借鉴教育学中的"走廊效应"理论，让学生在一定的范围内自主选择，研究课题和研究方案都可以自主选择和确定，但一定要在与国际海底矿产资源的勘探、开发利用有关的领域进行选择；难度深浅可以自主选择，但一定要在现有的条件下具有可操作性。建议成立兴趣小组，在课后完成本栏目任务，或者结合研究性学习课程来完成。条件允许的学校还可以聘请相关领域的专家或教师进行研究指导。

探究参考

探究1 "联想·分析"：请通过上网搜索等方式查阅资料，了解富钴结壳的化学组成以及这种海底矿藏的开采价值。

我的看法：富钴结壳由水羟锰矿（氧化锰）和水纤铁矿（氧化铁）组成。较厚结壳有一定数量的碳磷灰石，大部分结壳含少量石英和长石。富钴结壳富含钴、锰、铂、稀土等有用元素。结壳中钴含量很高，可高达1.7%；在某些海山的大范围内，结壳中钴平均含量可高达1%。除钴外，结壳中最有价值的矿物依次为钛、铈、镍和锆。

富钴结壳所含金属（主要是钴、锰和镍）用于钢材可增加硬度、强度和抗蚀性等特殊性能。在工业化国家1/4～1/2的钴消耗量用于航天工业，生产超合金。这些金属也在化工和高新技术产业中用于生产光电电池、太阳电池、超导体、高级激光系统、催化剂、燃料电池和强力磁以及切削工具等产品。

"活动·研讨"：多金属硫化物具有巨大的潜在经济价值和良好的开发前景，其赋存的环境对于人类认识海洋具有很高的科研价值。请通过上网搜索等方式查阅资料，了解这方面的情况。

我了解的情况：

（1）对于人类研究海底板块运动具有很高的科研价值。多金属硫化物矿床是海底热液活动的产物，多分布于大洋板块边界以及板块内部的火山活动中，其中尤以海底中央裂谷处最多。海底热液喷口的硫化物形成"黑烟囱"。研究表明，这些"黑烟囱"体是新大洋地壳形成时所产生，为地表下面的构造板块汇聚或移动和海底扩张所致。

（2）海底热液喷口周围的深海生物群落对于人类揭示生命本质和起源具有重要意义。

与陆地上直接或间接靠光合作用获得能量的其他生命形式不同，海底热液喷口生物群落能在没有阳光、充满硫化氢的热液中繁衍。在这些热液喷口附近，已发现约500种新的生物物种。这里的环境与地球演化初期孕育原始生命的地理环境非常相似，这对于人类揭示生命本质和起源具有重要意义。

探究2　"联想·分析"：那么，开辟区是否就归先驱投资者所有呢？请通过上网搜索等方式查阅资料，了解国际海底管理局的相关规定并对上述问题予以说明。

我的看法：先驱投资者是指《联合国海洋法公约》正式生效前已经对大洋洋底多金属结核等资源的勘查活动，进行了至少3000万美元投资的国家或其控制下的法人和自然人。

国际海底管理局和国际海洋法法庭筹备委员会于1983～1994年依据第三次联合国海洋法会议关于对多金属结核开辟活动的预备性投资的规定，一个开辟区的面积限定不超过15万平方千米。

先驱投资者应按照下列安排，交出开辟区的若干部分将其恢复为国际海底区域：第一，自分配区域之日起3年届满时已分配区域的20%；第二，自分配区域之日起5年届满时已分配区域的另外10%；第三，自分配区域之日起8年届满时已分配区域的另外20%。也就是说，经过8年交回一个开辟区面积的一半、最多可保留7.5万平方千米海底矿区。

探究3 **"联想·分析"**：根据自己对海洋的知识经验，联想大洋海底环境是什么样的，思考这样的环境将给海底矿产资源的开采带来哪些困难。

我的看法：大洋海底环境的主要特征是高压、黑暗、缺氧、低温，等等。这样的环境给海底矿产资源的开采带来的困难主要表现在以下三个方面。

（1）深海的极端环境表现：海水腐蚀性强；海底无自然光；海洋环境的风、浪、流等构成复杂流场；深海大部分地方处于1℃的低温，而热液口的温度高达近400℃等。这样一个异常复杂的极端环境，给深海作业及装备的可靠性和维修更换周期等提出许多极高的要求，工作的设备要承受高达的巨大水压，海水中电磁波传播衰减严重，其技术开发难度毫不亚于太空技术。

（2）海底矿产资源的特殊赋存状态。目前陆地上具有经济开采价值的金属矿产资源，不论是露天开采还是地下开采，基本上都是采用钻孔爆破，有轨、无轨车辆或提升机、皮带输送等方法进行开采。然而，深海海底的多金属结核以直径仅数厘米的结核状赋存于极稀软的海底沉积物表面，富钴结壳以厚度仅数厘米的壳层黏附在地形复杂的海山基岩上。热液硫化物虽然以大块矿床的形式存在，但矿床的规模都相对较小，沿用陆地上的现有开采技术不具备经济开采价值。因此，深海矿产资源的开采原理、工艺和装备都不能直接移植陆地上已发展成熟的采矿技术。

（3）深海采矿环保限制标准。除与陆地采矿一样有废水废渣的处理外，深海采矿作业中对海底的扰动程度将是一个极为重要的有别于陆地采矿的限制指标，使得深海采矿的技术难度进一步增加。

"交流·分享"：如果让你做一名设计师设计深海海底采矿，你会怎样做？分小组交流自己的想法。

我的看法：本题是开放性题目，可以从以下几个方面分析。

（1）依据深海海底环境特征，设计适应深海特殊极端环境、特殊赋存状态和环境保护限制的开采技术。其中核心问题是如何高效地将海底的矿石采集起来并提升到海面，脱水后运到港口，主要从集矿技术和扬矿技术两方面设计。

（2）考虑经济效益因素。

（3）考虑环境影响因素，包括对海底生态系统的影响；采矿时大量的尾矿、废水排放对海洋表层水域环境的影响；在陆地加工处理过程中产生的大量废弃物对周围环境的影响，等等。

活动重点

为达成"深海矿产资源是未来人类可持续发展需要的替代资源""国际海底资源应该在国际海底管理局的协调下勘探开发""建设海洋强国必须大力发展海洋高新技术，提高人类认识、开发、利用和保护海洋的能力"等有关的海洋意识教育目标，应突出三种主要国际海底矿产资源特性与开采价值的对比分析研究、国际上对开发利用国际海底资源有关要求和规定的深刻理解、大洋海底矿产资源从勘探到商业化开采需要解决的技术难题的探究分析等。深刻理解国际上对开发利用深海海底资源的有关要求和规定、探究分析大洋海底矿产资源从勘探到商业化开采需要解决的技术难题则是本课题研究的重点。

活动内容划分与课时安排

本课题研究包含三个探究活动，建议分为三个课时。

其中，第一课时进行"案例回放"与探究1；第二课时进行探究2和探究3；第三课时分角色模拟签订国际海底矿产资源勘探合同仪式和举行"'大洋一号'专题报告会"（第三课时可根据课时情况进行合理取舍）。

活动设计案例

活动环节	师生活动	设计意图
活动导入	播放关于"我国获得西北太平洋富钴结壳矿区专属勘探权"的视频或者"图说深海矿产资源"多媒体课件。为提高活动的兴趣性、新颖性、导入性，最好选择有视觉冲击力的视频；在增强民族自豪感方面，最好选择能展示我国在国际海底资源勘探方面有重大突破的片段。 　　教师：国际海底矿产资源有什么开采价值？在深海资源勘查的国际热潮中我们应遵循怎样的法则？未来大洋海底矿产资源开采需解决哪些技术难题？我国在这些方面的研究和开发进展如何？带着这些问题我们一起进入探究	通过案例回放"我国获得西北太平洋富钴结壳矿区专属勘探权"，激发学生对国际海底资源开发的热情和兴趣，调动他们探究国际海底矿产资源的开发价值、国际要求和规定、遇到的技术难题及提出相应对策的积极性

续表

活动环节	师生活动	设计意图
探究1 富钴结壳、多金属结核、多金属硫化物都是什么矿产资源？——三种主要国际海底矿产资源的特性与开采价值（比较探究与小组合作交流相结合）	1. 个人探究和小组交流结合、列表对比分析三种主要国际海底矿产资源的特征与开采价值。 （见下表）	通过"三种主要国际海底矿产资源主要特性与开发价值"的探究活动，培养学生自主学习、对比分析的能力，使他们明确大洋海底蕴藏着丰富的资源，增强"深海矿产资源是未来人类发展需要的替代资源、是人类可持续发展主要保障"的海洋资源意识。 学生自主设计表格，通过表格设计栏目的形式、内容的科学性和准确性培养他们对比分析的能力：既要注意表名的确定，更要注意表头的创设是否全面、内容是否翔实等具体情况，还要据表分析总结；通过小组合作研究、交流分享过程培养学生与他人合作、客观评价他人观点的能力；通过课后举办一期"图说深海矿产资源"科普展，全面检查学生课前搜集资料、观看视频情况以及学生自主学习、对比分析创新设计的能力。 通过教材第41页"联想·分析"和教材第43页"活动·研讨"，可以进一步检查学生课前准备情况以及对三种矿产对比表格的完成情况，培养他们的演绎推理能力和阐述论证能力

类别	富钴结壳	多金属结核	多金属硫化物
成矿条件	大洋海底沉积作用过程中自生		大洋海底扩张带热液作用形成硫化物矿床
化学成分	铁锰氧化物和氢氧化物，富含钴、锰、铂、稀土等元素	铁锰氧化物和氢氧化物，含铜、锌、镍、钴、锰、钼等50多种金属元素	黄铁矿、黄铜矿、闪锌矿和方铅矿等硫化物，含铜、铁、锰、锌、铅、金、银、镍、钴等元素
分布	水深800~3 500米的海岭、海山和海台的斜坡及顶部	水深4 000~6 000米的洋底，以太平洋分布最广、储量最大	海底扩张中心地带，如大洋中脊的裂谷带，年轻的扩张海盆或弧后盆地
形状	多呈层壳状，少数包裹岩块、砾石呈不规则形状	呈结核状、板状、皮壳状构造，像马铃薯或姜块，大小悬殊	呈块状（产于洋中脊裂谷带）或层状（产于缓慢扩张带）或浸染状
颜色	黑色或黑褐色	褐色、土黑或绿黑色	
开采价值	富含钴、锰、铂、稀土等有用元素。除钴外最有价值的矿物依次为钛、铈、镍和锆	含有铜、锌、镍、钴、锰、钼等50多种金属元素，还有多种含量较高的稀有元素	块状多金属硫化物富含铜、铅、锌、铁、锰、金、银等；层状重金属泥富含铁、锰、锌、铜、镍、钴、铬、钼等元素

续表

活动环节	师生活动	设计意图
	教师： ① 通过总结三种主要国际海底矿产资源的开采价值，凸现深海海洋资源意识。 ② 布置学生课前上网搜集主要国际海底矿产资源的图片和文字说明，制成PPT，既可以使课堂的分组研究更生动形象，又可以为课后举办"图说深海矿产资源"科普展作准备。 学生： ① 可以根据自己的理解列出各具特色的对比表格，只要突出三种主要国际海底矿产资源的主要特征与开采价值即可。 ② 完成教材第41页"联想·分析"的探究。 开展方式：自我探究；小组合作探究、交流分享成果 2. 完成教材第43页"活动·研讨"——多金属硫化物赋存的环境对于人类认识海洋的科研价值。 教师：引导学生主要从两个方面思考：一是对于人类研究海底板块运动具有很高的科研价值；二是海底热液喷口周围的深海生物群落对于人类揭示生命本质和起源具有重要意义。 学生：研讨活动的开展除了充分利用教材中该板块内容和教材第2页"海底热液喷口周围的深海生物群落"以外，还需要借助于网络查询资料。 开展方式：小组合作探究、小组代表发言	

续表

活动环节	师生活动	设计意图
探究2 国际上对开发利用深海海底资源有何要求和规定？——分析国际上对开发利用深海海底资源的要求和规定（自主探究、小组合作探究、模拟实践活动）	1. 以自主探究和小组讨论相结合的方式理解本探究活动出现的一些新概念、陌生的条文。 教师：设计一组有关"国际海底资源开发"相关新概念、法律条文的选择题和判断题。 学生：在自主探究和分组讨论的基础上对上述题组作出判断。 评价方式：对小组成员的参与热情、小组对抗、分角色陈述的科学性等方面进行评价 2. 通过任务导引、角色扮演、小组对抗等探究活动，调动学生参与活动的积极性，从而更加明确国际上对开发利用深海海底资源的有关要求和规定，进一步增强他们的国际深海海洋资源勘探和开发意识。 教师：尝试把教材第44页"信息长廊"（"深海资源勘查的国际热"），教材第45页和第46页两处"相关链接"（"国际海底管理局""中国大洋协会"）中的有关信息资料融合进理解教材出现的一些新概念、条文的探究活动以及小组合作、分角色模拟"国际海底管理局与中国大洋协会的一次签订国际海底矿产资源勘探合同"仪式中。教材第46页"联想·分析"也可以作为以上探究活动的准备材料。 学生：对这些栏目的理解和掌握程度可以在小组合作、分角色模拟活动的组织、陈述等环节中体现出来	通过"国际上对开发利用深海海底资源有何要求和规定"的探究活动，引导学生明确《联合国海洋法公约》和国际海底管理局对国际海底区域资源开发的有关规定及其意义，了解我国在国际海底资源勘查和开发方面的进展以及我国为人类开发利用国际海底资源作出的贡献，增强"国际海底区域资源是人类的共同财产"的意识，应该在国际海底管理局的协调下勘探开发以及"深入参与国际海底区域活动也是对国际社会的贡献"的深海海洋意识
探究3 从大洋海底矿产资源的勘探到商业化开采还要解决哪些方面的技术问题？——从技术层面上探究深海海底矿产资源从勘探到商业化开采需要解决的技术难题	1. 完成教材第47页"联想·分析"栏目。 教师：结合教材第47页"联想·分析"栏目，引导学生以自主探究与小组合作交流相结合的方式探究大洋海底环境的主要特征，由此演绎推理大洋海底矿产资源从勘探到商业化开采需解决的技术问题。 学生： ① 每个小组先组内讨论，然后分别选出一个代表汇报探究结果，汇报的同时其他小组同学可以提问。 ② 探究结论要重点注意两点：一是大洋海底矿产资源开采遇到的技术难题是否抓住集矿和扬矿两个环节。二是这些技术难题是否与大洋海底环境特征有密切的关联性 2. 配合观看"我国深海矿产资源开采技术动画片"等有关视频，结合教材第47页"交流·分享"从一个设计师的角度设计"深海海底采矿"。分组探究未来深海海底采矿的技术环节以及设计相应的解决措施。 学生： ① 侧重的角度不同，具体设计内容可能有很大的差异。但总的原则应该是既要考虑技术问题，还要考虑经济效益和生态环境效益，做到安全、环保、经济。 ② 深海采矿技术要考虑水深且多变的深海环境，还要考虑不同的深海矿产资源种类要采用不同的采矿技术。 ③ 条件允许的情况下可以配合多媒体动画设计或者模具演示操作	通过分组探究大洋海底环境特征及大洋海底矿产资源从勘探到商业化开采需解决的技术问题，模拟深海海底采矿的技术环节以及设计相应的解决措施等，引导学生明确我国已进入国际海底区域资源开发的先进国家行列，参与国际海底区域活动也是对国际社会的贡献，我国应加快向国际海底进发的步伐，为实现中华民族伟大复兴的中国梦、造福于全人类作出更大的贡献

活动环节	师生活动	设计意图
小结	教师引导学生归纳总结本课题研究的主干知识结构。教师给出本课题研究主线，让学生去补充和细化，尤其要注意知识链末端的细化。 开发国际海底资源： 三种国际海底矿产资源的化学成分和开采价值； 国际上的有关要求和规定； 大洋海底环境主要特征； 大洋海底矿产资源勘探、开采的技术难题及解决措施； 我国深海海底资源勘探与开发	引导学生构建本课题研究的认知结构，树立科学的国际深海资源观等海洋意识
"蓝色行动""深海探宝——'大洋一号'远洋科考之旅"报告会。课后依据报告会成果写一篇科普文章或科学述评	课时安排：一课时。 课前提前一周布置报告会准备工作，保证质量。报告会大约用时45分钟，安排4个小组，分别展示报告。学生按照课前的准备就一个侧面展开报告。教师作适当的补充和总结，就其内容和发言时间作好整体把握即可。建议具体程序如下。 1. 教师课前提供学生课下观看相关视频；布置学生课前分组通过上网搜索等方式查阅资料，了解"大洋一号"进行深海勘探的情况和取得的丰硕成果 2. 课上首先播放教师合成的相关视频（大约15分钟），展示从最初的"向阳红6号"到目前的"大洋一号""蛟龙号"，我国远洋科考的发展历程和取得的丰硕成果，对学生形成强烈的冲击力和震撼力，激发兴趣，增强民族自豪感 3. 学生分组展示课前小组探究成果（大约20分钟）。 要求： ① 每个小组针对某一方面汇报，如"大洋一号"科考船员的船上生活探秘，或者"大洋一号"发现海底"黑烟囱"的过程，或者"大洋一号"30次远洋科考的片段，等等； ② 一组代表汇报的间隙，其他小组成员可以补充发言，各组成员之间可以相互提问回答，增加互动； ③ 特约海洋专家或者教师总结发言（大约10分钟），进一步突出海洋资源和海洋科技意识； ④ 课后每一位学生针对小组探究的话题写一篇科普文章或科学述评。科普文章或科学述评的写作主要把握如下几点：主题鲜明，紧扣本课主题的某一方面；科学性较强；具有一定的趣味性；可读性强，等等	加深学生"深海矿产资源是未来人类发展需要的替代资源，是人类可持续发展的主要保障"的海洋资源意识。 培养学生树立"国际海底区域内的资源是全人类的共同财产，大洋海底矿产资源应该在国际海底管理局的协调下勘探开发"的意识。 引导学生明确未来国际海底资源开发竞争主要凭借科技力量，参与国际海底区域活动是对国际社会的贡献，我国应加快向国际海底进发的步伐

活动资源拓展

（一）我国及国际上富钴结壳的勘探现状

1987年，我国"海洋四号"调查船在太平洋约翰斯顿岛东南海域首次采获200多千克富钴结壳。1997、1998年我国"海洋四号""大洋一号"科学调查船分别在西太平洋麦哲伦海山区、中太平洋海山区进行了4个航段富钴结壳考察性调查，采集样品数百千克。自此，我国富钴结壳调查工作几乎没有中断过。

国际社会于1981年在中太平洋地区第一次对富钴结壳进行系统调查。早期工作由德国、美国、苏联（后为俄罗斯联邦）、日本、法国、英国、中国和韩国的科研队伍进行。

（二）《联合国海洋法公约》对国际海底区域（以下简称"区域"）的第136和137条规定

"区域"是指国家管辖范围以外的海床和洋底及底土，即各国专属经济区和大陆架以外的深海海底及其底土。《联合国海洋法公约》第11部分对"区域"的第136和137条规定如下：

第136条　人类的共同继承财产

"区域"及其自然资源是人类的共同继承财产。

第137条　"区域"及其资源的法律地位

1. 任何国家都不应对"区域"的任何部分或其资源主张或行使主权或主权权利，任何国家或自然人或法人，也不应将"区域"或其资源的任何部分据为己有。任何这种主权和主权权利的主张或行使，或这种据为己有的行为，均应不予承认。

2. 对"区域"内资源的一切权利属于全人类，由国际海底管理局代表全人类行使。这种资源不得让渡。但从"区域"内回收的矿物，只可按照本部分和国际海底管理局的规则、规章和程序予以让渡。

3. 任何国家或自然人或法人，除按照本部分外，不能对"区域"矿物主张、取得或行使权利。否则，对于任何这种权利的主张、取得或行使，应不予承认。

（三）"大洋一号"科学考察船对国际海底区域的考察成果

"大洋一号"是目前中国第一艘现代化的综合性远洋科学调查船，也是我国远洋科学调查的主力船舶。1995～2005年期间，"大洋一号"先后执行了我国大洋矿产资源研究开发专项的7个远洋调查航次和大陆架勘查多个航次的调查任务。2005～2014年期间，"大洋一号"又先后执行了第17、18、19、20、21、22、26、30航次的大洋科学考察任务，均取得了丰硕的考察成果。

（1）实现了我国大洋工作由单一区域（太平洋）向全球各大洋区（太平洋、大西洋、印度洋）、由单一资源调查（矿产资源、生物资源）向资源与科学相结合的综合考察的实质性转移，同时也拓展了我国在国际海底区域研究开发的新领域。

（2）总共在全球大洋中脊发现了44个海底热液活动区。

（3）世界上首次在东太平洋海隆赤道附近发现大范围活动的海底热液区群。

（4）世界上首次在西南印度洋发现以地幔岩为基底的多金属硫化物矿区。

（5）世界上首次在西南印度洋发现超大范围新型碳酸钙海底热液区。

（6）在海底热液区释放锚系并成功回收，获得了长时间序列的近底流场变化资料。

（7）在西南印度洋完成大规模海底地震台阵探测调查，开创了我国在大洋中脊开展海底地震探测的先河，填补了在超慢速扩张的西南印度洋中脊海底地震探测的空白。

（8）在西南印度洋勘探到大范围出露的超基性岩，并用拖网和电视抓斗采获大量超基性岩，为研究超慢速洋中脊的地质构造及热液成因提供了宝贵的样品。

（9）在南大西洋捕获了深海热液鱼和大量热液盲虾，其中热液鱼是可能的新物种，为热液区生态学研究提供了重要材料。

（10）从不同深度的深海水体中获得了大量的微生物滤膜样品和大空间尺度范围内不同环境的基因资源样品，为深海微生物多样性研究和基因资源获取提供了重要材料。

（11）获得了多金属结核环境特别受关注区内大范围、多站位、全深度的垂直剖面的水温、盐度、溶解氧及营养盐等环境数据以及浮游生物、叶绿素、底栖生物和微生物样品。

7 海洋空间资源的利用

海洋意识教育目标

1. 通过"港珠澳大桥的修建有什么重要意义"的探究活动，引导学生科学评价港珠澳大桥在破解三地之间天然海域阻隔方面的巨大交通优势，明确海洋空间也是一种资源，增强"海洋是人类生存和发展的基本环境、重要资源，是支撑人类未来发展的重要战略空间"的海洋空间资源意识。

2. 通过"港珠澳大桥的建设具体涉及哪些海洋空间资源的开发利用形式"的探究活动，从工艺、环境保护等角度了解港珠澳大桥的跨海大桥、海底隧道、人工岛等部分是怎样因地制宜充分利用海洋空间资源的，明确海洋空间资源开发利用形式的多样性，增强"因地制宜、妥善开发利用海洋空间资源，保护好海洋环境"的海洋意识。

3. 通过"海洋空间资源的开发利用前景如何"的探究活动，引导学生了解随着科技进步，人类将进一步拓宽由海上、海中、海底组成的海洋空间，明确"海洋是人类生存发展的第二家园"，增强"大力发展海洋科技，多种开发利用形式结合，向更深的海域索取空间"的海洋意识。

活动准备

（一）教师准备

1. 作好"学情"调查：利用问卷调查的形式了解学生对以港珠澳大桥为代表的海洋空间资源的认识情况，包括港珠澳大桥的基本情况、修建的主要意义，海洋空间资源的特点、开发利用形式，海洋空间资源开发利用对海洋环境的影响等。通过"问卷星"设计网上问卷调查——港珠澳大桥与海洋空间资源利用。

第1题　你认为港珠澳大桥建成后是否会促进香港、澳门、珠海三地之间的交流？〔单选题〕

选项	小计	比例（%）
是		
否		
本题有效填写人次		

第2题　你认为港珠澳大桥是一项什么样的工程？［多选题］

选项	小计	比例（%）
一项桥隧超级工程		
地标性建筑		
可以发展成为旅游景点		
本题有效填写人次		

第3题　你知道港珠澳大桥主体工程采用的是下列哪一种方案吗？［单选题］

选项	小计	比例（%）
全部为跨海大桥		
全部为海底隧道		
跨海大桥与海底隧道结合		
填海造陆建设人工岛		
本题有效填写人次		

第4题　你认为港珠澳大桥的兴建主要是利用了哪一种海洋资源？［单选题］

选项	小计	比例（%）
海洋生物资源		
海底矿产资源		
海水资源		
海洋能资源		
海洋空间资源		
本题有效填写人次		

第5题　你认为海洋空间资源具有哪些特点？［多选题］

选项	小计	比例（%）
海洋空间极其广阔		
海上通视性强、海底隐蔽性好		
海面气象及海洋环境多变		
投入资金多，难度大，风险大		
不仅地价便宜，而且不需要搬迁人口		
海水温度变化小		
海水具有很强的腐蚀性		
本题有效填写人次		

第6题　你认为海洋空间资源应该包括哪几部分？〔多选题〕

选项	小计	比例（%）
海上		
海中		
海底		
海岸带		
本题有效填写人次		

第7题　你觉得海洋空间的利用方式主要有哪些？〔多选题〕

选项	小计	比例（%）
海港		
洲际运河		
海底隧道		
海上机场		
跨海大桥		
其他		
本题有效填写人次		

第8题　当你知道港珠澳大桥的建设会破坏一些海岛和海洋的生态环境时，是否会对大桥的建设持有保留意见？〔单选题〕

选项	小计	比例（%）
是		
否		
本题有效填写人次		

第9题 港珠澳大桥跨越的水域内有我国哪个国家级自然保护区？［单选题］

选项	小计	比例（%）
红树林生态国家级自然保护区		
斑海豹国家级自然保护区		
中华白海豚国家级自然保护区		
丹顶鹤国家级自然保护区		
本题有效填写人次		

第10题 你认为港珠澳大桥的建设对我们生活有利的方面有哪些？［多选题］

选项	小计	比例（%）
在三个地方交通方便		
有利于物流运输（包括收寄邮件、快递）		
便于文化交流、旅游、购物、探亲		
其他		
本题有效填写人次		

第11题 你认为港珠澳大桥的建设对我们生活不利的方面有哪些？［多选题］

选项	小计	比例（%）
交通变得繁忙		
会带来更多的尾气污染		
破坏了原本的生活环境		
破坏了自然景观		
其他		
本题有效填写人次		

2. 熟悉教材内容、结构，分析教材，确立"教情"。教材由"案例回放"和三个探究活动组成，以港珠澳大桥为案例探究海洋空间资源的构成、优缺点，海洋空间资源的开发利用形式、前景以及对人类生存和发展的重要意义，等等。本课题直接讲授海洋空间资源基本知识和原理的篇幅较少，主要采用案例探究式编排，因此要结合典型案例——港珠澳大桥来探究以加深理解。鉴于此，深入研究案例是本课探究活动成败的关键。探究港珠澳大桥这一案例，首先需要了解这一超级工程建设的内容，即建设港珠澳大桥的必要性和重要意义，工程的三个主要组成部分（跨海大桥、海底隧道、人工岛）利用海洋空间资源的方式以及采用的依据等。这些问题涉及的知识面较广，尤其是涉及很多海洋工程技术工艺、建筑材料性能、海洋生态环境保护等方面的专业知识，对高中生来说比较陌生，可以借助有关视频录像、图片说明甚至专家访谈等材料，采取小组合作探究的方式来完成案例的探究活动。采取这种灵活多样的教材处理方式也能够更好地增强学生的海洋空间资源意识，加深对"海洋是人类生存发展的第二空间"的理解。

筛选"海洋空间资源的利用"相关视频录像资料，提供三段典型的视频供学生课前观看以便课堂上讨论。

① 港珠澳大桥宣传片。

② 超级工程（第一集）——港珠澳大桥。

③ ［远方的家］江河万里行（43）——珠江，初探港珠澳大桥。

3. 研究教法，为调动学生探究参与度，最大限度地发挥学生的主体性做好准备。"案例回放"可以从"港珠澳大桥宣传片"与"超级工程（第一集）——港珠澳大桥"两段视频中节选大约5分钟相关内容制成微视频。这样既可以增强本课题探究活动导入的巨大视听冲击力，又可以让学生加深对港珠澳大桥工程基本情况的了解，为后面的探究活动作好案例背景铺垫。根据内容的差异，建议针对本课题的三个探究活动设计不同的组织形式：① 分组探究、评价海洋空间资源的特点；② 模拟采访市长、市民、企业家和导游等不同角色，探究修建港珠澳大桥的重要意义；③ 对比分析、探究跨海大桥、海底隧道、人工岛等现代海洋工程分别是怎样利用海洋空间资源的、为什么采用这种开发利用方式、它们对海洋生态环境各有哪些有利和不利的影响；④ 采用开放式教学，学生自主选择身边某项开发利用海洋空间资源的海洋工程；⑤ 展望未来某种海洋空间资源开发利用方式撰写调查报告、制作PPT展示课件，小组之间交流、分享，展望海洋空间资源开发利用的美好前景，等等。具体采取哪种探究方式，运用哪些教学方法，可以依据学生主体差异以及学校所在地实际情况灵活选择。

（二）学生准备

1. 完成教师提供的网上问卷调查"港珠澳大桥与海洋空间资源开发利用"，对港珠澳大桥的基本情况、修建的主要意义，海洋空间资源的特点、开发利用形式，海洋空间资源开发利用对海洋环境的影响等基础知识有一定的了解，为本主题的探究活动作好铺垫。

2. 做好教师提前安排的在课堂上难以完成的工作。例如，提前上网搜索或查阅资料，了解香港、澳门和珠海三地的有关信息，思考建设港珠澳大桥的重要意义；上网搜索查阅资料，从海域特征、施工难度、环境保护等方面考虑港珠澳大桥为什么要建成桥隧结合工程；课前利用网络搜索一些与本课题探究活动有关的图片说明，如国内外著名的迪拜棕榈岛、海上城市——"自由"号巨型豪华游船、马尔代夫海底酒店、意大利海底酒窖等等；观看教师提供的有关海洋空间资源利用的视频录像资料，以便课堂上探究讨论时更为积极主动。

3. 课前利用网络搜索或者采访有关专家或学科教师，了解海洋空间资源开发利用对海洋生态环境、海洋污染的影响情况，尤其是港珠澳大桥的建设对伶仃洋海域的海洋环境以及国家一级保护动物——中华白海豚的影响，为课上探究活动中有关妥善开发利用海洋空间资源，保护海洋环境作知识和素材上的准备。

4. 有条件的学校可以实地采访相关海洋专家或者参观相关科技展览。上网查阅资料，获取文字、图片、视频等第一手素材，并撰写调查报告、制作PPT展示课件，小组之间交流、分享，展望海洋空间资源开发利用的美好前景，等等。

活动内容分析

第一部分，情境创设。

"案例回放"介绍了"海上'巨龙'——港珠澳大桥"，采用新颖、精练的材料说明该工程是目前最大的桥隧结合工程。材料还特别指出港珠澳大桥主体工程采用桥隧结合方案，它的兴建就是利用海洋空间资源的一个有力例证。案例在激发学生民族自豪感、感叹我国海洋科技进步的同时，进一步增强了他们的海洋空间资源意识，激发了他们对合理开发利用海洋空间资源、保护海洋环境的探究欲望。

"导引"首先说明海洋空间也是一种资源，港珠澳大桥的兴建就是海洋空间利用的典型案例。在指出海洋空间资源开发利用越来越引起人们关注的同时，重点指出了本主题探究的具体任务和内容——研究海洋空间资源的价值及开发利用方式，科学、合理、有效、可持续地利用海洋空间资源，促进社会经济的发展。

第二部分，主体活动。

本主题活动分为3个板块。

板块1：评价海洋空间资源与港珠澳大桥修建的重要意义。

本板块活动主要是通过教材"探究1　港珠澳大桥的修建有什么重要意义"中的"观察·思考"来体现的。

教材在科学评价海洋空间优劣势的基础上，重点探究港珠澳大桥在破解香港、珠海、澳门三地之间天然海域阻隔的巨大交通优势，认识建设港珠澳大桥的必要性和重要意义。

本探究活动包含两部分内容：评价海洋空间资源与港珠澳大桥修建的重要意义。前者可以采取个体自主探究或者小组集体探究的形式；后者可以采取模拟采访市长、市民、企业家和导游等不同角色，从不同角度分享对港珠澳大桥修建重要意义的认识。可以布置学生课前上网搜集相关资料，观看教师提供的视频，课上交流分享、分组模拟采访，甚至可以采取不同观点辩论的方式。引导他们科学评价海洋空间资源优缺点，综合分析港珠澳大桥在破解三地之间天然海域阻隔方面的巨大交通优势，培养他们自主学习、分析评价、合作探究的能力，进一步增强"海洋是人类生存和发展的基本环境、重要资源，是支撑人类未来发展的重要战略空间"的海洋空间资源意识。

"观察·思考"紧密结合"香港、澳门和珠海区位图"，由图片可以看出香港位于珠江口的东侧，珠海和澳门位于珠江口的西侧，中间被天然海域分隔开来，交通成为制约珠江口两侧城市社会经济交流的巨大障碍。而港珠澳大桥的建设将给香港带来更大的发展空间，珠海能够借助香港的经济优势快速成长，澳门也将获得更多的旅游市场资源。

"信息长廊"介绍了港珠澳大桥的交通优势，不仅拓宽了学生的视野，还可以作为课上探究活动的素材和衔接。该栏目告诉我们港珠澳大桥路线的起止点，以及大桥每日车流量、过境人流量等等。

板块2：探究港珠澳大桥建设具体涉及的海洋空间资源开发利用形式。

本板块活动主要是通过教材"探究2　港珠澳大桥的建设具体涉及哪些海洋空间资源的开发利用形式"中的"活动·研讨"来体现的。

本探究活动从技术、环境保护等方面介绍了港珠澳大桥的跨海大桥、海底隧道、人工岛等部分是怎样因地制宜充分利用海洋空间资源的。结合港珠澳大桥的桥、隧、岛工程的对比分析，探究这一超级工程的跨海大桥、海底隧道、人工岛利用海洋空间资源的具体方式，采用这种开发利用方式的原因以及它们对海洋生态环境各自造成的影响等。

该探究活动涉及了很多工艺，匠心独具。对于这些工艺，教材并没有详细解释，而这些设计工艺恰恰是理解上述探究内容的基础和前提。建议本探究活动要多结合有关视频，尤其是一些关于港珠澳大桥沉管工艺、圆钢筒震沉、人工岛工艺的动画视频，引导学生了解其中一些关键的工艺技术。建议采用桥、隧、岛三者对比探究分析，最终把对比分析结果列表呈现，使学生的思路更加清晰。

"活动·研讨"栏目的研讨过程中要充分利用教材第50页港珠澳大桥示意图与教材第54页港珠澳大桥海底隧道示意图，从海域特征、施工难度、环境保护等方面分析。关于工程设计等相关更详细的信息可以通过上网搜索等方式查阅。

教材第53页"相关链接"栏目"国内外跨海大桥雄姿掠影"列出了中外四座著名的跨海大桥，可以借助有关材料丰富探究2中的海洋空间资源开发利用形式——跨海大桥；教材第55页"相关链接"栏目"迪拜棕榈岛"可以作为人工岛建造的案例补充和丰富，进一步增强学生利用海洋空间资源的意识。

"信息长廊"详细介绍了港珠澳大桥建造人工岛独特的"圆钢筒围岛"技术工艺，可以作为本板块中的"活动·研讨"的材料使用，这样设计的原因主要是基于珠江口海底深厚的淤泥，为了避免对海洋的污染、减少过长的岛屿对海流的阻挡以及减少工程砂石运量等等。

板块3：海洋空间资源开发利用的展望和拓展。

本板块活动主要是通过教材"探究3 海洋空间资源的开发利用前景如何"中的"交流·分享"来体现的。

探究3可以看作是本课题研究的总结和拓展。本板块活动建议采用开放式教学，引导学生选择身边某项开发利用海洋空间资源的海洋工程，课前上网搜集信息或实地采访、调查获得资料，撰写调查报告、制作PPT展示课件；课上小组之间交流成果、质疑释疑、分享收获，展望海洋空间资源开发利用的美好前景，具体形式可以分组汇报成果。

"交流·分享"要求介绍所了解的某项开发利用海洋空间资源的现代海洋工程，研究内容的确定较为灵活。

以上三个板块活动围绕港珠澳大桥这一典型案例自然展开，层层深入，构成一个有机整体。

第三部分，拓展活动。

"时代寄语"开门见山地提出了开发利用海洋空间资源的必然性；概括出海洋空间资源由海上、海中、海底三部分组成，指出世界各沿海国家向海洋空间进军已是大势所趋，增强学生开发利用海洋空间资源的紧迫感和使命感；最后特别指出开发利用海洋空间资源必须在保护海洋环境的基础之上进行，可持续利用海洋空间，进一步回扣本课题涉及的海洋意识。

"蓝色行动"引导学生围绕选择的某一项大型海洋工程，撰写考察评估报告，可以和教材第57页的"交流·分享"栏目"了解某项开发利用海洋空间资源的现代海洋工程"结合起来进行，只是最终的成果展示有所不同，该栏目的成果通过撰写考察评估报告来展示。

"后续研究"是一个开放性的栏目，可以让学生在海洋空间资源利用范围内自主选择。所研究的课题和方案都可以与时俱进、自主选择，但一定要在与海洋空间资源的开发利用有关的领域进行选择；难度深浅可以自主选择，但一定要在现有的条件下具有可操作性。建议根据所选择的研究课题，成立对应的兴趣研究小组，确定研究方案之后，在课后分阶段逐步完成本栏目任务，或者结合研究性学习课程来完成。条件允许的学校还可以聘请相关领域的专家或教师进行研究指导，帮助完成，最终要形成较为科学、完善的展示成果。

探究参考

探究1 "观察·思考"：思考建设港珠澳大桥这么巨大的海洋工程究竟有什么重要意义。

我的思考：（1）香港是亚洲的国际金融、贸易、旅游中心，也是亚洲最发达、最具活力的城市之一；珠海作为一个从渔村发展而来的年轻城市，被誉为我国最适宜居住的海滨城市之一；澳门也是我国重要的港口城市，拥有极大的人口密度。结合"香港、澳门和珠海区位图"，可看出交通成为制约珠江口两侧城市社会经济交流的巨大障碍。要想进一步寻求发展，必须从交通方式的转变入手。

（2）建设东接香港、西接广东（珠海）和澳门的港珠澳大桥，对于完善国家和粤港澳三地的综合运输体系和高速公路网络，密切珠江西岸与香港地区的经济社会联系，提升珠江三角洲地区的综合竞争力，保持港澳地区的持续繁荣稳定，促进珠江两岸经济社会的协调发展具有重要意义。

（3）港珠澳大桥的建设将给香港带来更大的发展空间，珠海能够借助香港的经济优势快速成长，澳门也将获得更多的旅游市场资源。

探究2　"活动·研讨"：港珠澳大桥为什么要建成桥隧结合工程？请通过上网搜索等方式查阅资料，从海域特征、施工难度、环境保护等方面给出答案。

我的看法：结合教材第50页"港珠澳大桥示意图"与第54页"港珠澳大桥海底隧道示意图"，从海域特征、施工难度、环境保护等方面分析。

珠江口海域是一个典型的弱洋流海域。如果在这片海域建一座全部位于海面的跨海大桥，密集的大桥桥墩就会像一个阻挡泥沙的篱笆一样，产生超过10%的阻水率，泥沙就可能被阻挡沉积，从而阻塞航道，让珠江口的伶仃洋变成一片沉积平原。为了避免这个灾难性的后果，港珠澳大桥采用桥隧结合的方式不失为明智的选择。

（1）修建港珠澳大桥要解决的问题是不影响轮船通航。大桥要跨越的伶仃洋海域靠近香港方向有一个重要的深水航道——伶仃洋航道，它是大型运输船只在这一片海域通行的唯一通道，这座大桥的修建将关系到这个重要航道的生死。伶仃洋航道通航等级要求非常高，目前是按10万吨的标准，远期将考虑30万吨油轮可以通行。要满足这一要求，需要修建一座桥面高度不低于80米（相当于26层楼的高度）、桥塔高度达到200米的超级大桥。但是桥面太高，一是会使驾驶员感到很不舒服，二是周围的香港机场也不允许有超过88米的建筑物矗立在飞机的飞行航线上。考虑到这些要求在这段深水航道上不能修建任何超级大桥。

（2）深水航道修建海底隧道需要在两端浅海水中分别造一个人工岛，而这片海域海床下面有15～20米厚的淤泥，如果用常规的抛石斜坡或者常规的重力式沉箱结构修建人工岛，抛石或沉箱便会在海底淤泥表面下滑，站不稳；如果把这些天文数字的淤泥挖掉或者工程固结，一是会产生巨大的清淤工程量，二是对海洋环境将会产生毁灭性的破坏。采用圆钢筒围岛方案，既解决了上述难题，还使人工岛的长度大大缩小，减少了泥沙的淤积量。

活动重点

本课题要达成的海洋意识主要有"海洋是人类生存和发展的基本环境、重要资源，是支撑人类未来发展的重要战略空间""海洋是人类生存发展的第二家园""海洋空间资源开发利用形式多样，必须因地制宜、妥善开发利用""大力发展海洋科技，多种开发利用形式结合，向更深的海域索取空间"。为达到上述海洋意识教育目标，应引导学生学会科学评价海洋空间资源的优缺点，能够结合某项现代大型海洋工程综合分析其建设的社会经济意义，以及该工程是如何因地制宜、科学合理利用海洋空间资源、保护好海洋环境的。探究1属于本课题研究的基础；探究2是本课题研究的重点；探究3属于本课题研究的提升和延伸。

活动内容划分与课时安排

本课题包含三个探究活动，建议分为三个课时完成。

第一课时"案例回放"与探究1；第二课时完成探究2和探究3；第三课时完成教材第58页"蓝色行动"和第57页"交流·分享"，开展"海洋——人类生存的第二家园"主题班会和小组PPT成果展示（第三课时可根据课时情况进行合理取舍）。

活动设计案例

活动环节	师生活动	设计意图
活动导入	播放关于港珠澳大桥相关视频或者以PPT的形式进行图文介绍。 教师：这将是世界上最长的跨海大桥，工程师要花费长达6年的时间完成这座巨型工程。他们每天要避开4 000艘海船和1 800多架航班的密集通行，用50万吨钢材建造全世界最长的钢铁桥梁，耗费230万吨钢筋混凝土，在深海水下打造世界上最长的沉管海底隧道，启用世界最大的巨型震锤来完成人工岛的建造。他们要全力抵抗台风和地震向大桥的挑战，对环保的苛刻要求也前所未有。所有这些努力都是为了完成一个几代人的梦想——建设港珠澳大桥。今天我们就通过港珠澳大桥的建设来探究海洋空间资源的利用	通过案例回放"海上'巨龙'——港珠澳大桥"激发学生对海洋空间资源开发利用的热情和兴趣，调动他们探究海洋空间资源的积极性

活动环节	师生活动	设计意图
探究1　港珠澳大桥的修建有什么重要意义？——评价海洋空间资源优缺点与港珠澳大桥修建的重要意义（小组合作探究和模拟记者采访活动）	1. 个人探究和小组合作交流相结合，综合评价海洋空间资源的优缺点。 教师：设计几个问题组织学生讨论，如陆地上的空间危机为什么会产生，海洋空间开发是否可行，海洋空间资源包括哪几个组成部分等等。 学生： （1）借助教材第51页"海洋空间利用示意图"和以前学过的海洋知识探究上述问题。 （2）海洋空间资源的优缺点评价可以参照： ① 海洋空间环境的特殊性（缺点）：海面——多变的气象及海水运动；海底——黑暗、高压、低温、缺氧；海水——强腐蚀性；海冰——强破坏性； ② 海洋空间资源的优点：海洋空间广阔，海上通视性强，海底隐蔽性好，便于规划利用； ③ 海洋空间资源开发要求的艰巨性：资金投入大、技术难度大、风险高。 （3）海洋空间的主要利用领域：交通运输空间、海上生产空间、海底电缆空间（通信、电力输送）、储藏空间以及文化、生活、娱乐空间，等等 2. 小组合作探究与模拟采访不同层面群体对修建港珠澳大桥重要意义的认识和理解。 教师： ① 探究过程中要充分利用教材中的两处材料：教材第51页"观察·思考"——香港、澳门和珠海区位图；教材第52页"信息长廊"——港珠澳大桥的交通优势。 ② 布置学生课前上网搜集相关资料，观看教师提供的视频，为课上小组合作探究和模拟采访活动作准备。 学生：分组模拟采访市长、市民、企业家和导游等不同角色，甚至可以采取不同观点辩论的方式，从不同角度谈谈对港珠澳大桥修建重要意义的认识	通过"港珠澳大桥的修建有什么重要意义"的探究活动，明确海洋空间也是一种资源，增强"海洋是人类生存和发展的基本环境、重要资源，是支撑人类未来发展的重要战略空间"的海洋空间资源意识

活动环节	师生活动	设计意图
探究2 港珠澳大桥的建设具体涉及哪些海洋空间资源的开发利用形式？——探究港珠澳大桥建设具体涉及的海洋空间资源开发利用形式（个人自我探究与小组合作探究结合；对比分析与动画模拟演示结合）	1. 课前学生上网查阅资料，观看相关视频，自主探究；课上分组合作交流，借助教材第54页中的"活动·研讨"完成探究活动：港珠澳大桥为什么要建成桥隧结合工程？ 教师：结合珠江口海域的自然、社会经济特征，探究港珠澳大桥最终采用桥、隧、岛结合方案是一种必然选择。修建港珠澳大桥需要解决的主要难题可以分解为如下方面： ① 海域气象、海流水文、海床地质等自然特征； ② 海域内主要航线分布情况、航道通航等级要求、空中航线要求的限高，等等； ③ 海域环境保护要求，主要保护的海洋生物； ④ 主要施工难度与工艺技术要求，等等。 学生：探究以上内容，在综合分析的基础上得出港珠澳大桥最终采用桥、隧、岛结合方案的必然选择 2. 分组探究、对比分析港珠澳大桥工程的跨海大桥、沉管隧道、人工岛是如何因地制宜，合理利用海洋空间资源的。 ① 利用对比分析的方法探究桥、隧、岛（对于海洋空间资源的开发利用方式，关键是列出主要的对比项目）； ② 对于港珠澳大桥采用的跨海大桥技术、沉管隧道技术和圆钢筒围岛技术，学生很陌生，需要借助于视频录像和动画演示来突破，力求深入浅出，帮助学生理解； ③ 在探究港珠澳大桥采取的桥、隧、岛设计方案时，要紧密结合前面探究的结论，即珠江口海域自然、社会经济特征以及修建大桥需要解决的主要难题； ④ 在整个探究活动过程中，不可忽视海洋环境保护对大桥建设的苛刻要求，做到经济、社会、生态效益兼顾； ⑤ 探究过程中要充分利用教材中的图示、"相关链接""活动·研讨"与"信息长廊"等栏目	通过对"港珠澳大桥的建设具体涉及哪些海洋空间资源的开发利用形式"的探究活动，了解港珠澳大桥采取跨海大桥、沉管隧道、人工岛结合设计方案的原因，增强因地制宜、综合考虑各种因素、科学合理利用海洋空间资源的意识

活动环节	师生活动	设计意图
探究3 海洋空间资源的开发利用前景如何（开放式自主选题、小组合作探究与小组课堂展示）	1. 借助教材第57页"交流·分享"栏目中的"了解某项开发利用海洋空间资源的现代海洋工程"完成"探究3 海洋空间资源的开发利用前景如何"。 教师：结合教材第57页"交流·分享"栏目，以小组为单位自选某项开发利用海洋空间资源的现代海洋工程进行探究活动。具体探究内容可以结合下列项目： ① 所选海洋工程的基本情况介绍； ② 所选海洋工程怎样因地制宜、合理利用海洋空间资源的，包括所在海域状况、建设中遇到的难题、利用海洋空间的方式等等； ③ 海洋工程在建设过程中所采取的关于保护海洋环境的具体措施。 学生：小组合作探究，选出代表发言，为了突出展示效果，可以做成PPT后进行展示；一组代表上台展示过程中，其他小组同学可以提出疑问，发言代表或组内同学给予解答 2. 对以上探究活动内容进行归纳、提升。 ① 海洋空间资源开发利用方式的发展演变历史； ② 展望人类未来利用海洋空间的美好前景	通过"海洋空间资源开发利用前景如何"的探究活动，了解海洋空间资源开发利用方式过去、现在和未来，尤其是展望未来海洋空间资源利用的美好前景，增强大力发展海洋科技，多种开发利用形式结合，向更深的海域索取空间的海洋意识
小结	教师引导学生归纳总结本课题研究的主干知识结构。教师给出本研究课题主线，让学生补充和细化，尤其要注意知识链末端的细化。 海洋空间资源的利用{海洋空间资源的评价；港珠澳大桥修建的重要意义；港珠澳大桥设计方案及建设内容；港珠澳大桥的建设涉及的海洋空间资源开发利用形式；海洋空间资源的开发利用前景	帮助学生构建本课题研究的认知结构，树立"海洋是人类生存发展的第二家园""必须因地制宜、妥善开发利用海洋空间资源""保护好海洋环境，大力发展海洋科技，向更深的海域索取空间"的意识

续表

活动环节	师生活动	设计意图
"蓝色行动"实地考察或通过网络关注某项海洋工程，探究它是怎样利用海洋空间的，对当地的经济发展起到了哪些作用，并在充分调查的基础上写一份考察评估报告	1. 提前两周布置实地考察或通过网络关注某一项大型海洋工程活动的准备工作，保证质量 2. 根据学校实际情况，选择实地考察家乡的一处利用海洋空间资源的海洋工程，如港口、跨海大桥、围海造田、人工岛、石油钻井平台、潮汐发电厂、波浪发电厂、海水淡化厂、海上旅游设施、"水下龙宫"等等；通过网络关注某一处利用海洋空间资源的海洋工程也可以 3. 可以分组完成，也可以个人独立完成 4. 探究一项工程主要围绕两个方面：一是这项工程是怎样利用海洋空间的；二是这项工程对当地的经济发展起到了哪些作用 5. 实际考察或者通过网络关注要注意相关信息的及时搜集、积累和分类。这些信息可以是文字图片，也可以是访谈录，等等 6. 撰写考察评估报告注意格式，字数不限 7. 在小组之间互评的基础上推选优秀作品	加深对"海洋空间是一种资源"的理解，增强"海洋是人类生存和发展的基本环境、重要资源，是支撑人类未来发展的重要战略空间"的意识；更加明确海洋空间资源开发利用形式多样，增强"因地制宜、妥善开发利用海洋空间资源，保护好海洋环境"的海洋意识；增强"大力发展海洋科技，向更深的海域索取空间"的海洋意识

活动资源拓展

（一）舟山跨海大桥

舟山跨海大桥（又名舟山大陆连岛工程），是国家高速公路网甬舟高速公路（G9211）的主要组成部分，是世界规模最大的岛陆联络工程。规模浩大、地理位置特殊的舟山跨海大桥在建设过程中产生了近百项技术创新成果，创造了国内外造桥技术的多项"世界第一"和"国内首创"：世界最大跨径钢箱梁悬索桥；中国抗风稳定性要求最高的桥梁之一；世界上第一座双箱分体式钢箱梁悬索桥；世界首创主缆索股水平成圈放索工艺；中国悬索桥第一高塔等等。目前已鉴定的25项科技项目中，1项达到国际领先水平，20项达到国际先进水平，4项达到国内领先水平。

舟山跨海大桥实现了海岛同大陆的连接，把发展海岛特色经济与大陆比较完善的基础设施网络密切结合起来，对进一步开发舟山海洋资源，推动浙江省、长江三角洲乃至中国经济发展都具有深远的意义。

（二）杭州湾跨海大桥

杭州湾跨海大桥是一座横跨中国杭州湾海域的跨海大桥，总投资118亿元，北起嘉兴市海盐郑家埭，跨越宽阔的杭州湾海域后止于宁波市慈溪水路湾，是国道主干线——同三线跨越杭州湾的便捷通道。

大桥全长36千米，其中桥长35.7千米，双向六车道高速公路，设计时速100千米，设计使用寿命100年以上。杭州湾跨海大桥是世界上已建成的第三长的跨海大桥。

迄今为止，世界上建成的知名跨海大桥有巴林—沙特阿拉伯跨海大桥、美国的金门大桥、土耳其的博斯普鲁斯大桥、新西兰的奥克兰港湾大桥和澳大利亚的悉尼大桥等。

（三）海底隧道是怎么建造的

目前，海底隧道的建造方法主要有两种。

第一种，直接在海底的岩层中开挖，用巨型掘岩钻机从两端同时掘进。大钻头与隧道口差不多大，每前进一步，就要由工程技术人员来加工内壁。在英国与法国之间的英吉利海底隧道就是用这种方式建成的。

第二种，将预先制作的大型钢管或混凝土方箱，沉入海底，在外部用混凝土封上接头处，把里面的海水抽干。然后在内部做好加固，就成为隧道。香港的海底隧道就是用这种方法建造而成的。

第三单元　海洋经济

一、设置本单元的目的

当今，海洋经济成为全球经济的重要组成部分，世界四大海洋支柱产业已经形成且发展前景良好。我国海洋经济自20世纪90年代以来以两位数的年增长率快速发展，在国民经济中占有举足轻重的战略地位，是实施海洋强国战略的重要基础。目前，海洋经济已成为拉动我国国民经济发展的有力引擎。本单元引导学生充分认识它们所折射出的深刻内涵和重要意义，从而树立"发展海洋经济、转变经济发展方式、调整经济结构、培育国民经济新的增长点"等海洋经济意识。

二、本单元的内容安排

本单元共设计两个研究课题，从不同角度凸显海洋经济意识。

海岛的开发与保护——以海南将建成国际旅游岛的案例引入，引导学生领略海岛"浑身是宝"的风采，尤其是其重要的经济价值、生态价值、国土价值和国防战略意义。同时，引导学生了解目前依然存在着各种破坏性开发海岛尤其是无居民海岛的行为。通过本课题研究，引导学生树立科学开发和保护海岛的海洋意识，增强建设海洋强国的自豪感和使命感。

蓝色经济展新貌——以"山东半岛蓝色经济区建设上升为国家战略"为案例，引导学生认识蓝色经济的深刻内涵，了解我国蓝色经济的发展状况以及我国对蓝色经济区的规划情况，从而认识到蓝色经济将成为实现中华民族伟大复兴中国梦的一支强大的经济力量。

8　海岛的开发与保护

海洋意识教育目标

1. 通过探究海南国际旅游岛的建设，引导学生了解有关海岛的基本知识以及其可持续发展的途径，树立科学开发与保护海岛的意识。

2. 通过学习"保护和开发我国无居民海岛"的方法，引导学生了解海岛的重大价值，了解我国无居民海岛的现状和相关规划，增强海岛的保护与开发意识。

3. 通过对"岛、礁对国土和国防重要价值"的学习，引导学生理解海岛的国土价值和国防战略意义，树立岛、礁的保护意识。

活动准备

（一）教师准备

1. 作好"学情"调查。利用问卷调查的形式了解学生对海岛的开发与保护的认识情况，包括去过的海岛、搜集整理的照片或录像、读过的有关海岛的书籍等或科普读物等。通过"问卷星"设计网上问卷调查——海岛。

第1题　你是否有过去海岛旅游的经历？［单选题］

选项	小计	比例（%）
有		
没有		
本题有效填写人次		

第2题　你有下列哪种形式有关海岛的资料？［多选题］

选项	小计	比例（%）
照片		

续表

选项	小计	比例（%）
录像		
画册		
故事书		
科普读物		
其他		
本题有效填写人次		

第3题　你最想了解有关海岛的哪些知识？〔多选题〕

选项	小计	比例（%）
成因		
自然风光		
人文景观		
自然资源		
军事价值		
其他		
本题有效填写人次		

第4题　你通常是由哪些渠道得到有关海岛知识的？〔多选题〕

选项	小计	比例（%）
电视		
广播		
报纸、杂志		
宣传单		
网络		
其他		
本题有效填写人次		

　　2. 仔细分析教材，了解教情。教材由"案例回放"和三个探究活动组成，涉及海南岛的优势分析，包括地理位置、优美的环境以及各种资源等；无居民海岛的保护与

开发以及岛、礁的国土与国防价值等。为了调动学生的学习兴趣，课前应广泛收集相关资料，包括视频、文章和图片等。

（1）为学生上网搜集资料提供方法指导，推荐查阅图书的方法以及相关书目，如《走向深蓝》等。

（2）指导学生选择活动方向，确定研究内容。

（3）提前确定参观活动内容、选择活动路线、制订参观活动方案等。对学生进行合理分组。

（4）制定演讲比赛评分标准。

① 内容（40分）。

a. 主题（15分）：主题明确、深刻，观点正确、鲜明；见解独到。

b. 材料（15分）：材料真实、典型、新颖，反映客观事实，具有普遍意义；

c. 结构（10分）：结构完整合理、层次分明，论点、论据具有逻辑性；构思巧妙，引人入胜。

② 表达（60分）。

a. 语音（20分）：语音非常规范20分，规范17分，较规范14分，不规范不得分。

b. 感染力（20分）：语速恰当、声音洪亮，表达自然流畅，节奏张弛符合思想感情的起伏变化，具有感染力。

c. 熟练程度（10分）：非常流畅10分，流畅8分，较流畅6分，不流畅不得分。

d. 态势语（10分）：自然得体，端庄大方。

（5）参考下列题目筛选"海岛的开发与保护"相关视频资料，提供典型视频供学生课前观看以便课堂上讨论。

① 海南岛拥有中国最完美、种类最丰富的热带雨林。

② 森林旅游资源是海南核心竞争力。

③ 走遍中国：非凡无人岛。

（二）学生准备

1. 学生结合海南建设国际旅游岛的途径、功能组团和重点旅游景区的布局及无居民海岛的开发等主题选择研究对象，确定研究内容和方法。分别搜集、查找所需资料，为课堂演讲作准备。

2. 以小组为单位，以无居民海岛的开发及存在的问题为研究对象，选取一个研究方向，制订开发方案并进行可行性论证，就目前开发中存在的问题搜集研究资料，并及时交流研究成果。最后将研究成果以PPT的形式进行展示，为举办一场听证会做好准备。

3. 查阅要参观海岛的资料（有条件的地区），确定研究内容（地形、水文、植被、地质等），准备测量工具（罗盘仪、地质锤、卷尺、锨等）。

4. 以"我为海岛添光彩"为主题，组织演讲比赛。选出演讲比赛主持人，每小组确定演讲人，抽取顺序号码，以小组为单位进行演讲比赛，组成评委小组。

活动内容分析

第一部分，情境创设。

"案例回放"采用"海南国际旅游岛的战略定位"这个极具时代感的材料来说明海南岛的定位、开发、保护的一系列原则、措施与目标，引导学生在了解海南岛地位、优势的基础上，形成对海南岛的整体认识，激发他们对海南岛的探究兴趣。

"导引"通过介绍海南岛的位置、资源说明其区位优势，通过介绍国土价值和生态价值及人类与海洋的关系等说明其重要性，为学生顺利开展探究活动作好铺垫，为他们的自主探究指明方法与途径。

第二部分，主体活动。

本主题活动分为3个板块。

板块1：引导学生丰富海岛知识，了解海岛的优势，分析建设海南国际旅游岛的重大意义，从而树立对海岛开发和保护的意识。

本板块活动主要通过教材"探究1 怎样建设海南国际旅游岛"中的"联想·分析"来完成。

为引导学生分析怎样建设海南国际旅游岛，教材首先通过"相关链接"栏目"著名国际旅游岛的特点"，给学生一种宏观印象，接着"信息长廊"栏目和正文分析了海南岛的优势以及局限性，从而帮助他们理解建设海南国际旅游岛的必要性和重要性。

在此基础上展开"联想·分析"活动，目的是引导学生充分认识海南的自身经济状况，结合其他著名国际旅游岛的特点，归纳出海南必须走国际旅游岛的路子来实现现代化。

建议以小组合作研讨为主，引导学生上网探索相关资料，结合正文和资料性栏目对所给材料进行加工构建，形成自己的认识，从而更清晰地理解国家关于海南国际旅游岛建设的相关规划。

"相关链接"栏目为开阔学生视野而设，通过对著名国际旅游岛的介绍，激发他们放眼看世界的热情，为进行合作探究、相互交流搭建平台。本栏目在引导学生观赏优美画面的同时，体味大自然鬼斧神工的杰作。另外，引导学生运用必修课上所学的外力作用对地貌的影响分析海岸地貌的形成，会学以致用。

"信息长廊"栏目主要从地理位置和拥有的资源、设施、产业体系以及高水平的旅游管理等角度，对海南岛的优势进行了介绍。

"联想·分析"是一个典型的学以致用的开放性栏目，设计的目的在于引导学生利用所学知识进行分析，阐明自己的观点。学生既可以认同材料中所述的观点，也可以提出自己的观点，只要分析合理即可。该栏目引导学生更深入探究海南实现现代化的路子。

"观察·思考"栏目引导学生学会"学以致用"，运用各学科已经学过的理论知识，分析海南岛的功能组团与旅游景区布局的理论依据。

"交流·分享"栏目为学生提供了浙江舟山群岛新区和福建平潭综合实验区两个素材，引导他们通过对比分析，学会分析自然环境、资源、生产力水平以及开发条件和基础等，并在此基础上学会制订科学合理的海岛开发方案。通过交流探讨，分享各自的智慧，开拓思路，提出更加完善的开发方案。

板块2：认识保护海岛及其周边海域生态系统、合理开发利用无居民海岛、维护国家海洋权益、促进海岛经济可持续发展的重要意义。

本板块活动主要通过教材"探究2　如何保护和开发我国无居民海岛"中的"联想·分析""活动·研讨""交流·分享"来体现。

为引导学生探究如何保护和开发我国无居民海岛，教材先从总体上介绍了我国海岛的概况，包括规模、数量、资源等，又结合国家出台的相关文件来说明海岛保护和开发的规定和要求。

在此基础上开展"联想·分析""活动·研讨""交流·分享"，目的是引导学生了解海岛的现状，充分认识保护和科学开发海岛的重要意义。建议以小组合作研讨为主，引导学生学习关于海岛的相关政策，强化海岛保护和开发的意识。

"信息长廊"栏目在探究2出现了两次。教材第65页的"信息长廊"主要介绍了海岛资源综合调查的重要意义以及科学调查海岛的途径与方法，用具体的案例阐释了"科学技术是第一生产力"这一科学论断。教材第66页的"信息长廊"通过《无居民海岛使用申请审批试行办法》的介绍，引导学生了解开发海岛的程序与方法，自觉加入宣传无居民海岛开发与保护的队伍中来。

"联想·分析"直面目前无居民海岛无序开发的混乱状态，引发学生对海岛生态环境的关注。通过对具体案例的剖析，激发学生保护和科学开发海岛的意识；引导学生认识问题，树立危机意识，自觉成为保护海岛的宣传员和志愿者。

"活动·研讨"引导学生上网查阅相关资料，加深他们对法律法规的理解，开阔他们的视野，搭建交流平台。

"交流·分享"结合《全国海岛保护规划》，引导学生上网查阅资料，通过分组交流探讨的方式分析其异同点，了解相关要求，归纳海岛开发的基本思路与方法。

板块3：认识海岛的自然属性，确定海岛利用功能；认识到海岛在保护海洋环境、维护生态平衡、维护国家海洋权益和保障国防安全等方面的重要意义。

本板块活动主要通过教材的"探究3 岛、礁对国土和国防有何重要价值"中的"活动·研讨"来体现。

该板块活动引导学生正确认识海岛的区位、自然资源和自然环境等自然属性；认识到海岛是发展海洋经济、拓展发展空间的重要依托，是保护海洋环境、维护生态平衡的重要平台，是维护国家海洋权益、保障国防安全的战略前沿；树立自觉保护海岛及其周围海域生态环境、促进海岛经济和社会发展、维护国家主权权益、保障国防安全、保护军事设施的意识。

"信息长廊"栏目在探究3中出现两次。教材第67页"信息长廊"主要介绍了《联合国海洋法公约》第121条岛屿制度的相关内容，引导学生正确认识岛、礁的含义及重要意义，了解领海、毗连区、专属经济区和大陆架等基本概念和重要意义。教材第68页"信息长廊"引导学生了解岛、礁在决定国家内水大小以及领海、专属经济区的位置等方面的重大意义。

"活动·探讨"通过引导学生绘制海岛的"茶壶盖"效应俯视图，加深对岛、礁重要作用的认识。

结合本板块活动的要求给学生指定一个具体的任务，给他们留有充足的时间去查阅资料。以小组合作的形式完成，这样既不占用学生的大量时间，又可以让他们在活动中学会合作，相互取长补短。以不同的方式，从不同的角度，激发学生的探究兴趣。

第三部分，拓展行动。

"时代寄语"栏目从岛、礁在海防、经济、生态等方面说明其重要性，并且从可持续发展的角度说明实现海岛开发与保护的方法与途径。培养学生保护、开发、利用相结合的意识。

"蓝色行动"栏目引导学生结合本课题研究所学知识实现理论与实践的结合，亲手制订一份无居民海岛的开发计划书，该部分内容可与探究2结合实施。

"后续研究"是一个开放性的栏目，引导学生理解一个海岛的开发应如何因"岛"制宜采取相应的措施，并应注意的环境和生态建设问题。

探究参考

探究1　**"联想·分析"**：一提到一个地区要实现现代化，人们就会自然而然地想到这个地区势必要走市场化、工业化、信息化和城镇化的路子。如果按照这样的思路，海南可以通过走建设国际旅游岛的道路来实现现代化吗？

我的看法：工业化是现代化的必经阶段，是对一个完整的经济系统而言的，但对于这个经济系统的局部则未必。海南根据其独特的优势，可以通过走建设国际旅游岛的道路来实现现代化。

（1）环境资源是海南最大的优势与生命线，基于此，海南国际旅游岛的定位是旅游业改革创新实验区、世界一流的海岛休闲度假旅游目的地、全国生态文明建设示范区、国际经济合作和文化交流的重要平台、南海资源开发和服务基地和国家热带现代农业基地。

（2）海南岛经历了20多年的苦苦探索，通过保护环境、发展旅游、带动现代服务业的发展，使附加值最高、关联性最强的第三产业成为支柱性产业。

（3）热带农业是海南的基础产业。海南位于热带海洋季风气候区，光温充足，物种资源十分丰富，是发展热带特色高效农业的黄金宝地。

基于以上分析，海南没有必要一定通过走市场化、工业化、信息化和城镇化的路子来实现现代化，而是可以通过走建设国际旅游岛的道路来实现现代化。

"观察·思考"：观察本课题案例回放中的海南国际旅游岛的功能组团和重点旅游景区布局图，并通过上网搜索等方式查阅资料，思考海南国际旅游岛这样布局的原因。

我的思考：海南在国际旅游岛建设发展中，最关键是空间布局，而空间布局首先要解决功能分区的问题。功能组团的划分主要是依据是每个区块的产业发展、旅游发展、现代服务发展的情况、资源特点、人口分布、环境容量以及未来产业发展方向等确定的。这些组团各具特色，各有侧重，形成互补。

海南岛重点旅游景区和度假区的设置，主要是根据五大功能组团区划以及各地不同的特色资源来规划设置的，根据海南整体旅游发展以及各市县的人口、市场成熟度和重点景区与当地资源的吻合度来制订规划。

"交流·分享"：当前，我国规划了浙江省舟山群岛新区、福建省平潭综合实验区等不同模式的海岛发展蓝图。通过上网搜索等方式查阅资料、了解信息，分小组交流研讨。

我的思考：（本题是个开放性题目，可以引导学生从海岛的工业化程度、环境保护需求、旅游经济特点、战略定位、发展目标等角度进行分析。）

探究2 **"联想·分析"：**"无证开发、无序利用、无偿使用"这种开发利用海岛的方式有何不当之处？

我的看法：近年来，各地不断掀起开发海岛的热潮。由于相关法律的不完善，无居民海岛的开发利用普遍存在"无序、无度、无偿"现象，海岛生态环境和资源破坏严重。

（1）海岛生态环境和资源破坏严重，影响到海岛生态保护以及资源的可持续利用，严重者改变了海岛地貌和形态，甚至使整个岛灭失。

（2）一些特殊海岛保护不力，严重危害国家主权和海洋权益。在我国公布的领海基点中，位于海岛上的占了绝大多数。有些海岛还是重力点、天文点、水准点、全球卫星定位控制点，它们的保护事关国家和社会利益。

（3）制约了海岛地区乃至海洋经济社会的发展。

"活动·研讨"：通过上网搜索等方式查阅资料，了解我国目前还有哪些关于无居民海岛开发的法律法规，它们各自的侧重点和意义是什么。

我了解的情况：（参考答案中，仅列举几部法律法规，其各自的侧重点和意义，可让学生自行查找并分析。）

（1）《中华人民共和国海岛保护法》；

（2）《无居民海岛开发利用具体方案编制大纲》；

（3）《全国海岛保护规划》；

（4）《无居民海岛使用申请审批试行办法》。

"交流·分享"：通过上网搜索等方式查阅资料，了解《全国海岛保护规划》对无居民海岛开发保护的要求，并与同学交流研讨。

我的看法：适度利用无居民海岛。无居民海岛应当优先保护，适度利用。按照无居民海岛的主导用途，分别提出海岛保护的总体要求。

（1）旅游娱乐用岛。倡导生态旅游模式，突出资源的不同特色，注重自然景观与人文景观相协调，各景区景观与整体景观相协调，旅游设施的设计、色彩、建设与周边环境相协调；合理确定海岛旅游容量，落实生态和环境保护要求；严格保护海岛地形、地貌，加强水资源保护和水土保持，提高植被覆盖率；鼓励采用节能环保的新技术。

（2）交通运输用岛。科学分析各种交通运输方式的合理用岛规模，制定不同的控制指标，集约、节约用岛，最大程度降低对海岛生态环境造成的不良影响；工程建设与生态保护措施同步进行，制订防灾减灾应急预案；严格限制炸岛、炸礁、开山取石、填海连岛等开发利用活动。

（3）工业用岛。工业用岛的规划与建设应当与自然景观和谐一致；实施清洁生产，建设污水处理场或设施，实现水循环利用；工业废物要进行无害化处理、处置，危险废弃物应当集中外运；工业废气应当按规定净化后达标排放；在工业建设和生产过程中对海岛生态造成破坏的，应当进行修复。

（4）仓储用岛。根据建设规模、建筑形式和仓储内容合理确定仓储区的建设用岛面积；合理利用周边海域空间资源，尽量减少对海岛地形、地貌和原生植被等自然风貌的破坏，减少对海岛岸线的占用；建设造成岛体裸露及生态破坏的，应当予以修复；仓库以多层为主，限制敞开式仓储模式。

（5）渔业用岛。根据环境与资源的承载量，科学合理地安排渔业设施建设规模，适当控制围海用岛养殖方式；倡导生态增养殖技术，减小水产养殖对海岛周边海域水体的污染；鼓励发展休闲渔业；集中处理和外运海岛上的废弃渔业生产设施；加强对海岛周边海域水质的监视监测。

探究3 **"活动·研讨"：根据《联合国海洋法公约》第121条，解释一下为何说海岛具有"茶壶盖"效应，并绘制海岛的"茶壶盖"效应的俯视图。**

我的理解：海岛好似一个"茶壶盖"的顶把，别看它很小，下面却连接着巨大的"茶壶盖"。根据《联合国海洋法公约》第121条，可以顶把为中心，划出主权范围。如果一个国家在海洋里拥有一个"岛"，它同陆地一样拥有领海、毗连区、专属经济区和大陆架。

我绘制的图（略）

活动重点

重点引导学生认识海岛在经济发展、环境保护、国防等方面的重要作用，了解无居民海岛保护和开发的相关规定；激发学生对海岛的热情，树立科学开发、保护和保卫海岛的意识。

活动内容划分与课时安排

本课题研究包括三个探究活动，建议分为两个课时。

第一课时：完成探究1。在学生观看视频、提前阅读资料的基础上，采用小组合作的方式，组织"我为宝岛添光彩"的演讲比赛。

第二课时：完成探究2和探究3。通过不限题材和形式的"我的岛屿，我规划"创意设计活动，引导学生搜集、分析、整理保护和开发我国无居民海岛的相关资料，最大限度地给学生留有创意的空间：可以写研究报告，也可以制作模型，进行图纸规划。注意在活动时，要提倡学生尽量利用废旧材料进行设计制作。

组织学生展示自己绘制的海岛的"茶壶盖"效应的示意图，并进行解说。在提高学生语言表达能力的同时，引导学生进行知识的交流与思想的碰撞，在学习的过程中，关于海岛的国土与战略价值等海洋意识油然而生。

活动设计案例

活动环节	师生活动	设计意图
活动导入	主持人宣布"我为海岛添光彩"演讲比赛开始	主持人先播放"森林旅游资源是海南核心竞争力"，以激发学生探索海南岛的热情和兴趣，引出探究1
探究1 怎样建设海南国际旅游岛（小组探究为主）	各组代表分别上台演讲；小组成员打分。 各组派代表评议，教师归纳总结学生的观点，结合演讲中提到的观点引导学生各抒己见，进行辩论。 学生重点举例分析城市化过程中应该注意的问题，并说明工业化对海岛环境的影响，举例说明海岛适宜布局的工业类型	通过"我为海岛添光彩"演讲比赛，探究海南岛的建设思路，引导学生了解海岛开发和保护的途径，增强海岛保护与开发的意识。 以小组为单位，采用团体合作的方式进行。引导学生了解海南岛的经济价值、生态价值、国土价值和国防的战略意义，以及海南岛在开发利用中存在的问题，结合所学知识为海岛开发献计献策，增强海岛开发与保护意识

续表

活动环节	师生活动	设计意图
探究2 如何保护和开发我国无居民海岛	小组内交流开发海岛过程中存在的问题，列举不合理的开发方式。 以小组为单位，结合地理课或其他课上学习的海洋资源开发知识，通过网络查找等方式以教材第69页的"蓝色行动"的要求为参考，将理论与实践相结合，大胆创新，以不同形式展示所在小组的研究成果。 评价方式：小组之间互评、教师评价	通过学习"保护和开发我国无居民海岛"的方法，了解海岛作为重要资源的作用，认识现在存在的问题，了解我国无居民海岛的现状和相关规划。结合海洋资源开发的相关知识，上网或走进图书馆查阅资料，将理论与实践相结合，大胆创新，提出自己的设计，学以致用，理论联系实际，培养学生的主人翁意识
探究3 岛、礁对国土与国防有何重要价值	结合"茶壶盖"效应，引导学生充分理解《联合国海洋法公约》的相关规定，树立维护海岛权益的意识	通过对"岛、礁对国土和国防重要价值"的学习，引导学生树立坚决保卫国家每一个岛、礁的意识。通过组织辩论会，交流我国海上执法的法律依据与行动原则，关注社会热点，认识海岛的自然属性，确定海岛利用功能；认识到海岛在保护海洋环境、维护生态平衡、维护国家海洋权益、保障国防安全等方面的重要意义
小结	教师引导学生归纳总结本课题研究的主干知识结构： 海岛的开发与保护 ⎰ 我为海岛添光彩； 无居民岛的保护与开发； 岛、礁的国土与国防价值	帮助学生构建本课题研究的认知结构。树立科学的资源观，学会合理开发利用海岛，保护海岛生态环境

活动资源拓展

（一）海南岛的旅游开发重点

海南岛旅游资源的开发重点主要集中在以下几个方面：

1. 发展以亚龙湾和大小东海为主的三亚娱乐旅游业。

亚龙湾内散布着海岛，拥有岬角天涯、松软沙滩等风光的环形海湾。基于其天然的自然优势，这里正与大小东海一起逐步发展旅游业，打造吸引境外游客的龙头旅游开发项目。

2. 建设以三亚和海口为主的购物天堂。

海南作为一个大特区，商品价格有较大的优势。

3. 打造以热带景观为点缀的环岛旅游路线。

环岛旅游路线是海南岛目前正在开展的优势项目，为提升该项目的品牌价值和服务质量，海南岛还需不断完善环岛旅游的路线，打造出更能够彰显海南岛独特热带景观的旅游路线。

4. 发展以兴隆温泉为主的温泉休养疗养基地。

目前，海南岛的温泉旅游业以兴隆温泉最为出名，虽然兴隆温泉只限于发展休养旅游业，但其服务腹地已经辐射到了石梅湾、大东海和亚龙湾旅游区。

5. 建设以黎苗风情为主的特色旅游。

为进一步提高海南岛的特色旅游品牌，海南岛还应该适度地将黎苗民俗村和黎苗文化节等资源利用起来，开发其图腾文化和民俗文化，营建出有当地特色的综合旅游产业链。

（二）无居民海岛的开发利用类型

由于无居民海岛的环境条件和地理位置均有不同，所以在开发与利用时要遵循"因地制宜、适度开发"的原则。一般来说，无居民海岛的开发利用类型主要集中于以下几个方面：

1. 渔业开发。

对于富有生物资源的无居民海岛来说，可以在其周围进行渔业资源开发，如浅海养殖和滩涂养殖等。对于靠近渔场的无居民海岛来说，可以将其作为渔业生产的后勤基地，用来停靠渔船或进行一些简单的加工活动等。

2. 生态旅游。

一些无居民海岛拥有山林奇景等优美风光及舒适宜人的气候条件，因此很适合将其开发为旅游观光胜地。

3. 海岛仓库。

无居民海岛有丰富的空间资源，所以可以在其上修建一些海岛仓库，用于储藏和管理某些有危险性的、不宜放置于人口密集区域的可燃易爆的物品。

4. 海岛港口。

无居民海岛大多是以大岛屿为腹地的，拥有建设深水岸线港口的先天优势条件，所以可以建设能够满足远洋贸易的海岛港口。

5. 科研应用。

一些无居民海岛有从事海洋科学研究的优势条件，可以对其进行海洋科研开发的活动，如实施物种引种、建立海洋水文气象观测站等。

6. 航海标志和领海基点。

为适应军事和航海的需要，无居民海岛常常被用作设置航海标志和领海基点的地方。

（三）我国无居民海岛开发存在的问题

整体而言，当前我国的无居民海岛仍处于粗放型开发利用状态，无论是利用广度，还是开发深度都普遍处于较低水平。具体来说，我国无居民海岛开发存在的问题主要有以下几个方面：

1. 规划与管理不科学造成资源浪费和生态破坏。

我国对于无居民海岛的开发，还没有设置统一的管理机构，也没有制订合理的开发保护规划，所以会出现一些多头审批或未经批准便擅自开发的现象。这些不科学的规划和管理使得无居民海岛的生态资源遭到了严重的破坏，也使得我国海岛国有资产流失。

2. 无序开发严重损害了国家权益，使国防安全受到了威胁。

炸礁、炸岛、炸山取石等无序开发无居民海岛的行为，不仅会严重改变海岛的地貌和形态，而且极有可能会改变我国的领海基点位置，从而使我国丧失大片的主权和管辖海域。另外，一些不合理的开发利用行为可能会造成军事机密的泄露，干扰到军事活动的进展，威胁到我国的国防安全。

3. 不成体系的法律法规致使管理不到位。

我国不乏有关无居民海岛的法律法规，但是这些法律法规并不能完全有效地指导所有的开发利用行为。因此，我国急需建立健全符合无居民海岛自然特点的法律法规，以实现对无居民海岛的有效管理。

9 蓝色经济展新貌

海洋意识教育目标

1. 通过"蓝色经济是一种什么样的经济形态"的探究活动，引导学生深刻理解蓝色经济的内涵，从而树立"科学开发利用海洋、发展海洋经济，有利于转变经济发展方式、调整经济结构，培育国民经济新的增长点"的意识。

2. 通过对"我国蓝色经济的发展状况"的探究，引导学生分析近年来我国蓝色经济的发展状况，了解我国蓝色经济的发展目标，认识在蓝色经济的发展过程中亟待解决的问题，树立"海洋经济要坚持走可持续发展的道路"的意识。

3. 通过对"我国是怎样规划蓝色经济区"的探究，引导学生了解蓝色经济区对我国经济发展的重要性和我国实施蓝色经济战略的重大意义，树立"蓝色经济将成为实现中华民族伟大复兴中国梦的一支强大的经济力量"的意识。

活动准备

（一）教师准备

1. 作好"学情"调查。通过"问卷星"设计网上问卷了解学生对蓝色经济发展的认识情况，包括沿海城市、统计图的运用、蓝色经济区等。

第1题 你了解下列哪些城市？[多选题]

选项	小计	比例（%）
青岛		
上海		
大连		
连云港		
烟台		
潍坊		
本题有效填写人次		

第2题　你了解蓝色经济的内涵吗？［单选题］

选项	小计	比例（%）
了解		
不了解		
本题有效填写人次		

第3题　你了解蓝色经济和海洋经济的区别吗？［单选题］

选项	小计	比例（%）
了解		
不了解		
本题有效填写人次		

第4题　你了解蓝色经济区吗？［单选题］

选项	小计	比例（%）
很了解		
了解		
一般		
不了解		
本题有效填写人次		

2. 仔细分析教材，了解"教情"。教材由"案例回放"和三个探究活动组成，主要探究了蓝色经济的经济形态、我国蓝色经济的发展状况以及我国对蓝色规划区的规划。课前做好如下准备：

（1）搜集山东半岛蓝色经济区的相关视频，选出备用案例。

（2）查阅蓝色经济区的有关表述，为学生查阅资料做好引导。

（3）查阅能体现我国蓝色经济发展状况的统计图表，为学生上网查阅资料提供示范。指导学生分组查阅、搜集、整理资料，制作课件，为课堂展示做准备。

3. 研究教法，激发学生对蓝色经济的兴趣，引导他们树立可持续发展的意识。

以蓝色经济的学习和探究为依托，引导学生查阅、整理、分析资料，采用活动育人的方式，引导他们在探究过程中深入了解蓝色经济概念的提出和演变，清晰认识世界与我国蓝色经济发展的历程与现状，并为我国蓝色经济区的发展建言献策。

（二）学生准备

1. 观看山东半岛蓝色经济区的相关视频。

2. 结合探究活动要求，上网查阅图文资料和相关数据信息，并分析数据。

3. 以小组合作的形式，分析数据，制作展示研究成果的PPT。

搜索下列有关"蓝色经济区"的视频录像资料：

（1）山东半岛蓝色经济区解析。

（2）山东：依托海洋经济资源优势 打造半岛蓝色经济区。

活动内容分析

第一部分，情境创设。

"案例回放"以山东半岛蓝色经济区建设为例，引导学生结合文字介绍观看相关视频，了解我国建设蓝色经济区的背景条件和具体做法，认识蓝色经济在我国经济发展中的战略地位和重要性。

"导引"引导学生根据山东半岛蓝色经济区的发展目标，充分认识蓝色经济在中华复兴中的重要作用，从而激发学生的探究热情。

第二部分，主体活动。

本主题活动分为3个板块。

板块1：认识蓝色经济的内涵，明确科学技术在蓝色经济发展中的重要作用。

本活动板块通过教材"探究1 蓝色经济是一种什么样的经济形态"中的"交流·分享""活动·研讨"来体现。

为了引导学生探究蓝色经济的经济形态，教材以21世纪沿海各国的发展背景为切入点，通过分析蓝色经济概念不断完善的过程，清晰认识蓝色经济的内涵，通过比较蓝色经济与海洋经济的特点科学认识蓝色经济。通过对实际案例的分析，引导学生明确科学技术在蓝色经济发展中的重要作用。

首先通过"交流·分享"活动，引导学生上网查阅资料，分析蓝色经济概念不断科学化的过程，清晰认识蓝色经济的内涵，给学生搭建交流的平台，引导他们在交流中相互学习，辨析概念，产生思想的碰撞。小组内交流蓝色经济与海洋经济的概念，再由各个小组选出代表在课堂上交流，并举例说明科学技术在蓝色经济发展中的重要作用。

在了解蓝色经济基本概念的基础上，结合正文中我国蓝色经济的发展和蓝色经济概念的提出，了解我国从"海陆分离"向"海陆统筹"观念的转变，引导学生树立社会、经济、文化、生态协调发展的可持续发展理念。通过"活动·研讨",引导学生深入理解蓝色经济的特点和内涵。

"交流·分享"列举了几种较为权威的关于蓝色经济的定义,引导学生进行深入探讨,逐渐认识蓝色经济的特点,为下面的"活动·研讨"作好铺垫。

"活动·研讨"引导学生交流对蓝色经济、海洋经济的认识,了解海洋经济的发展历程,研究海洋经济发展的内在规律与科学依据,为实现海洋经济的可持续发展献计献策。

板块2:分析近年来我国蓝色经济的发展状况,了解我国蓝色经济的发展目标,认识蓝色经济的发展状况以及发展过程中亟待解决的问题。

本活动板块通过教材"探究2 我国蓝色经济的发展状况如何"中的"联想·分析"来体现。

本活动主要是引导学生通过上网搜集整理并展示我国蓝色经济的发展的相关统计图表,分析近年来我国蓝色经济的发展状况,交流蓝色经济的发展过程中亟待解决的问题。

"联想·分析"引导学生通过上网查阅相关统计图表,分析近年来我国蓝色经济的发展状况,了解我国"建设海洋强国""实施海洋开发""发展海洋产业、构建现代产业体系"的战略目标。

"信息长廊"引导学生认识蓝色经济在发展过程中亟待解决的问题;通过对我国海洋经济发展历程的介绍,引导学生认识在传统海洋经济发展过程中存在的问题,并指出产生这种问题的原因;引导他们树立可持续发展的意识,从宏观的角度理解我国发展蓝色经济、建设海洋强国的重大意义。

板块3:查阅资料,分析建设蓝色经济区的重大意义,了解国家对建设蓝色经济区的支持政策。

本活动板块通过教材"探究3 我国是怎样规划蓝色经济区的"中的"交流·分享""观察·思考"来体现。

教材引导学生查阅相关资料,了解长江三角洲等经济区的发展特点和区位因素,了解国家对建设蓝色经济区的支持政策以及蓝色经济区对我国经济发展的重大意义,深刻认识我国实施蓝色经济战略的重大意义。

"交流·分享"引导学生通过网络查询等方式,进行小组合作,相互交流。每个小组运用PPT的方式对比我国蓝色经济区的规划和美国发展海洋经济的做法,各抒己见,分析建设蓝色经济区的重大意义,了解国家对建设蓝色经济区的支持政策,引导学生树立海洋意识，加深蓝色经济区对我国经济发展的重大意义的认识。

"信息长廊"介绍了山东半岛蓝色经济区主体区的范围、面积等基本情况，为本板块活动提供资料。

"观察·思考"引导学生从自然、科技、教育、政策支持等多个角度分析山东半岛蓝色经济区的优势，通过案例分析的方式引导学生关注海洋经济的发展，充分了解蓝色经济的内涵。本活动的设计思路是：提供给学生山东半岛蓝色经济区的空间分布图，给他们一个具体任务，明确观察分析的角度，引导学生运用学过的相关知识分析具体案例的区位优势，了解国家的支持政策，使学生学到的知识得以升华，分析问题的综合能力得以提高。

第三部分，拓展活动。

"时代寄语"引导学生归纳总结蓝色经济发展的特点，明确蓝色经济的内涵，树立"海洋经济要坚持走可持续发展的道路"等意识。

设计一组"蓝色行动"，通过社会实践活动，引导学生将活动收获应用于具体的蓝色经济规划方案中，要求以小组合作的方式查阅资料、实地考察（没有条件的地区可通过观看视频资料等方式进行），撰写蓝色经济发展区建议，将所学理论知识应用到实际中。

"后续研究"建议学生通过查阅资料，选择蓝色经济发展的一个侧面，论证某一产业部门在地区经济发展中的地位、作用和影响因素。

探究参考

探究1 "交流·分享"：关于蓝色经济几种说法见教材第71页。请分组就以上几种说法进行分析比较。如果你对以上说法均表示质疑，那么提供一种你最信服的有关蓝色经济的定义，请说明理由。

我的看法：蓝色经济可以称为具有可持续发展性的海洋经济，其内涵是在海洋经济发展的同时，保护好海洋生态系统，实现资源环境的可持续利用。

这种表述明确了社会活动—经济效益—生态保护之间的关系，并突出了可持续发展的观念，倡导了一种协调、全面、可持续的发展方式。

"活动·研讨"：请通过上网搜索等方式查阅我国早期"蓝色经济"的相关表述，并谈谈你认为"海洋经济"与"蓝色经济"各有什么特点。

我的理解：在2003年的《全国海洋经济发展规划纲要》中海洋经济的定义是"海洋经济是开发利用海洋的各类产业及相关经济活动的总和"。

　　蓝色经济是基于可持续利用海洋空间和资源，围绕经济、社会和生态协调发展，遵循生态系统的途径，通过技术创新，发展海洋和海岸带经济的所有相关活动的总称。

　　海洋经济的特点如下：① 海洋资源是海洋经济发展的前提和基础，海洋经济的发展对海洋资源具有高度依赖性。

　　② 具有技术密集、资金密集和高风险特征。

　　③ 具有国家主导型特征。

　　蓝色经济是对传统海洋经济发展方式的新突破。与传统海洋经济相比，蓝色经济更加着力于海陆资源的科学发展和生态保护，更加着力于海洋产业的科学发展，更加着力于海陆空间的科学布局。

　　探究2　"联想·分析"：具体材料见教材第73页。请结合以上提供的材料，并通过上网搜索等方式查阅资料，分析近年来我国蓝色经济的发展状况。

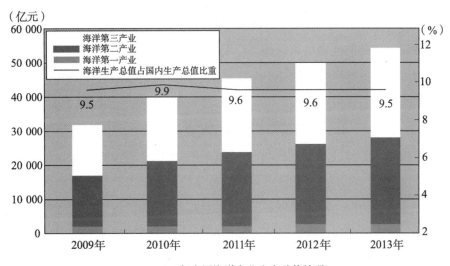

2009~2013年全国海洋产业生产总值情况

　　我的分析：从统计图中可以看出，我国海洋经济产值不断增长，并且第一、二、三产业产值均有提高，但增长速度有所不同。第二、三产业增长较快，第一产业增长速度较慢，并且所占比重不断缩小。

　　2008～2010年海洋产业生产总值占国民生产总值的比例逐渐上升，但2010年后有所下降，原因是国民经济迅速发展，这说明我国的海洋经济支撑力尚需加大，因此应加大蓝色经济的投入，充分挖掘海洋大国的发展潜力。

　　为了加快蓝色经济的发展，今后我国将进一步确立海洋经济与海洋产业发展的战略定位；合理规划空间布局，优化海洋产业；处理好经济发展与环境保护之间的关系；以科技创新支撑海洋产业的发展；全面建设海洋服务能力体系，促进造船及相关产业、航运业、海洋油气业、深海工程、海水淡化与养殖以及海洋能源的开发利用。随着建设海洋强国重大战略的实施，我国的蓝色经济必将迅速崛起。

探究3 **"交流·分享"：分组查阅相关资料并交流蓝色经济区对我国国民经济发展的重大意义。**

我的看法：（1）蓝色经济区是一个基于经济、科技、社会和开放的陆海一体区域及系统创新体系，它对区域经济社会的发展及新兴产业的形成有着广泛的影响，有利于拓展国民经济的发展空间，维护国家的战略安全。

（2）有利于加速形成新的经济增长极，完善我国沿海整体经济布局。

（3）有利于推进海洋生态文明建设，促进海洋经济可持续发展。

（4）有利于提高海洋经济国际合作水平，深化我国沿海开发战略。

"观察·思考"：观察示意图（见教材第75页）并结合有关资料，从自然、科技教育、政策支撑等多个角度分析山东半岛发展蓝色经济有哪些优势，同时尝试阐释为了建设蓝色经济区，国家都给予了哪些支持。

我的看法：优越的地理区位条件、广阔的海岸线与海域空间、相对丰富的海洋资源和深厚的海洋经济与科技基础是山东半岛蓝色经济区建设的有利条件，是领先于其他沿海省（区、市）的相对优势。

（1）自然优势。山东半岛属典型的暖温带季风气候，台风登陆概率低。近岸海域以清洁、较清洁的海区为主，水动力条件较好，自净能力较强。全省海洋自然保护区、海洋特别保护区和水产种质资源保护区数量均居全国前列。近岸海域生态环境质量总体良好，能够为海洋经济发展和滨海城镇建设提供必要的支撑。近年来，山东海洋经济发展迅速，成为促进全省经济发展的新动力，在全国海洋经济中的地位日益突出。海岸线曲折，有较为适宜的港口设置条件。

（2）科技优势。山东半岛蓝色经济区建设已上升为国家战略，为山东省高等教育发展带来了重大机遇与挑战。与半岛蓝色经济区的产业发展要求相比，山东半岛七沿海市高等教育在整体布局、专业设置、人才培养、科技服务等方面存在着独特的优势，并可通过资源整合、专业布局调整、推进校企合作、加快科技与产业融合等方面，进一步增强人才培养的针对性，提升技术开发和社会服务能力，实现半岛蓝色经济区建设与区域高等教育协调互动发展。

（3）政策扶持。

① 财政税收政策。研究制定国家引导和扶持海洋战略性新兴产业发展的优惠政策，对蓝色经济区建设给予支持。落实国家关于远洋捕捞等税收优惠政策；加大对海

洋资源勘探的投入力度，国家现有海洋资源勘探专项向山东倾斜；落实国家风力发电增值税优惠政策，研究制定支持太阳能、潮汐能等新能源产业发展的财税优惠政策；研究对区内符合中国服务外包示范城市条件的城市给予税收优惠政策；对区内符合条件的项目，在安排中央文化产业发展专项资金时给予适当倾斜。

② 投资融资政策。国家在安排重大技术改造项目和资金方面给予支持；设立蓝色经济区产业投资基金；开展船舶、海域使用权等抵押贷款等。

③ 海域、海岛和土地政策。合理利用海岛和海域资源，在围填海指标上给予倾斜，优先用于发展海洋优势产业、耕地占补平衡和生态保护与建设。国家在海域使用金分配使用上对山东予以适当倾斜，养殖用户依法减免海域使用金。支持山东开展用海管理与用地管理衔接的试点，积极推动填海海域使用权证与土地使用权证的换发试点工作，以及凭人工岛海域使用权证书按程序办理项目建设手续试点。实行土地利用计划差别化管理，对重大建设项目特别是使用未利用地的建设项目，国家在安排用地计划时予以倾斜；鼓励对宜农土地后备资源进行开发；区内逐步建立市级土地指标统筹使用和跨市域土地指标统筹使用制度；组织实施国家级重大土地整治工程，支持开展未利用地开发管理改革试点。严格执行国家城乡建设用地增减挂钩有关管理政策。

④ 对外开放政策。适当加大对区内出口退税负担较重地区的财政支持力度；允许青岛前湾、烟台保税港区在海关监管、外汇金融、检验检疫等方面先行先试；支持外国籍干线船舶在青岛前湾、烟台保税港区发展中转业务。支持青岛口岸发展国际过境集装箱运输。在标准化体系和可追溯体系建设以及检验检疫、市场开拓等方面给予政策和资金扶持，支持设立国家级出口农产品质量安全示范区。

活动重点

通过小组讨论交流的方式，为学生搭建交流的平台，引导他们各抒己见，通过分析世界和我国蓝色经济发展的历史和内涵的变化，深刻理解我国建设蓝色经济区的重大意义，了解国家对建设蓝色经济区的支持政策，放眼世界，展望未来，树立海洋经济意识。

活动内容划分与课时安排

本课题研究包含三个研究活动，建议分为两个课时。

第一课时主要完成探究1和探究2，第二课时主要完成探究3。

活动设计案例

活动环节	师生活动	设计意图
活动导入	播放"山东半岛蓝色经济区建设上升为国家战略"的新闻报道，并展示山东半岛地图，学生指图说出各沿海城市的名称	了解时代背景，学会关注时事，加深对"学习对社会有用的地理"课程标准的理解
探究1　蓝色经济是一种什么样的经济形态（小组探究为主）	1. "蓝色经济区"概念辨析。 　　分组讨论教材第71页"交流·分享"栏目中有关蓝色经济概念描述，结合课前上网查询的资料，分组说明对蓝色经济区的理解和认识。 　　教师根据学生的回答进行点拨，重点指出学生在认识中的闪光点，给予积极的回应，引发他们进行更深入的思考；同时也指出概念理解出现的偏差，并在与学生的互动中分析出现偏差的原因 　　2. 组织学生展示上网阅读的我国早期有关"蓝色经济"的表述，并阐述相关的生产力发展水平等背景条件，探究我国从"海陆分离"向"海陆统筹"观念的转变；引导学生树立社会、经济、文化、生态协调发展的理念。 　　通过查阅资料了解我国蓝色经济概念演变与经济、社会发展间的关系，并阐明其与海洋经济间的差异	通过分析蓝色经济概念不断科学化的过程，清晰认识蓝色经济的内涵；通过比较蓝色经济与海洋经济的特点，科学认识蓝色经济；通过对实际案例的分析，明确科学技术在蓝色经济发展中的重要作用
探究2　我国蓝色经济的发展状况如何（比较法探究）	以小组为单位，展示搜集整理的图表资料，并对资料进行分析说明。 　　引导学生搜集并整理中美蓝色经济区的发展成就的相关资料，并以PPT的方式展示；组内成员相互交流并分析建设蓝色经济区的重大意义和发展过程中存在的问题；了解国家对建设蓝色经济区的支持政策，从而激发学生的想象力，尽情畅想我国蓝色经济的未来	通过上网搜索等查阅资料的方式，分析近年来我国蓝色经济的发展状况，了解我国蓝色经济的发展目标，认识蓝色经济的发展状况以及发展过程中亟待解决的问题

续表

活动环节	师生活动	设计意图
探究3 我国是怎样规划蓝色经济区的	结合地图，分组展示自己小组所负责区域的发展海洋经济的区位条件和发展成果，派代表发言说明分析结果，说明其对我国国民经济发展的重大意义。 教师对学生的分析过程和思路进行点评	通过对我国蓝色经济区规划认识的交流，深刻理解蓝色经济对我国经济发展的重大意义；通过对山东半岛蓝色经济区的分析，学会理论与实际相结合，正确认识区域经济发展与国家整体发展战略的关系，学会放眼世界，展望未来，树立海洋意识，认识学习海洋知识的重要性
	结合教材第75页"观察·思考"中的问题，从自然、科技教育、政策支持等多个方面分组分析山东半岛发展蓝色经济的优势，结合课前所查的资料了解相关的支持政策。 考察方式：小组之间进行互评、辩论，教师点评	
小结	教师引导学生总结本课题分析问题的思路：明确海洋经济概念—了解发展现状与趋势—对典型经济区进行分析	帮助学生学会层层深入地分析社会发展和经济发展的条件，掌握分析问题的一般思路与方法
"蓝色行动"设计了一次社会实践活动，将所学知识应用于具体的蓝色经济规划方案中	学生以小组合作的方式查阅资料、实地考察（没有条件的地区可通过观看视频资料等方式进行），撰写蓝色经济规划方案	将理论与实践相结合，给学生一双慧眼，分析蓝色经济案例

活动资源拓展

（一）山东半岛蓝色经济区的战略优势

山东半岛是我国最大的半岛，濒临渤海与黄海，东与朝鲜半岛、日本列岛隔海相望，西连黄河中下游地区，南接长三角地区，北临京津冀都市圈，区位条件优越，海洋资源丰富，海洋生态环境良好，具有加快发展海洋经济的巨大潜力。

（1）海洋空间资源综合优势明显。

（2）海洋生物、能源矿产资源富集。

（3）海洋人文资源底蕴深厚。

（4）海洋生态环境承载能力较强。

（二）如何加快海洋经济的发展

海洋在我国整体的经济发展中有着至关重要的作用。随着改革开放的不断推进，我国的海洋经济发展愈加迅猛，目前仍处于快速成长的时期。但是，我们也应该看到我国海洋经济发展存在的一些问题，认识到我国海洋经济的发展水平仅仅处于世界沿海国家的中等水平。那么，如何加快海洋经济的发展？

（1）在发展海洋经济时，要时刻坚持增长速度和发展效益的统一，要坚持海洋经济开发与海洋资源、环境保护的统一，确保海洋经济的稳定、可持续发展。此外，也要加强我国参与海洋环境保护的国际合作。

（2）海洋经济的发展需要海洋科技作支撑，所以要及时优化海洋科研力量的布局，适时调配海洋科技资源，培养一批具备海洋科学研究能力、海洋开发管理能力的优秀人才。

（3）为促进海洋经济开发有法可依，还需要加大对相关海洋法律法规的完善力度，弥补法律漏洞，理顺法律体制。此外，还需要按照《中华人民共和国海域使用管理法》、《中华人民共和国渔业法》、《中华人民共和国海洋环境保护法》等法律法规加大执法力度。

（4）各沿海区域要因地制宜，依照本区域的海洋地理条件和人文条件，在我国海洋经济发展的总体要求下，走具有自身特色的海洋发展道路，以最大限度地促进当地海洋经济的发展。

（5）各级人民政府需要加大对海洋基础设施建设的支持，尤其要重点支持海岛电力、交通、水利等相关项目的建设。除了需在政策方面有所倾斜之外，还需要在财政方面予以支持。

（6）海洋经济的发展难免会受到海洋灾害的影响，所以要未雨绸缪，提高海洋防灾减灾能力。例如，建设完善的海洋立体观测预报网络系统，完善沿海防潮工程，发展海洋空间基础地理信息系统，完善海上交通安全管理和应急救助系统等。

（三）欧盟蓝色经济的发展现状

欧盟是一个由27个成员国组成的政治经济共同体，其海岸线长达7万千米，所以发展海洋经济对于欧盟来说有着至关重要的作用。为了使海洋经济能够更加可持续地发展下去，欧盟提出了发展蓝色经济的口号，并于2012年将"蓝色经济"正式写入欧盟文件。

据欧盟2012年发表的一份报告称，欧盟蓝色经济主要分为六大行业。

（1）海洋运输与造船（包括远海航运、近海航运、客运码头服务、内陆水陆运输）。

（2）食品、营养、健康和生态系统服务（包括食用捕捞渔业、动物饲料捕捞渔业、海洋水产养殖、蓝色生物技术、盐碱土水产养殖）。

（3）能源和原材料（包括海上油气、海上风能、海洋可再生能源）、淡水供应保障等。

（4）休闲、工作和生活（滨海旅游、游艇及其码头、邮轮旅游等）。

（5）海岸带防护（洪涝和侵蚀防护、防止卤水入侵、生态环境保护）。

（6）海洋监测与监视（良好供应链的可追踪和保障、环境监测等）。

根据欧盟蓝色经济的发展现状，我们可以总结出欧盟蓝色经济的发展有以下特点：以提供近百万个就业机会为目标，解决社会问题；《利马索尔宣言》中强调"健康的海洋是蓝色经济发展的先决条件"，注重保护海洋环境，注重蓝色经济的可持续发展；充分开发近海、近岸、远海的资源潜力，强调协调发展，推动北海、地中海、黑海、北极圈、东北大西洋等海域的共同进步；在开展海岸带综合管理的基础上，实施海洋空间规划，将空间规划作为管理欧盟海洋可持续发展的重要手段。

第四单元　海洋文化

一、设置本单元的目的

中华民族是人类海洋文化的主要缔造者之一，孕育了灿烂而丰富的海洋文化。挖掘海洋文化的内涵，大力推进海洋文化产业的发展，有助于全社会关注海洋、保护海洋、开发海洋良好氛围的形成，有效地提升海洋文化的经济效益和社会效益，极大地增强国家的综合竞争力。本单元通过两个课题引导学生了解博大精深的海洋文化，领略她的巨大魅力。

二、本单元的内容安排

影视展现的海洋文明——海洋影视艺术在传递海洋意识的渗透力、包容性和覆盖面均为其他艺术所不及。基于此，本课题选取两部影响力较大的影片为案例，通过事先观看这两部影片，引导学生思考并讨论其传递的海洋价值观念，深入探讨海洋影视文化如何才能更好地传递海洋意识，深刻体会海洋影视文化对提升国民海洋意识所独有的魅力，提升对热爱海洋和探索海洋的兴趣。

帆船运动的文化韵味——以郭川的环球航行创设情境，引导学生全面了解帆船、帆船运动及其文化内涵，认识到包括帆船运动在内的海上运动都具有丰厚的文化韵味，有着无穷的魅力。

10　影视展现的海洋文明

海洋意识教育目标

1. 结合观看纪录片《海洋》，以层层递进的问题组，启迪学生的思维；结合海洋捕捞业的兴起，了解人类活动对海洋生物的影响，并由此引发学生对人类开发、利用海洋资源行为方式的思考，树立保护海洋和保护海洋生物的意识。

2. 通过对纪录片《走向海洋》的赏析，以海洋与中华民族的兴衰历史为脉络，引导学生了解我国探索、开发海洋的历史，树立重视海洋、维护国家海洋利益以及经略海洋的意识。

3. 通过对"海洋影视文化如何发展才能更好地传递海洋意识"的探究，引导学生认识海洋影视文化在传递海洋意识方面所发挥的独特魅力，了解如何才能更好地通过海洋影视作品传递海洋意识，从而树立"海洋强国的建设，离不开海洋文化的支撑""发展海洋影视文化对提升我国的海洋文化软实力起着不可忽视的作用"等意识。

活动准备

（一）教师准备

1. 作好"学情"调查。利用问卷的形式调查学生是否了解剧本或微视频制作等情况。通过"问卷星"设计网上问卷调查——影视展现的海洋文明。

第1题　你主要通过哪些渠道获取海洋信息？［多选题］

选项	小计	比例（％）
影视剧		
音像制品		
电子、网络游戏		
新闻报道		
本题有效填写人次		

第2题 你了解剧本吗？［单选题］

选项	小计	比例（%）
很了解		
了解		
了解一点		
不了解		
本题有效填写人次		

第3题 你对微视频的制作了解程度如何？［单选题］

选项	小计	比例（%）
做过		
见过		
听说过		
不知道		
本题有效填写人次		

第4题 你看过下列哪些影片？［多选题］

选项	小计	比例（%）
《海洋》		
《走向海洋》		
《老人与海》		
《海豚湾》		
《加拿大捕杀海豹》		
《南海长城》		
《甲午风云》		
《金色的海螺》		
《大白鲨》		
《战舰波将金号》		
其他		
本题有效填写人次		

第5题 你觉得海洋影视文化在传递海洋意识中所起的作用有多大？ ［单选题］

选项	小计	比例（%）
作用不明显		
有一定的作用		
效果显著		
本题有效填写人次		

2. 仔细分析教材，了解教情。教材由"案例回放"和三个探究活动组成，引导学生剖析影片《海洋》传递的海洋价值观念以及《走向海洋》中所展现的海洋与中华民族的关系，归纳总结发展海洋影视文化的相关措施。为了吸引学生的学习兴趣，课前应准备纪录片《海洋》和《走向海洋》的视频资料，对学生进行分组，为组织交流研讨做好准备。

搜索下列相关的视频录像资料，供学生课前观看。

（1）大白鲨。

（2）海豚湾。

（3）老人与海。

3. 研究教法。充分利用视频资料直观、形象、生动的特点，组织一场电影赏析会，给学生搭建交流思想、展示才能的平台，引导他们学会选用合适的镜头和情节表达自己的见解。学生在交流中产生思想的碰撞，能更深刻反思人类开发海洋的方式与行为，从而树立相关的海洋意识。

（二）学生准备

1. 完成调查问卷，明确学习任务，了解学习海洋文化的渠道。

2. 利用课余时间观看纪录片《海洋》与《走向海洋》的视频资料。

3. 制作PPT，展示纪录片《海洋》中人类对海洋掠夺式开发时的触目惊心的镜头，归纳近代中国的海洋观念，列举重陆轻海的案例。

4. 列举《走向海洋》第五集中我国海洋事业发展的成就，认识中华民族走向海洋强国之路的途径与方法，列出讨论交流提纲，并进行小组内交流，形成基本的认识。

🦅 活动内容分析

第一部分，情境创设。

"案例回放"以纪录片《走向海洋》和《海洋》创设情境，目的在于通过生动的视频激发学生对影片的浓厚兴趣，引导他们带着相关问题开展探究活动。

"导引"介绍了海洋影视文化所具有的独特魅力和巨大影响力，尤其是在海洋世纪，海洋影视文化将展现更丰富的海洋文明，对提升我国国民的海洋意识、海洋文化软实力以及海洋国际影响力都起着不可忽视的作用。

第二部分，主体活动。

本主题活动分为三个板块。

板块1：通过观看纪录片《海洋》，了解人类活动对海洋生物的影响，并由此引发学生对开发、利用海洋资源行为方式的思考。

本板块活动主要通过教材"探究1　纪录片《海洋》向我们传递了怎样的海洋价值观念"中的"观察·思考""交流·分享"和"活动·研讨"来体现。

为了引导学生了解《海洋》传递的海洋价值观念，教材先通过"观察·思考"栏目的问题组引导学生深入探讨和思考。接着，正文从宏观上介绍了海洋丰富的生物资源以及其面临的现状。通过"交流·分享"中对现代捕捞业的认识，加深学生对人类开发利用海洋方式的思考。"信息长廊"栏目的"海洋物种遭遇的危机"则从事实来论证海洋生物亟须保护的现状。让学生再次交流保护海洋生物的重要意义，引发他们对人类科学开发利用海洋方式的思考。

"观察·思考"从纪录片《海洋》拍摄的出发点、影片中人类活动等方面出发，以问题组的方式引导学生学会观察，深刻反思人类活动。

"交流·分享"引导学生通过交流加深对现代捕捞业的认识，引发他们对人类行为的思考，树立"保护海洋""保护海洋生物"的意识。

"信息长廊"栏目的"海洋物种遭遇的危机"显示约有40％的海洋生物物种遭遇的捕捞速度已经远远超过了它们的繁殖速度，有力地支持了影片《海洋》中所传递的海洋意识。

"活动·研讨"引导学生交流观看海洋影视作品的感受，唤醒人们关爱海洋生态、尊重自然的海洋保护意识。

板块2：通过观看纪录片《走向海洋》，树立"保护、利用海洋资源，维护国家海洋权益，经略海洋"的意识，通过橱窗展览给学生创造交流的机会。

本板块活动主要通过教材"探究2　纪录片《走向海洋》如何展示了海洋与中华民族兴衰的关系"中的"观察·思考""交流·分享"和"联想·分析"来体现。

为了引导学生了解《走向海洋》传递的海洋价值观念，教材先通过"观察·思考"栏目，引导学生思考近代以前中华民族的海洋观念以及现在的海洋观念，通过对比，加深对经略海洋的认识。接着，正文简单回顾了我国的历史，正是由于明清时期的海禁政策使中国的海洋事业日趋衰落。结合"交流·分享"，引导学生理清我国海洋历史的脉络，通过对郑和等仁人志士对海洋事业发展提出的观念的理解与探讨，树立经略海洋的意识。最后，正文指出了我国建设海洋强国还存在的一些不足和问题。

"观察·思考"引导学生了解近代以前中华民族的海洋观念以及现在的海洋观念，通过对我国海洋探索历史的思考，正确认识海洋。列举《走向海洋》第五集中我国海洋事业发展的成就，认识中华民族走海洋强国之路的途径与方法，树立为我国的海洋事业崛起而努力学习的意识。

"交流·分享"通过对我国历史上的仁人志士对海洋发展的关注与学习，引导学生理清我国海洋历史的脉络，分析古人某些至今仍不过时的海洋发展观念当时没有引起重视的原因，从而树立"经略海洋"的意识。

"联想·分析"主要是为拓宽学生的知识面而设置。该栏目引导学生结合前面的活动和教材内容，用一双"海洋眼"观察社会与生活。举例说明石油开采、港口建设、海洋法制、海洋管理的机制，分析这些举措对我国开发利用海洋资源、维护国家海洋利益的影响。该栏目重点在于引导学生开拓学习渠道，从多个领域认识建设海洋强国的重大意义。

板块3：引导学生认识到海洋影视文化在传递全面而深刻的时代海洋意识上所具有的巨大作用，并提出了发展海洋影视文化的具体举措。

本板块活动主要通过教材"探究3　海洋影视文化如何发展才能更好地传递海洋意识"中的"活动·探究"来体现。

为了引导学生理解海洋影视文化如何发展才能更好地传递海洋意识，教材首先强调建设海洋强国，提高海洋意识势在必行。接着，"活动·研讨"引导学生交流影视作品向人们传达海洋意识的方式、方法，进而加深对影视作品体现的海洋意识的认识与理解。然后，正文对发展海洋影视文化的具体举措进行了详细介绍。

"活动·研讨"列举了国内外以海洋为题材的影视作品，通过对这些影片的赏析，加深影片对传递的海洋意识的理解。

第三部分，拓展活动。

"时代寄语"阐述了海洋影视文化在提升国民海洋意识、提高海洋文化软实力方面的独特作用，指出青年人在利用影视文化传播海洋知识方面所承担的责任和义务。

"蓝色行动"引导学生通过创作海洋微影视剧本，行动起来，宣传海洋文化，传播海洋环保知识。

"后续研究"给学生留下了进一步深入研究的空间，他们可以选择自己感兴趣的一个侧面，创编海洋环境保护的微视频，走入社会，以行之有效的宣传方式传播海洋文化和海洋环保意识。

探究参考

探究1 **"观察·思考"**：根据课前所观看的纪录片《海洋》思考：导演为什么要拍摄这部影片？面对广袤美丽的大海，你有怎样的感受？面对影片中人类的所为，你如何看待？对于影片开篇语提出的问题"什么是海洋"，你又会如何作答？

我的思考：《海洋》这部影片通过海洋中美轮美奂的场景，来感动观众，让观众意识到保护自然、保护海洋的重要性。影片通过拍摄现代化捕捞业对海洋资源的灾难性掠夺，唤起人类关爱海洋生态、尊重海洋的保护意识。

"海纳百川，有容乃大。"大海的一切来源于她的"纳"。她的广阔，她的深邃，她的无垠，她的源远流长，来自于她的禀性。从她的性情中，我找到了博爱；从她的言辞中，我找到了深远；从她的声音里，我找到了慈祥；从她的体魄里，我找到了刚毅。在她的灵魂里，我洗涤了心胸；在她的慈爱里，我学会了宽容；在她的深远里，我学会了坚强。

《海洋》除了向观众展示五彩缤纷的海底世界、难以一见的海洋自然奇观之外，更重要的是将人类对海洋生物的影响以一种震撼人心的方式展现出来，当人们看到这些花了几百万年才进化到如此地步的生物，却在几十年的时间里濒临灭绝，会感到自己有义务有责任去了解它、保护它！

"交流·分享"：请结合影片中人类残杀海洋生物的画面，与小组其他成员一起交流对现代捕捞业的认识。

我的认识：近年来，过度捕捞已经成为海洋之痛，它不仅造成海洋生物物种锐减的惨痛局面，还导致整个海洋系统生态的退化。生态系统中价值高、个头大的种类被过度捕捞后，人们的捕捞目标必然转向其他一些价值较低的物种，而当这些价值较低的物种生物量枯竭后，捕捞目标随之又转向价值更低的种类，频繁的捕捞将使生态系统的物种被过度利用，造成渔业资源的系列性枯竭和物种品种的退化。

"活动·研讨"：请与小组其他成员交流一下你的观影感受，并说一说你对"没有买卖，就没有杀戮"这句话的理解。

我的理解：这句话是动物保护主义者的口号。人类对动物的猎杀，都是由于人类过度的贪婪，如果没有人去买这些动物的加工产品，就没有人捕杀它们了。举例说明：近年来，中国部分商人用海豹做保健食品来牟取暴利，仅2012年就杀掉12多万头。而在过去两年，由于与海豹相关的产品在全球贸易中不受欢迎，猎捕者缺乏动力，约有50万只海豹免于被杀害。如果人类过度频繁地猎取野生生物，那么它们连繁殖的机会都失去了，长此下去，地球上就只剩下人类自己。

　　探究2 **"观察·思考"：观看《走向海洋》的前四集并思考，近代以前中华民族的海洋观念是什么？是重陆轻海，还是重海轻陆？从第五集《云帆初扬》开始，中华民族的海洋事业是如何一步步走向强大的？**

　　我的思考：该纪录片一开始就分析了古代东、西方人截然不同的文明特质，从历史角度一步步梳理了中华民族海洋观念的转变进程，说"漫漫绵长的3000余年间，在华夏腹地这个巨大的摇篮里，中华儿女日出而作、日落而息、凿井而饮、耕田而食，从容不迫地生长繁衍"。他们"把海洋当作底色"，但这并不是古代中国的全部，对海洋关注度的深浅是由依存度决定的，这是《走向海洋》立论的基本逻辑。一开篇又是说西班牙人把海洋当成幸福的来源，而中国则是墨守成规，把黄土地当作幸福的来源，似乎正是由于这种传统文化上的差距，使得西方快速地拥有了海洋而中国则离海洋越来越远似的。在距今七八百年前的宋元时期，东、西方已经被一条繁荣的海上通道紧密联系在一起。在这条通道上往来的，并不仅仅是丝绸、瓷器、香料和贵重金属，更重要的是，它还传递着科学技术、市场观念、宗教平等、尊重法律等治理国家的观念。公元1371年，朱元璋颁布出海禁令，使延续了1 500多年的民间航海和自由贸易趋于窒息。但是明成祖朱棣派郑和七下西洋，其时间之长、规模之大、范围之广都是空前的，它是世界航海事业的顶峰。而此时的葡萄牙等临海小国为了使自己的国家富强，便迫切地要外出寻找殖民地。当西方世界将国家政治军事力量与民间航海贸易力量结合起来，在世界范围内扩张的时候，中国却实施闭关锁国的政策，在外来势力的入侵下，一败涂地。

　　第五集之后，主要讲述了中国海军在艰难的环境下，迎接挑战、战胜困难、取得发展的艰辛历程。从"向阳红5号"迈出第一步开始，陌生的海域正一天天变得熟悉，一个新的时代正乘风破浪而来。伴随着我国海洋事业的发展，我国海上防御能力也在不断加强。

　　"交流·分享"：郑和曾感叹："国家欲富强，不可置海洋于不顾。财富取于海，危险也来自海上。"请与小组其他成员交流对此观点的看法。

　　我的看法：郑和的话语虽不多，但字字千钧，句句精辟。他把海洋与国家的富强、海洋与国家的安危联系在一起，鲜明地揭示了海洋与国家政治、经济、军事之间的密切关系，深刻地阐述了发展海军、控制海洋对国家安全和贸易的极端重要性。这是郑和一生航海经验的高度概括，是其海洋思想升华的结晶。

"联想·分析"：联想石油开采、港口建设、海洋法制、海洋管理的机制，分析这些举措对我国开发利用海洋资源、维护国家海洋利益有什么影响。

我的分析： 在21世纪，海洋资源的开发和利用、海洋经济的增长成为决定我国经济实力和政治地位的极其重要的因素。因此，加大对海洋资源的开发力度与科学管理已成为我国缓解人口、资源和环境压力，加快经济发展，增强国家实力的战略选择。

港口建设是开发利用海洋空间的主要场所，是开发利用海洋资源、维护国家利益的基础。

完善而具有操作性的海洋法律法规、海洋管理的机制，使海洋资源的开发有序且可持续发展地进行，使维护我国海洋权益、维护国家海上安全有法可依。

活动重点

通过观看纪录片《走向海洋》，引导学生了解不同时期我国探索、开发海洋的历史，以海洋与中华民族的兴衰历史为脉络，通过我国古代人民对海洋探索的智慧，以撰写观后感的方式抒发学生对我国海洋开发利用方式的思考，从而树立保护、利用海洋资源，维护国家海洋利益的意识。

活动内容划分与课时安排

本课题研究包含三个探究活动，建议分为三个课时。

第一课时完成"案例回放"与探究1，第二课时完成探究2，第三课时完成探究3，交流制作的微视频。

活动设计案例

活动环节	师生活动	设计意图
活动导入	播放本课题涉及的不同主题曲，学生进行辨别说出对应的影视作品名称	创设情境，营造气氛

活动环节	师生活动	设计意图
探究1　纪录片《海洋》向我们传递了怎样的海洋价值观念（小组探究为主）	1. 在学生观看纪录片《海洋》的基础上，引导他们思考：导演拍摄这部电影的原因，面对广袤大海的感受，如何看待影片中人类的所为，什么是海洋等。结合问题组，以小组为单位，组织学生举办一场电影赏析会，为他们提供交流的平台，在交流中启迪思维，引发思考 2. 学生运用PPT展示纪录片中人类对海洋掠夺式开发的触目惊心的镜头，并结合画面与小组其他成员交流对现代捕捞业的认识。说明海洋捕捞业的发展以及人类活动对海洋生物的影响，并由此引发学生对开发、利用海洋资源行为方式的思考	引导学生通过对问题组的探讨以及对人类捕捞方式的思考，树立保护海洋生物的意识
探究2　纪录片《走向海洋》如何展示了海洋与中华民族兴衰的关系（比较法探究）	1. 通过观看《走向海洋》的前四集，引导学生反思我国对海洋探索的历史，总结经验教训。归纳近代以前中华民族的海洋观念，列举重陆轻海的案例。《走向海洋》的后四集则通过我国海洋事业发展的成就引导学生了解中华民族走向海洋强国之路的途径与方法，树立为我国的海洋事业崛起而努力学习的意识。 结合问题组分组发表自己的感受与看法。 评价方式：小组之间互评、教师评价 2. 分组介绍石油开采、港口建设、海洋法制、海洋管理的机制，分析古人某些至今仍不过时的海洋发展观念当时没有引起重视的原因（从社会体制和传统观念的因素考虑），并分析这些举措对我国开发利用海洋资源、维护国家利益的影响	引导学生了解我国探索、开发海洋的历史，以海洋与中华民族的兴衰历史为脉络，引导他们树立保护、利用海洋资源和维护国家海洋利益的意识，引发他们对我国海洋开发利用方式的思考
探究3　海洋影视文化如何发展才能更好地传递海洋意识	小组交流看过的海洋影视作品，阐述影视作品向人们传达的海洋意识，交流作品传达海洋意识的方式、方法，加深对海洋影视文化独特魅力的认识，探索发展海洋影视文化的措施	通过小组合作的方式，讨论影视作品向人们传达的海洋意识，理解影视文化的内涵，体会与时代的主旋律相映成彰的海洋文化，拓宽学生汲取海洋知识的渠道，形成科学的海洋观
小结	以一部电影的一个故事情节为解剖对象，结合学生的赏析案例进行细致入微的剖析	帮助理清电影赏析的基本思路：分析过程—赏析情节—体悟主题—抽出本质
"蓝色行动"创作海洋微视频剧本	结合本课题所学的知识及在赏析影片过程中学到的技巧，分组创作一部海洋微影视剧本	进一步引发学生宣传海洋文化、传播海洋环保知识的实际行动

活动资源拓展

（一）里克·奥巴瑞与纪录片《海豚湾》

里克·奥巴瑞是世界知名的海豚训练师，他曾一手打造了海豚表演这个游乐项目。然而，就在他功成名就之时，他却选择要摧毁自己亲手建立的该类娱乐产业。里克·奥巴瑞之所以会作出这样的选择，其直接契机在于他喂养的一只名叫凯西（Cathy）的海豚在他怀里自杀。"海豚的每一次呼吸都是有意识的，只要它憋在水下不出来，它就死了。那天，我能感觉到凯西非常沮丧。如果你见过野生的海豚，就会明白海豚不应该被关在水族馆里。"

在经历凯西的"自杀事件"之后，里克·奥巴瑞便投身到解救海豚的运动中了，他曾屡屡示威，也曾屡屡被捕。当他来到臭名昭著的日本太地町后，为了将该地罪恶的海豚屠杀真相揭露出来，他找到了向来关心环境和野生动物问题的电影人路易·皮斯霍斯，也便有了之后享誉"奥斯卡最佳纪录片"的影片《海豚湾》。

纪录片《海豚湾》主要讲述了一个撼人心魄的事实：在日本本州岛一个名叫"太地町"的小渔村，常年上演着惨无人道的杀戮海豚罪行。每年，这里的渔民会将途经于此的海豚驱赶到一个地方，然后由来自世界各地的海豚驯兽师挑选优秀的海豚，之后将那些被挑剩下的成千上万的海豚残忍杀戮。

在影片最后的部分，路易·皮斯霍斯特意设立了这样一个场景：年逾古稀的里克·奥巴瑞胸前挂一个一直循环播放《海豚湾》纪录片的电视机，踏进国际反捕鲸协会会场，走到各国代表面前做着无声的抗议，以期引起相关部门的注意。路易·皮斯霍斯的目的何在？只为促进国际社会出台保护海豚的法案。因为目前的国际法律只是明文禁止猎杀鲸，却没有对海豚进行立法保护。

（二）古斯拖与海洋影视作品

童年时代的古斯拖，就对大海情有独钟，为了与大海亲密接触，他渐渐迷上了潜水。20岁时，他如愿考入法国海军学院，并在毕业后被派驻地中海的土伦港从事潜水研究。也就是在这里，他与同伴一起发明了单人潜水呼吸器——水肺。随着水肺的问世，古斯托也便有机会用镜头记录海洋的美丽与神秘了。

在古斯拖的一生中，他曾运用潜水技术和海底摄影机为世人留下了上百部的海底世界影片。其中，最有代表性的是他在1952年潜入红海50米深处，拍摄了人类历史上第一部彩色海底短片；1956年，执导了世界上第一部全景记录海底生态奇观的海洋纪录片《沉默的世界》，这部纪录片不仅于1956年获得了金棕榈奖，而且在1964年被授予"奥斯卡最佳外语片奖"的荣誉；1972年，古斯拖克服重重困难，用镜头向人类第一次展示了南极海底冰山的形成过程。此外，古斯拖享誉颇盛的海洋影视作品还有海洋短片作品《金龟》、海洋题材纪录片《没有太阳的世界》等。

（三）影视产业的内涵及特点

影视产业，是文化产业的重要组成部分，具有较大的发展潜力。通常意义上的影视产业，是指以影视文化龙头企业为牵引，以市场化运作为导向，立足于影视资源深度开发，进而将影视行业内部的产业结构与行业外部的相关产业按照资源依存度和产业关联度的关系紧密联系在一起的产业综合体。比如，世界著名的影视产业基地有美国好莱坞、印度宝莱坞等。

相比较于其他文化产业而言，影视产业的特点主要表现为以下几个方面：第一，影视产业与国家意识形态紧密相连，能够对国家主导的政策、精神等作广泛的宣传；第二，影视产业是一个高投入的产业，与资金市场紧密关联；第三，影视产业是一个知识密集性的产业，从事该行业的人员都需要有较高的文化水平和专业素养；第四，相比较其他文化产业而言，影视产业的产业集群效应更大，毕竟一部电影或电视剧的生产需要经过剧本创作、资金渠道找寻、拍摄制作、发行播映等多个环节；第五，影视产业日渐涌现出一批新经济特征，如数字化、智能化和虚拟化等。

就我国而言，长期在影视产业领域领跑的省份是浙江省。从《浙江省文化产业发展规划（2010—2015）》可以看出，影视产业是浙江省重点扶持和发展的文化产业之一。目前，浙江省已经有近千家影视制作机构，涌现出了长城影视、浙江影视公司、华策影视等一批有较高竞争实力的影视企业。在影视基地建设方面，拥有目前我国规模最大、功能最全、产业链最为完善的国家级影视制作基地——横店影视产业实验区。此外，还有包括象山影视基地、杭州高新区国家动画产业基地在内的多个类型多样的影视拍摄基地。

11 帆船运动的文化韵味

海洋意识教育目标

1. 通过对帆船特点的探究，引导学生了解不同类型帆船的特点及发展历史，培养他们对帆船运动的兴趣与爱好。通过动手制作一艘帆船，培养他们的观察和动手能力。

2. 通过对帆船运动的探究，引导学生了解帆船运动的特点以及发展历史，激发他们从事帆船运动的热情，深刻理解帆船运动的文化内涵。

3. 通过对海上运动的探究，引导学生了解其他的海上运动项目及比赛规则，探索开展这些运动的意义，从而学会欣赏海洋运动项目，领会其浓厚的文化韵味。

活动准备

（一）教师准备

1. 作好"学情"调查：通过"问卷星"设计网上问卷调查了解学生对帆船运动的了解情况，包括其历史背景、帆船比赛等。

第1题　你都认识下列哪些帆船运动员？〔多选题〕

选项	小计	比例（％）
徐莉佳		
贾斯廷·刘夏曼		
殷剑		
彼得·布莱克		
本题有效填写人次		

第2题　你所了解的帆船种类有哪些？〔多选题〕

选项	小计	比例（％）
布里格型		
巴克型		

续表

选项	小计	比例（%）
斯库纳型帆船		
布里根廷型帆船		
单桅帆船		
双桅帆船		
三桅帆船		
本题有效填写人次		

第3题 你了解哪些帆船赛事？［多选题］

选项	小计	比例（%）
中国杯帆船赛		
司南杯大帆船赛		
环海南岛国际帆船赛		
"一吨级杯"帆船赛		
百慕大帆船赛		
"法斯特耐特"帆船赛		
本题有效填写人次		

第4题 除了帆船运动以外，你还知道哪些海上运动项目？［多选题］

选项	小计	比例（%）
海上垂钓		
风筝冲浪		
休闲潜水		
滑水运动		
本题有效填写人次		

2. 仔细分析教材，了解"教情"。教材由"案例回放"和三个探究活动组成，引导学生探究帆船运动等海上运动的特点、发展历史等。为了吸引学生的学习兴趣，课前应做好如下教学准备。

（1）查阅帆船运动的相关比赛规则，准备回答学生对相关比赛规则的咨询。

（2）查阅船舶的相关图片，了解其性能与发展历史，做好与学生一同学习的准备。

（3）查阅制作帆船的视频，准备制作帆船的材料，学习简易帆船的制作方法。

（二）学生准备

1. 上网搜集帆船种类与发展历史的资料，对自己感兴趣的帆船种类进行详细研究，为课堂上的介绍做好准备。

2. 准备制作帆船的材料，学习制作的方法，采用小组合作的方式制作自己喜欢的帆船，为向其他同学展示并讲解制作方法做好准备。

3. 上网查找资料，对自己感兴趣的海上运动项目进行细致的了解，为向其他同学推介该运动项目做好准备。

活动内容分析

第一部分，情境创设。

"案例回放"通过介绍郭川驾驶"青岛"号帆船全程无间断、无停靠、无补给、无机械动力支持的环球航行的壮举，展示了中国人拥抱海洋、挑战海洋的决心和信心。

"导引"通过郑和带领帆船队下西洋、哥伦布驾驶帆船发现美洲新大陆及现代帆船运动中蕴含的文化韵味引出帆船的发展历史和强大的生命力。

第二部分，主体活动。

本主题活动分为3个板块。

板块1：通过了解帆船的种类与特点，探索我国古代的帆船，体会帆船文化的内涵。

本板块活动主要通过教材"探究1 帆船是一种什么样的船"中的"观察·思考"和"活动·研讨"来体现。

为引导学生了解帆船，教材首先通过"观察·思考"引导他们了解帆船的特点。接着，概述了帆船在人类发展中所起的作用，并引出帆船运动。"活动·探讨"是让学生通过亲手制作帆船，加深对帆船构造的理解，为后面的帆船运动做好知识铺垫。"信息长廊"和"相关链接"引导学生深入了解帆船的历史以及蕴含的文化韵味。

在此基础上开展"观察·思考"和"活动·探究"，目的是引导学生结合帆船图片，查阅资料，说出它们的特点，了解不同种类帆船的特点及发展历史。通过亲手制作一艘帆船，培养学生的观察能力和动手能力。

"观察·思考"引导学生观察多桅帆船、单桅帆船等不同类型的图片，按图索骥，上网查阅资料，说出它们的特点；引导他们探讨各种类型帆船的优缺点、在生产生活中的重要作用及各自适用的领域范围；引导他们了解在不同历史时期帆船对人类发展的重大作用和历史地位。

"活动·研讨"引导学生了解不同的结构对帆船航速、驾驶方法的影响以及主要部件的作用和相关原理，通过动手制作一架自己的帆船模型，培养学生的观察和动手能力。

"信息长廊"图文并茂地向学生介绍了我国和其他国家不同类型帆船的出现和发展历史，突出了帆船在不同历史时期和现代人类生活中的重要作用，激发学生对帆船的兴趣与爱好。

"相关链接"通过介绍我国古代的沙船、鸟船、广船、福船四大帆船，回顾了我国帆船悠久的发展历史和各自的特点，展示了古代劳动人民的勤劳与智慧，引导学生了解我国悠久的海洋文化历史。本栏目与正文中介绍当今帆船体育运动的特点相呼应，形成鲜明的对比，展示了帆船在不同历史时期的经济功能与文化内涵。

板块2：了解帆船运动的特点及发展历史，进而了解海洋体育文化，通过了解国内的一些帆船运动赛事，积极关注海洋体育活动。

本板块活动主要通过教材"探究2　帆船运动具有哪些特点？是怎样发展起来的"中的"观察·思考"和"活动·研讨"来体现。

为引导学生了解帆船运动的特点以及发展历史，教材先从宏观上介绍了帆船运动的基本情况。"信息长廊"则从文化的角度对体育运动的文化内涵作了阐释。"观察·思考"引导学生通过归纳帆船运动的特点以及帆船运动员应具备的素质，加深对帆船运动文化韵味的理解。最后，教材介绍了国际帆船比赛和我国帆船运动的发展历史，引导学生更深入地领会帆船运动的文化韵味。

"信息长廊"在本板块中共出现两次。"体育文化"主要介绍了体育文化的概念、特点和作用。"我国帆船运动的发展"引导学生加深对我国帆船运动历史的了解，增强他们的民族自豪感和自信心。

"观察·思考"通过观看电视上的帆船比赛和上网查阅资料，了解帆船运动的特点和意义；通过观察运动员的运动技巧和动作特点，分析帆船运动员应具备的素质，从而激发学生从事帆船运动的热情，深刻理解海上运动的文化内涵。本栏目可以与正文中提到的几次帆船比赛相结合，通过观看不同时期帆船运动的比赛，比较帆船运动发展和不同历史时期帆船运动的特点。

"活动·研讨"通过上网查阅资料，了解国内外著名的帆船赛事以及其比赛规则，体会帆船运动的文化内涵。本栏目与正文中的国际帆船比赛的发展、比赛等级和规则等的介绍和国际帆船联合会的作用与职能相联系，将规则与比赛实况对比，激发学生对帆船运动的兴趣。

板块3：通过了解更多的海上运动项目，了解海上运动的意义，体会这些运动的文化内涵。

本板块活动主要通过教材"探究3　除了帆船运动以外，你还知道哪些海上运动项目？开展这些运动项目有什么重要意义"中的"观察·思考"和"活动·研讨"来体现。

为引导学生了解海上运动项目，教材首先介绍了其种类以及意义。接着，通过"观察·思考"和"活动·研讨"两个活动性栏目，引导学生深入了解开展海上运动的意义及其蕴藏的文化内涵。通过观察图片和上网查阅资料的方式，组织他们交流包括帆船运动在内的海上运动项目，并探索开展这些运动的意义，从而学会欣赏海洋运动项目。有条件的地区还可积极参与其中的项目或参观相关比赛场地。

"观察·思考"通过生动的图片，激发学生观看、了解海上运动的兴趣，进而了解海上垂钓、风筝冲浪、休闲潜水、滑水运动等不同种类帆船运动的特点及发展历史，交流这些运动承载的文化内涵，畅谈开展这些运动的意义。

"活动·研讨"查阅相关资料，通过了解海上运动比赛的形式与规则，学会观赏海上运动比赛，有条件的地区可以参与海洋运动项目，观看转播或现场比赛，亲身体会比赛规则的使用，体验海上运动比赛的乐趣，并与同学们进行交流，拓展了解海洋知识的渠道与方法。

三个板块活动相互联系，层层递进。在认识帆船的基础上，了解帆船运动和赛事的特点、历史发展以及其他海上运动的特征以及蕴含的文化韵味。三部分探究内容构成了有机的整体、不可分割。

第三部分，拓展活动。

"时代寄语"通过引导学生了解和参与海上运动项目，激发他们的兴趣，调动其积极性，加深对其蕴含的文化内涵的理解，真正体会海上运动的魅力所在。

"蓝色行动"随父母或同学结伴参加海上运动活动，亲身体验海上运动的魅力，体会其丰富的文化内涵。

"后续研究"从自己感兴趣的运动（如垂钓、游泳、帆船运动等）中选取一项进行深入的调查研究，撰写一份感想或研究报告。

探究参考

探究1 "观察·思考"：观察以下几种帆船，说出它们的特点。

我的看法：第一幅图是稳向板船。这类帆船轻快灵活，可在浅水中行驶。第二幅图是龙骨船。这类帆船稳定性好，排水量大，适于长距离竞赛和远海探险。第三幅图是多体船。这类船由2~3个船体组成，其设备与稳向板船基本相同。

"活动·研讨"：查阅相关资料，了解帆船的构成和运动原理，动手制作一种自己的帆船模型，展示并介绍给同学。

我的帆船构成：帆船主要由船体、桅杆、稳向板或龙骨、舵、帆和索具组成，船体的主要制作材料为木材或玻璃钢。船上配有掌握航向的罗经，大型帆船为适应远洋长距离竞赛的要求，还配有全球卫星定位系统和无线通信联络系统等。

运动原理：帆船在海上航行依靠的是自然风作用于船帆上产生的动力。在横风航程上，升力的方向与航向相同，升力全部用于驱动帆船。此时，推力沿风向的分力也推动帆船前进。

在顺风航程上，升力消失，只剩下推力充当动力。推力取决于风和帆的相对速度，随着船速的增大，风和帆的相对速度减小，推力也减小。当推力减小到与阻力平衡时，船速不再增加。因此在顺风航程上反而不能获得很高的船速。

探究2 "观察·思考"：观看电视上的帆船比赛转播，或者到比赛现场观赏一场帆船赛事。你能说出帆船运动有哪些突出的特点吗？想一想，作为一名帆船运动员，应具备哪些方面的素质和技能？

我认为帆船运动的特点

特点四：帆船比赛在海上进行，而海上情况比较复杂，因此，运动员必须会游泳，并能游较长的距离。此外，运动员要有良好的身体素质，以适应长时间海上风浪的考验。

特点五：国际帆船比赛，经常在强风中进行，风速每秒10~15米，既要保持航向和把握航速，又要避免翻船，这就需要运动员尽力去控制帆和船，保持船的平衡。同时又要以清醒的头脑去掌握周围的环境、水的流速、流向和气流变化。

特点六：在参赛船只较多的情况下，运动员必须熟悉竞赛规则、避免犯规。此外，运动员还必须懂得检查、整理船上的装备，尤其是调整帆具，以获得最大的动力。

我认为帆船运动员应具备的素质

素质三：要有较高的驾驶技巧。

素质四：必须有熟练的游泳技能。

"活动·研讨"：如今国内外有哪些著名的帆船赛？列举出几个你认为最重要的帆船赛事，并简要地介绍一下。

国际著名帆船赛事	国内著名帆船赛事
"一吨级杯"帆船赛	中国杯帆船赛
百慕大帆船赛	司南杯大帆船赛
"沃尔沃"帆船赛	环海南岛国际帆船赛

探究3 **"观察·思考"**：观察下列几幅图，并通过上网搜索等方式查阅资料，说说开展这些海上运动都有什么意义。根据对体育文化的理解，谈谈这些运动的文化内涵。

我的看法：（1）海上垂钓的文化内涵。钓鱼起源于古代先民的生产活动，可追溯到几十万年之前。随着生活环境的安定和生活水平的提高，它逐渐从生产活动中分离出来，成为一种充满趣味、格调高雅且有益身心的文体活动。

（2）风筝冲浪的文化内涵。风筝冲浪最刺激的地方，是风筝可将人带离水面，玩的人就可借停留在空中的时间，享受飞翔的快意并随心所欲地做出各式各样的花式动作，因此风筝线就须具有极强的拉力。这项运动混合了特技风筝、帆船、冲浪、滑水和滑板等多种运动元素，风靡全球。

（3）休闲潜水的文化内涵。"潜水"是人在水面以下进行的各项活动的总称，包括潜泳、水下工程、打捞救援等等。而对大家平常所见的"潜水"是指人在水面以下进行的休闲、观光等娱乐活动，我们称之为"休闲潜水"。人们所向往的休闲潜水，是在一种类似失重的状态下（宇航员都是在泳池中训练失重状态下工作的），进入一个完全不同的空间，彻底放松全身心，让一切都随意而自然，在静谧的海底无言地观赏各种色彩斑斓的奇异珊瑚和鱼类，用手势和眼神与同伴交流。这种感受是不可能在陆地上获得的，也是没有真正潜入海底的人无法体会到的。

（4）滑水运动的文化内涵：滑水运动是人借助动力的牵引在水面上"行走"的水上运动。滑水者通常要穿着"水鞋"，即水橇在水面上完成各种动作。根据滑水者所使用的水橇种类或不使用水橇，滑水大致可以分成花样、回旋、跳跃、尾波、跪板、竞速、赤脚等项目。

"活动·研讨"：通过上网搜索等方式查阅资料，选取一个海上运动竞赛项目，了解它的比赛形式和裁判规则等。这样，再去观看转播或现场比赛，相信你在观看过程中能够收获更多的乐趣。

我了解的情况：青少年遥控帆船比赛

一、指导思想

为普及推广帆船运动，推动"帆船运动进校园"活动的深入开展，探索青少年帆船运动与科普活动的衔接模式，搭建培养青少年实践能力的舞台。

二、比赛项目

F5-Mini S级遥控帆船模型。

三、帆船要求

1. F5-Mini S级规定船体的长度不大于600 mm，帆的测量面积不超过1 500 cm²；F5-S级规定船体的最大长度（包括船首避碰垫）不超过900 mm，帆的测量面积不超过3 500 cm²。

2. 船上应备有收索机或舵机来控制帆和方向舵，并通过电池组给接收器、收索机或舵机提供电力保障。

3. 帆船通过遥控帆的受风角度和方向舵，依靠风驱动行驶，无自身动力。

4. 发射器鼓励使用2.4 GHz频率，使用传统低频的应多准备不同频段晶体以避免出现干扰。

5. 帆船的制作材料不限，鼓励各单位按照要求自行设计制作。

四、竞赛办法

1. 场地规定。

（1）竞赛场地是边长为20 m的正方形充气水池，水深不小于30 cm，由四个浮标和两个门标组成一个回字形场地，每两个浮标之间的距离一般在10～15 m；

（2）两个门标在第一标和第四标之间，它们之间的连线就是起航线；

（3）比赛时，帆船逆风起航，船过起航线开始比赛。

2. 竞赛规定。

（1）在规定时间内，每艘船按完成的圈数记分，并按照圈数由大到小进行排序从而确定最后的名次；

（2）圈数相同则按照比赛用时决定名次，用时少者名次在前；

（3）船只之间参照F5-S竞赛规则确定航行优先权，犯规方将视具体情形接受360°处罚并被罚掉一定圈数。

活动重点

为让学生领会包括帆船运动在内的海上运动所具有的文化韵味，应突出帆船运动的特点和发展历史、帆船比赛的相关知识以及其他海上运动的特点。其中，了解帆船运动的特点和发展以及其他海上运动的文化韵味应作为本课题研究的重点。

活动内容划分与课时安排

本课题研究包含三个探究活动，建议分为两个课时。

第一课时完成"案例回放"与探究1。第二课时完成探究2和探究3。

活动设计案例

活动项目	师生活动	设计意图
活动导入	教师展示帆船图片，学生说出相应的名称	了解学生课前资料的准备情况
探究1 帆船是一种什么样的船（观察并说出帆船的特点）	1. 学生结合已查阅的各种不同帆船的特点，欣赏不同类型的帆船制作、航行的影视资料，说出其特点和用途 2. 学生展示自制的帆船，说明其特点，并现场演示其制作方法 3. 结合"信息长廊"和"相关链接"中的图片，说出帆船运动在不同时期的重要作用，介绍我国古代的四大帆船	了解不同种类帆船的特点及发展历史，培养学生对帆船运动的兴趣与爱好。 亲手制作一艘帆船，培养学生的观察和动手能力。 认识帆船在不同历史时期的经济功能与文化内涵
探究2 帆船运动具有哪些特点？是怎样发展起来的	1. 将本组最喜欢的一种帆船运动赛事向全班同学介绍，要求图文并茂 2. 播放国内外不同类型帆船比赛的视频资料，引导学生观察，分组讨论帆船运动的特点，总结在进行帆船运动时需要克服的困难，进而分析帆船运动员所需要具备的素质 3. 结合观看的比赛，了解帆船运动规则在比赛中的应用以及国际帆船联合会的作用与职能	引导学生了解帆船运动的特点、发展历史以及国内的一些帆船运动赛事及规则；积极关注海洋体育活动；激发他们学习海洋知识与从事帆船运动的热情，深刻理解海上运动的文化内涵
探究3 你还知道哪些其他的海上运动项目？开展这些运动项目有什么重大意义	1. 展示各种海上运动的图片，学生说出海上运动的类型，并结合查阅的资料，说出这些运动的文化内涵 2. 播放比赛录像，学会欣赏海上比赛。有条件的地区可以组织去看现场比赛或组织有兴趣的同学参加一次水上活动，并与运动员交流感受，使教学由室内转向室外	引导学生了解其他的海上运动项目及比赛规则，并探索开展这些运动的意义，从而学会欣赏海洋运动项目。有条件的地区还可积极参与其中的项目，领会海上运动项目的文化内涵，亲身感受它的魅力

续表

活动项目	师生活动	设计意图
小结	帆船—赛事—海上运动—积极参与	引导学生学会由点到面地思考问题、认识事物的方法，激发他们热爱水上运动，实现增强体质、体悟文化内涵的目的
"蓝色行动"	随父母或同学结伴参加海上运动的体验活动	亲身体验海上运动的魅力，体会丰富的文化内涵

活动资源拓展

（一）帆船运动体现的精神文化

帆船运动文化是现代奥林匹克文化的一个重要组成部分，是帆船运动的灵魂，是实现帆船运动更快、更高、更强发展的精神支柱。通常人们接触帆船运动，首先感受到的是帆船运动文化物质层面的东西，但深层的东西是精神文化。只有通过对帆船运动文化精神层次的分析，才能客观地了解帆船运动文化。

在精神层面上，帆船运动首先体现了人类对海洋的挑战。帆船运动是风、水、人、船的完美结合，是充满活力的运动。帆船运动是一项体力与技巧相结合的运动，帆船运动员要根据风向、风速、气象、水文等条件的不断变化，及时做出应对和调整，对船员在艰苦环境中的耐受力要求很高。因此，帆船运动更是一项在与风浪搏斗中，考验帆船运动员智慧、耐力和意志品质的运动。其次，帆船运动体现了一种开放和包容的精神。帆船运动文化所处的文化环境是一种海洋文化环境，"海纳百川，有容乃大"是海洋文化的一个重要特征，帆船运动文化也秉承了海洋文化的这一特征。帆船运动文化的真谛意味着一种眼光，一种胸怀，一种不安于现状、勇于开拓、不断进取的精神。再次，帆船运动文化是一种创新文化。大海亘古常新，具有恒定和变动两种特性。在每一次的帆船运动中，帆船运动员都要面对不同的海上环境，因此，就要求帆船运动员不能抱残守缺，必须着眼于未来，以一种创新的精神面对风浪的洗礼。

帆船运动作为奥林匹克运动的一个重要部分，其文化的一个侧面反映了奥林匹克文化。帆船运动作为奥林匹克项目之一，从第一届现代奥运会开始就承载了奥林匹克的精神和理想。帆船运动所表现出的不畏艰难、勇于拼搏、敢于冒险、创新的精神就是对奥林匹克宗旨的最好诠释。通过帆船运动的这些精神影响着一代又一代的年轻人，使奥林匹克运动的精神实质贯穿到年轻人的观念世界，并通过对其观念世界的感染，来改变其行为，进而改变其生活方式，形成其思维习惯，转化成一种精神信仰，也使帆船运动文化的延续性更加显著。

（二）奥运会帆船帆板共有哪些级别类型

奥运会帆船比赛用的帆船通常由船体、桅杆、舵、稳向板、索具等部件构成的小而轻的单桅船。帆船分稳向板型和龙骨型两类。稳向板型帆船轻快灵活，可在浅水中行驶，奥运会项目中的芬兰人级、470级、托纳多级等均属此类，是世界最普及的帆船。龙骨帆船也称稳定舵艇，体大不灵活，稳定性好，帆力强，只能在深水中行驶。奥运会项目中的星级、鹰铃级等均属此类。2008年北京奥运会帆船比赛共有9个级别，分别是：

1. 女子帆板/男子帆板——RS：X级。

单人操纵的统一设计型帆板，长3.0米、宽0.82米、帆面积8.5平方米、板体重14.0千克。该级别诞生于2004年，2008年首次被列入奥运会项目。目前是唯一由国际帆联直管的竞赛级别。

2. 重量级艇——芬兰人级。

稳向板型，长4.5米、宽1.51米、帆面积10平方米、船重145千克。该项目要求选手的体重大一些，因为他必须能够驾驭与操控10平方米大帆；同时要求选手能掌握复杂的操作技术并具有较好的体能。

3. 女子单人艇——激光雷迪尔。

稳向板型，长4.23米、宽1.42米、帆面积6.5平方米、船重59千克。该船船身较轻并有足够的浮力，安全性较好，适于在开阔的水面航行。由于船上的操控系统较合理，所以适于各种体重与体形的人驾驶。

4. 男子单人艇——激光级。

稳向板型，长4.23米、宽1.42米、帆面积7.06平方米、船重59千克。1992年被列入奥运会（巴塞罗那）比赛项目。它被列入了大部分的重大赛事中，如泛美运动会、ISAF世界青年锦标赛、亚运会、地中海运动会等。

5. 女子双人艇/男子双人艇——470级。

稳向板型，有球形帆，长4.7米、宽1.68米、帆面积12.6平方米（球形帆14平方米)、船重115千克。1976年奥运会(蒙特利尔)被列入比赛。1986年的釜山奥运会首次引入女子470级的比赛。该船船的操控性能很好,在轻体重选手中较受欢迎。

6. 快速艇——49人级。

双人操纵的新生代高速帆艇,长4.99米、船宽1.7米,含侧支架宽2.99米、帆面积59.2平方米(含球形帆)、船重125千克。2000年悉尼奥运会被首次列入奥运会项目。该船具有超大的帆面积,操纵起来有较大的难度。

7. 多体船——托纳多级。

双人操纵的双体船,是直线速度最快的奥运会级别帆船,长6.10米、宽3.05米、帆面积21.8平方米、船重140千克。1976年蒙特利尔奥运会被首次列入奥运会项目。顺风行驶时操纵的好坏带来的速度差异很大,在浪中航行较困难。

8. 女子龙骨艇——鹰凌级。

三人操纵,龙骨型帆船,长6.35米、宽1.73米、帆面积14平方米、船重200~230千克。该船适合于女子或青少年驾驶。2004年雅典奥运会被列入比赛项目。

9. 男子龙骨艇——星级。

双人操纵,龙骨型帆船,长6.92米、宽1.73米、帆面积26.9平方米、船重662千克。该级别于1932年被列入奥运会(洛杉矶)比赛项目。该船较大的帆面积和调整难度要求选手具有高超的技术经验和较大的体重。世界上最优秀的舵手往往出自该级别。

(三)陆地帆船

所谓陆地帆船,实际上指的是以风力为驱动力在陆地行驶的汽车。美国人发明了一种名为"绿鸟"的陆地帆船。根据驾驶地点的不同,陆地帆船分为陆上与冰上两种,均仅由风力提供动力。这种陆地帆船造型优美、前卫,但设计上仍遵循传统的空气动力、帆船和风力原理。它的帆质地坚硬,更像飞机的机翼。2009年3月,美国人理查德·詹金斯,以126.1英里/小时的速度在内达华州艾文帕湖附近驾驶一架陆地帆船,创造了驾驶世界上最快的风力驱动汽车的纪录。

(四)什么是体育精神

体育精神是指人们在体育实践活动中形成的,以健康快乐、挑战征服、公平竞争、团结协作为主要价值标准的意识、思维活动和一般心理状态。可简要归纳为四大组成要素:

1. 人本精神。

(1)重视人的自身价值、塑造健康强壮的体魄。

（2）自由参赛、自尊、自强；追求荣誉与尊严。

（3）乐观自信：身心愉悦、展现旺盛的生命活力、豁达自信、追求运动乐趣。

（4）运动家风范：光明磊落、公正大度、襟怀宽广，坦然对待成败荣辱得失。

（5）尊重、理解、友爱：尊重对手和失败者，消除偏见对抗，实现跨文化交流；赢得友谊、团结与欢乐。

2.英雄主义精神。

(1)搏击奋斗：全力以赴，奋勇搏击；敢于拼打，勇于夺取冠军和胜利。

(2)刚毅执着：不惧风险和挫折，对体育运动和事业执着挚爱、坚韧不懈追求。

(3)顽强抗争：争强好胜，不屈不挠；不论强弱都力争战胜对手和困难。

(4)奉献上进：甘愿承受肉体和精神的重压，乐于奉献心血与青春。

(5)挑战征服：挖掘潜能、挑战身心极限，战胜自己，征服对手、裁判、观众、自然。

（6）冒险牺牲：敢冒风险去发展高难技术动作和新运动项目；摆脱对对手的紧张和恐惧，镇静面对激烈的比赛和危险；以命相拼，不惧死亡，为理想而献身。

3.公平竞争精神。

（1）规则：全世界共同遵守《奥林匹克宪章》和相同的"游戏规则"。

（2）自由民主：自由选择、自主参加、在规则约束下自由表现；具有各种民主权利。

（3）开放参与：体育表现出一种超常的深度开放；参与竞争重于获取优胜。

（4）诚信：体育是在诚实守信的基础上开展的活动或比赛。

（5）创新进取：为了更快更高更强，必须不断创新和进取，永不满足。

（6）科学效率：体育训练讲求效率与科学；科技全方位支撑着体育的发展。

4.团队精神。

（1）共为一体：共存共荣、强烈的归属感与一体感、目标高度一致。

（2）协作互助：协调配合、相互帮助。

（3）尽心尽力：彼此信任宽容、尽职尽责、甘愿牺牲个人利益。

体育运动中展现的体育精神是体育运动的最高产物，是体育运动的灵魂和精粹。体育精神反映着人类的价值追求，是人类优秀品格和崇高理想的生动映现，是人类社会珍贵的精神财富。

第五单元　海洋强国

一、设置本单元的目的

实施海洋强国战略是我国的一项重大决策，是实现中华民族伟大复兴中国梦的重要举措。建设海洋强国梦，已经成为中国梦的重要组成部分，只有实现海洋强国梦，才会进一步实现伟大的中国梦。本单元通过四个课题引导学生进一步认识建设海洋强国的重要意义，了解海洋权益的内涵，增强海洋权益意识和国防意识，以实际行动投入建设海洋强国、实现中华民族伟大复兴中国梦的宏伟事业中。

二、本单元的内容安排

本单元共设计四个研究课题，从不同角度凸显海洋强国意识。

中国近代屈辱多来自海上——本课题引导学生了解中国历史上因忽视海洋这道重要的屏障而导致来自海上屈辱达到的程度，深刻剖析这些屈辱多来自海上的原因以及这段屈辱史带给我们的启示，引导学生深刻认识增强海洋意识、加强海防建设和维护海洋权益的重要性。

海洋战争与维权新路——本课题以西沙海战和马岛海战引出海权和主权的概念，引导学生正确认识"海权"的内涵以及西沙海战的重要意义，深刻认识《联合国海洋法公约》的积极作用，从而构建海洋和谐的价值观念。

建设强大的海军——建设强大的海军是中华民族的百年夙愿。本课题通过为何要建设一支强大的人民海军、人民海军的发展历程以及其作出的贡献等的探究，引导学生认识海军在维护国家安全发展中的战略地位，从而提升海洋权益意识。

经略海洋，建设海洋强国——本课题引导学生充分认识经略海洋、建设海洋强国这一决策的重大而深远的意义，深刻理解其丰富内涵、战略地位与重要价值，以实际行动投身于经略海洋、建设海洋强国的宏伟事业中。

12 中国近代屈辱多来自海上

海洋意识教育目标

1. 通过"中国近代来自海上的屈辱达到何种程度"的探究活动，引导学生了解近代中国来自海上的屈辱史实及程度，增强学生的忧患意识、责任意识和爱国主义情操，培养他们增强海洋意识、加强海防建设、维护国家权益的意识。

2. 通过"中国近代屈辱多来自海上原因"的探究活动，引导学生了解近代中国与西方列强对海洋的认识及所采取的不同政策；了解中国近代屈辱多来自海上的原因，认识到建设海洋强国是建设现代化国家的必然要求，是实现中华民族伟大复兴中国梦的必然选择。

3. 通过"中国近代屈辱多来自海上的启示"的探究活动，引导学生认识制海权曾是古今大国兴衰的重要杠杆之一，从而树立海洋权益事关国家主权、安全、发展利益，要不断提高海洋维权能力，坚决维护国家海洋权益的海洋意识。

活动准备

（一）教师准备

1. 作好"学情"调查。通过问卷调查的形式了解学生对中国近代屈辱多来自海上的原因、史实、影响以及有何启示等认知情况。通过"问卷星"设计网上问卷调查——中国近代屈辱多来自海上。

第1题 你知道中国近代屈辱多来自海上吗？ [单选题]

选项	小计	比例（%）
知道		
不知道		
本题有效填写人次		

第2题　你知道近代列强对中国的侵略涉及哪些沿海地区？［多选题］

选项	小计	比例（%）
东南沿海		
渤海湾		
山东半岛		
台湾		
本题有效填写人次		

第3题　你知道近代中国与哪个国家签订的不平等条约最多？［单选题］

选项	小计	比例（%）
英国		
日本		
美国		
沙俄		
本题有效填写人次		

第4题　你了解郑和下西洋吗？［单选题］

选项	小计	比例（%）
了解		
不了解		
本题有效填写人次		

第5题　你知道新航路是哪个国家率先开始的吗？［单选题］

选项	小计	比例（%）
中国		
葡萄牙		
西班牙		
英国		
美国		
本题有效填写人次		

第6题　你认为海洋观念淡漠是近代中国处于被动地位的重要原因吗？〔单选题〕

选项	小计	比例（%）
是		
不是		
本题有效填写人次		

第7题　你认为列强与中国在近代发生战争，海军作战与陆军作战哪个更具有优势？〔单选题〕

选项	小计	比例（%）
海军作战		
陆军作战		
本题有效填写人次		

第8题　你认为当今世界增强海洋意识、加强海防对一个国家的发展还重要吗？〔单选题〕

选项	小计	比例（%）
重要		
不重要		
不清楚		
本题有效填写人次		

2. 仔细分析教材，了解"教情"。教材由"案例回放"和三个探究活动组成，涉及中国近代屈辱多来自海上的原因、史实、启示以及近代东西方对海洋的不同认识等。为了增强学生的学习兴趣，课前应广泛收集有关方面的资料，包括文字、图片、视频等，还可以引导学生排练关于近代中国的小历史剧。

搜索下列相关的视频录像资料，供学生课前观看。

（1）鸦片战争。

（2）甲午风云。

（3）大国崛起（第一集）。

指导学生在观看上述视频资料的基础上，思考如下问题：

① 清中期以前的中国辉煌与近代中国衰落的原因。

② 近代西方列强侵略中国多从海上来的原因。

③ 英国发动鸦片战争的原因和经过。

④ 分析近代中国与其他国家对经略海洋的认识以及得到的启示。

3. 研究教法，为调动学生探究参与度，最大限度地发挥学生的主体性做好准备。

为了增加"案例回放"的冲击力，准备《甲午风云》的视频；为了提高学生学习的兴趣和自主学习的能力，可以引导学生编排历史剧《马戛尔尼拜见乾隆帝》；为了保证学生学习的效率，增加课堂活动的趣味性，提前设计三个探究活动采用的组织形式，最好能交替使用不同的方法，方便学生思维的转换和兴趣度的保持。就本课题研究而言，可以准备多种研究方式，既有个体也有小组合作探究，还有学生自己编排历史剧的形式；学习模式方面，引导他们围绕"探究主题"，搜集信息并加工，互相交流，进行思想碰撞，互通有无，拓展训练；教师在学习内容的"质"和"量"上对学生的学习提供支持，最终根据探究内容的难易程度、可操作性等灵活选择。

（二）学生准备

1. 完成教师课前的调查问卷表，对中国近代屈辱多来自海上有一定的了解和认识。

2. 做好教师提前安排的在课堂上难以完成的内容，如上网查询有关近代列强对中国侵略战争的示意图、郑和下西洋的相关资料、观看有关的视频资料等，以便课堂上探究讨论。上网搜集有关近代列强侵略中国的图片、历史地图、专家评论以及史学研究的不同观点等资料为课堂上进行专题报告会、分组探究活动、小组辩论以及课下宣传壁报等准备素材、论据和观点。

3. 条件允许的学校可以在课前以小组为单位采访相关历史学家或者相关学科教师，获取文字、视频、史学资料等，了解近代列强对中国侵略多来自海上的相关知识。

活动内容分析

第一部分，情境创设。

"案例回放"介绍了黄海海战中中日双方大编队作战的概况，激发学生对中国近代屈辱多来自海上的探究兴趣。案例中用精练的语言再现了双方交锋时的壮烈场景，既起到了吸引学生注意力的作用，又能引发他们理性思考中国在这场战争中失利的原因。

"导引"起到画龙点睛的作用，提出了探究的目标和方向，即认真审视来自海上的一次次中国近代屈辱，分析其根源所在，更要接受其深刻的教训，勿忘国耻，绝不让历史重演。

第二部分，主体活动。

本主题活动分为3个板块。

板块1：从整体上了解近代中国来自海上的屈辱程度，知道近代列强从海上入侵中国分区和近代中国与列强签订的不平等条约的统计概况。以鸦片战争为例，探究近代列强从海上进攻的原因。

本板块内容主要通过"探究1 中国近代史上来自海上的屈辱达到何种程度"中的"观察·思考"来体现。

教材首先从总体上介绍了近代中国来自海上屈辱的史实，特别是以闻一多先生的《七子之歌》切入，让学生既了解了近代中国这一段屈辱史，又激发了他们爱国的感情，从而深刻了解近代中国的历史悲剧。

在此基础上，开展"观察·思考"活动，通过观察第一次鸦片战争形势示意图，结合历史背景，引导学生理性分析英国发动战争选择这条线路的原因；然后通过上网搜索等方式查找资料，自助绘制第二次鸦片战争、中法甲申战争、中日甲午战争等几次重要战争列强从海上入侵的形势示意图。

接着，教材通过近代列强从海上入侵中国分区的统计表和近代中国与列强签订的不平等条约的统计表，以具体的数据论证了近代中国来自海上的屈辱程度，体现了论从史出。

板块2：分析古代中国在航海方面具有辉煌成就的原因，从中外对比两个角度分析鸦片战争的原因，认识在腐败无能的清政府的统治下近代中国的海防不堪一击的历史。

本板块内容主要是通过"探究2 中国近代屈辱为什么多来自海上"中的"联想·分析"和"交流·分享"来体现的。

为了引导学生了解中国近代屈辱为什么多来自海上，教材采取了史实对比的方法。

"联想·分析"主要介绍了从7000年前一直到隋唐五代时期，中国在航海业取得的辉煌成就，目的是激发学生的民族自豪感；然后提出问题，设疑激趣，引导学生分析当时的中国航海业发达的原因。建议以小组合作学习为主，通过上网搜索、请教专家、到图书馆查资料等方式，形成自己独特的见解。通过对当时中国在航海方面取得辉煌成就的研究，进一步认识到"中国梦"包括将我国由一个海洋大国建设成一个海洋强国的"蓝色梦"。

接着，教材从近代中国的海禁、闭关锁国政策的实施和西方国家对海洋的重视两个方面进行了对比，引导学生了解中国因被切断海上发展的道路，最终错过发展资本主义及海洋贸易的黄金时期。

通过前面的学习，小组合作完成"交流·分享"活动，本栏目给学生提供了两段文字资料，分别是英使马戛尔尼觐见乾隆帝的史料和清政府在鸦片战争前对鸦片查禁，却越禁越多的史料。第一段史料通过乾隆帝和马戛尔尼不同的表述反映出东、西方在思想意识以及经济、科技上的差距；第二段史料通过数字表明鸦片战争前后中国严禁鸦片的政策不但没起到任何的作用，反而造成鸦片越禁越多、白银大量外流的局面。小组讨论时，要注意激发学生的发散思维，从不同角度分析问题，如经济、政治、科技、文化、思想观念等。在海洋意识的培养方面，教师要注重从全球史观、现代化史观等角度引导学生思考，在交流的前提下分享，在分享的基础上交流。具体操作可以把学生分成四个小组，每个小组负责研究中国和英国一个方面的情况，课前学生找资料，做好准备工作，课上进行小组交流，呈现本组的研究性学习成果。在课题研究过程中，要充分肯定学生思维的火花，不要单纯纠结于知识性的错误，要特别注重学生学习能力和发散思维的培养。

板块3：通过古今中外的史实对比，认识海洋观念淡薄是近代中国在与世界交往中处于被动地位的重要原因之一，从而明确中华民族的崛起要靠国人经略海洋，建设海洋强国。

本板块内容主要通过"探究3 从中国近代屈辱多来自海上的分析中我们得到什么启示"中的"联想·分析"和"交流·分享"来体现。

教材首先明确指出海洋观念淡漠是近代中国在与世界交往中处于被动地位的重要原因，然后从史实对比论证了这一观点。

"交流·分享"从郑和的海洋意识和海洋观的角度入手，从中国古代史的角度揭示了海洋与国家政治、经济、军事之间的密切关系，深刻阐述了发展海军船队、控制海洋对国家安全和贸易的极端重要的海洋观。

"联想·分析"引导学生探究近代西方列强侵略中国多使用海军的原因，以及在当时的历史条件下，海军作战比陆军作战的优势，从世界近代史的角度揭示了近代大国的崛起都和经略海洋息息相关。

"信息长廊"主要讲述了近代日本海军的发展。日本在目睹了清朝北洋水师的铁甲巨舰后深受震撼，认识到海防的重要性。全国上至天皇下至富豪，纷纷解囊，投资购买新型军舰，很快成为世界海军强国，在甲午战争和日俄战争中分别战胜了中国和俄国。对近代日本的海军发展的史料学习，不仅仅拓宽了学生的视野，更重要的是引导他们认识到重视海洋、发展海上武装力量的重要性，认识到建设海洋强国是建设现代化国家的必然要求，是实现中华民族伟大复兴中国梦的必然选择。

第三部分，拓展活动。

"时代寄语"栏目是本课题研究的小结，更是对本课海洋意识的提炼和升华。通过对近代中国多来自海上的屈辱史实的分析，认识到增强海洋意识、加强海防、维护海洋权益的重要性。中国的崛起要靠国人经略海洋、建设海洋强国，这是实现中华民族伟大复兴梦想的必然选择。

"蓝色行动"引导学生课后观看《大国崛起》，以小组合作的方式，围绕海洋对综合国力发展的重要性，从中任选一个国家进行合作探究，完成一篇历史小论文，再做成微视频，在班级内举行学习成果展示，并上传到班级的博客中。

"后续研究"是一个开放性的栏目，让学生在一定的范围内自主选择，研究课题和研究方案都可以自主选择和确定，但一定要结合近代中国来自海上的屈辱历史以及带来的启示进行选择。比如，可以研究中国各个时期的海洋意识与国防安全以及国家地位的关系等。难度深浅可以自主选择，但一定要在现有的条件下进行。建议成立兴趣小组，在课后完成本栏目任务，或者结合研究性学习课程来完成，条件允许的学校还可以聘请相关领域的专家或教师进行研究指导。

探究参考

探究1 **"观察·思考"：** 依据此图（见教材第96页的第一次鸦片战争形势示意图），结合当时的历史背景，说说列强选择该路线的原因是什么。

我的看法：（1）经济方面。东南沿海地区是中国的经济重心，经济最发达，人口最稠密，拥有广阔的潜在市场，这正是英国倾销纺织工业品最理想的地区。

（2）军事方面。中国装备落后，军备松弛，有作战能力的部队只适合近距离的肉搏战；而英国拥有世界上最强大的近代化海军，又装备近代大炮等新式武器，英国军队的优势是远距离的陆上作战和海上作战。

海上交通较之于陆上交通更为便利。而中国周边为高山环绕，交通不便，不利于陆军行动。

综上所述，英国选择了以中国沿海城市为据点，一步步展开侵略进攻。

形势图绘制：略。

探究2　"联想·分析"：联系以上材料，通过上网搜索等方式查找资料，分析当时的中国取得辉煌成就的原因。

我的分析：中国古代的航海技术和造船技术与发达的内河航运密不可分。中国古代航海史的辉煌依赖于中国古代航海科学技术的进步。据《汉书》介绍，西汉时期天文导航术已有发展。当然中国古代的中央集权制为航海业的发展创造了政治前提，而高度发达的农耕经济为航海业的发展奠定了雄厚的物质基础。

"交流·分享"：分小组讨论：英国为什么要发动鸦片战争？

我的看法：英国资本主义经济迅速发展，为夺取更多的销售市场和原料产地、加紧对外侵略、开拓殖民地，幅员辽阔、市场巨大而又日趋没落的中国成为英国扩张的主要对象；中国人民的禁烟运动打击了英国的侵略气焰，损害了英国资产阶级的经济利益，英国为了保护肮脏的鸦片贸易，发动了蓄谋已久的侵略中国的战争。

探究3　"交流·分享"：郑和的这句话体现了一种怎样的海洋意识和海洋观？在后来的中国近代史中，这句话体现的道理在哪些事件中得以验证？请分小组交流研讨。

我的看法：郑和把海洋与国家的富强、海洋与国家的安危联系在一起，鲜明地揭示了海洋与国家政治、经济、军事之间的密切关系，深刻地阐述了发展海军、控制海洋对国家安全和贸易的极端重要的海洋观。

由于近代中国政府的腐败统治，海防薄弱，在鸦片战争、第二次鸦片战争、中法甲申战争、中日甲午战争中，列强都从海上对我国进行侵略，打开中国的国门，强迫中国签订了一系列不平等条约，严重损害了中国人民的利益，损害了中国国家的统一和主权的完整，中国的领海权也一步一步丧失。

"联想·分析"：从军事上讲，为什么近代西方列强侵略中国多使用海军？在当时的历史条件下，海军作战相比陆军作战有哪些优势？

我的分析：15世纪后，随着欧洲资本主义的出现，新兴资产阶级开始向海外大肆掠夺和扩张。伴随着西方殖民者数百年不断的彼此厮杀和疯狂掠夺，西方的海权观念不断强化，即"谁控制了海洋，谁就能统治世界"；同时他们的战船和火炮技术不断改进，海上的军事实力日渐增强。而中国以封建自然经济为主，重农抑商、重文轻武意识突出，至封建社会末期的明清时期，政府实施海禁政策，使中国的航海事业逐渐衰落。而东南沿海地区是中国的经济重心，经济最发达，人口最稠密，拥有广阔的潜在市场。而清代的东南沿海各省对列强而言，又几乎是有海无军、有海无防。因此，近代西方列强侵略中国多使用海军。

当时的西方列强处于资本主义发展期，海权观念非常浓厚，他们的战船和火炮技术不断改进，海上的军事实力日渐增强。而中国是以农业为主、儒家思想为治国思想，缺乏走向海洋、开发和利用海洋的意识和动力。清代不设远洋海军，只有近海和长江水师，主要是巡防江河、海口，缉捕海盗，兵制等同于内地的陆军。但是中国历史上，北方游牧民族与中原农耕民族的长期征战，形成"历代备边，多在西北"的战略格局，陆军的战斗力比较强，同时中原统治集团以大海为屏障，对西方列强来说，中国万里海疆是有海无军、有海无防，海上作战比陆上作战具有优势。

活动重点

为达成"增强海洋意识、加强海防、维护国家权益的意识""建设海洋强国是建设现代化国家的必然要求，是实现中华民族伟大复兴中国梦的必然选择""海洋权益事关国家主权、安全、发展利益，要不断提高海洋维权能力，坚决维护国家海洋权益"等有关的海洋意识教育目标，应突出探究分析中国近代屈辱多来自海上的史实、原因以及带来的启示。其中，探究中国近代屈辱多来自海上的原因以及启示是本课题的研究重点。

活动内容划分与课时安排

本课题研究包含三个探究活动，建议分为三个课时。其中，第一课时完成"案例回放"与探究1；第二课时完成探究2和探究3；第三课时举行蓝色行动"海洋对国力发展的重要性"报告会（第三课时可根据课时情况进行合理取舍）。

活动设计案例

活动环节	师生活动	设计意图
活动导入	播放关于"黄海海战"的视频。 教师：中日双方在甲午海战时，中国的海军号称是世界第五、亚洲第一。为什么这样的一支海军却在甲午战争中全军覆灭？近代中国遭受的屈辱从鸦片战争开始就大多来自海上，这是为什么？纵观历史给我们带来哪些启示？引导学生带着这些问题展开活动	通过案例回放"黄海海战"，中日双方作为世界上第一次近代铁甲舰队之间的大编队作战的概况介绍，吸引学生注意力，引发他们理性思考中国为何在这场战争中失败

续表

活动环节	师生活动	设计意图
探究1 中国近代来自海上的屈辱达到何种程度（小组合作）	1. "中国近代屈辱多来自海上的程度"探究。 阅读教材第96页两个表格的内容，结合课前找到的相关文字资料，引导学生以小组为单位，总结归纳中国近代屈辱多来自海上的史实，了解受到的屈辱程度 2. 结合教材第96页"观察·思考"提供的第一次鸦片战争形势示意图，引导学生从经济和军事两方面分析西方列强选择从海上侵略的原因；再以小组合作的方式绘制出第二次鸦片战争、中法甲申战争、中日甲午战争等战争列强从海上入侵的形势图，然后小组展示	通过教材和所查阅的资料，提取有效历史信息；小组合作归纳概括相关的历史史实。这样，既培养他们历史思维和解决历史问题的能力，又培养学生合作探究的能力。了解近代中国受到的来自海上的屈辱历史，知道近代中国在海洋方面的屈辱达到的程度，引导学生树立加强海防、维护国家权益的意识。 以第一次鸦片战争为例，分析西方列强选择从海上侵略进攻的原因，能否多角度分析概括；对于其他重要战争从海上入侵的形势图的绘制，考察了学生的实践能力和合作学习的能力
探究2 中国近代屈辱为什么多来自海上（比较法探究）	1. 阅读教材第97页"联想·分析"引导学生从政治、经济、科技水平等角度分析从7 000年前到隋唐五代时期，中国航海取得辉煌成就的原因 2. 中国近代屈辱多来自海上原因。 结合教材比较分析近代中国与近代西方殖民者对海洋的不同认识，总结概括中国近代屈辱多来自海上原因。 评价方式：小组之间交流，教师总结点评。 通过中西方对比，明确中国近代屈辱多来自海上原因以后，独立完成教材第98页"交流·分享"中英国发动鸦片战争的原因，加强对所学知识的理解和运用	通过"中国近代屈辱多来自海上原因"的探究活动，培养学生多角度思考分析历史问题的能力，引导他们了解近代中国与西方国家对海洋的不同重视程度，掌握中国近代屈辱多来自海上的原因，认识建设海洋强国是建设现代化国家的必然要求，是实现中华民族伟大复兴中国梦的必然选择。 注意学生在分析概括原因的时候，能否运用全球史观对中西方进行对比，同时注意海洋意识的培养
探究3 从中国近代屈辱多来自海上的分析中我们得到什么启示	1. 结合探究1和探究2所学的知识，完成教材第99页"交流·分享"栏目，理解郑和的航海意识和海洋观，通过所学知识论证郑和的观点，树立海洋权益事关国家主权、安全、发展利益，要不断提高海洋维权能力，坚决维护国家海洋权益的海洋意识 2. 通过提前查找的资料，结合教材第100页"信息长廊"栏目"近代日本海军的发展"，探讨海洋意识、海洋战略的加强对维护国家利益的重要性	通过"中国近代屈辱多来自海上的启示"的探究活动，认识制海权，树立海洋权益事关国家主权、安全、发展利益，要不断提高海洋维权能力，坚决维护国家海洋权益的海洋意识。 在肯定学生积极参与的基础上，引导他们探讨中国近代屈辱多来自海上的启示，不强求答案的一致性，言之有理即可，但一定要保证知识和观点的正确性

续表

活动环节	师生活动	设计意图
小结	教师引导学生归纳总结本课题的主干知识结构： 中国近代屈辱多来自海上 1. 中国近代屈辱多来自海上的程度 2. 中国近代屈辱多来自海上的原因： （1）中国近代的海洋意识； （2）西方近代的海洋意识 3. 从中国近代屈辱多来自海上的分析中得到的启示	教师给出本课题研究主线，引导学生去补充和细化。教师对其归纳和总结能力给予充分肯定，培养学生的发散思维和全球史观，引导学生深刻认识增强海洋意识、加强海防建设和维护海洋权益的重要性
"蓝色行动"写一篇"围绕海洋对国力发展的重要性"的历史小论文。补充：将论文做成微视频，可以上传到博客或者学校网站上，成为微课程	1. 教师课前指导学生写历史小论文的方法，提出相关的规格要求 　　2. 课前给学生提供《大国崛起》相关的视频资料和文字资料 　　3. 小组划分。按照班级人数，一般分为5～6组，每个小组呈现的历史论文最少一篇，也可多篇，但是最少有一篇论文以微视频的形式呈现，以便上传到班级博客或者学校网站上 　　4. 按照教师的要求，学生课前查阅相关资料，观看视频，撰写历史小论文，作好充分的汇报展示准备。整个准备工作要按照教师的要求和教材进行，但也不必拘泥于教材和教师的要求，可以有所拓展、延伸 　　5. 活动重点： 　　① 学生小论文的格式是否符合历史小论文的要求，切忌与作文混淆，要注意历史语言的运用； 　　② 论文的论点要明显，论据要得当； 　　③ 在课堂展示以及讨论中一定要加强对学生海洋意识的渗透 　　6. 课时安排：一课时 　　7. 活动（或研究）过程。课前提前一周布置，保证质量。展示会用时35～40分钟，进行5～6组的展示，教师小结或者点评5分钟左右。学生按照课前撰写的历史小论文进行展示，也可展示将论文做成的微视频。展示会可以由学生主持，内容由他们自主选择，教师课前做一定的指导，课上只要不出现大的问题，宏观调控一下即可，一般不加干涉，最后可以作适当的补充和总结	培养学生深刻认识增强海洋意识、加强海防建设和维护海洋权益的重要性

活动资源拓展

（一）北洋水师落后的管理制度

中日甲午战争中，北洋水师的编制、军官教育程度比陆军较为近代化，与日本差别不大，但与日本相比，尚有几个不可忽视的弱点。

其一，海军首脑部门的缺陷。虽然清政府于1885年成立了海军衙门，但该衙门的五大臣奕譞、奕劻、李鸿章、善庆、曾纪泽都另有要职，无一人为海军衙门专官，海军衙门几乎等于空设。不仅如此，海军大臣中无一人出身海军或受过海军训练，担任北洋水师提督的丁汝昌也没有受过海军的专门训练。在这种情况下，实在难以制定正确的战略，也难以与陆军协同作战。

其二，海军指挥不统一。当时的北洋海军实力虽已逊于日本，但若加上南洋和广东的几艘能胜任海上作战的舰只，实力与日本海军接近。但清海军未形成统一指挥，互不统属，结果力量分散。黄海海战后，李鸿章试图调南洋舰来加强力量，但没有成功。威海海军投降时，还发生了降将牛昶昞要求返还原属广东的广丙舰的笑话。

其三，首脑部门的缺陷，使中国海军缺乏明确、周密的计划与战略，缺乏争夺制海权意识。事实上采用的是守势战略消极防御战略。日本则在开战前就按海军胜利、僵持和失败三种情况制定陆海军作战战略，明确争夺制海权。因此中国海军处处被动。

人、武器、组织制度是军队战斗力的三个要素，缺一不可。洋务运动以后中国只偏重武器的更新、偏重军事技术，而忽视了制度和人的改变，这成为清军的基本弱点。

（二）严复：促成中国海洋思想从近代到现代的转变

严复（1854—1921），原名宗光，字又陵，后改名复，字几道，福建福州人。中国近代大知识分子，清末民初影响最大的启蒙思想家、翻译家和教育家，也是提出现代中国海洋思想的"先进的中国人"之一。

严复出生在一个医生家庭，12岁开始就接受西方文化的熏陶，考入福州船政学堂，学习英文及近代自然科学知识。1877年，23岁的严复等人被公派到英国留学，先后就读普茨茅斯大学、格林威治海军学院。两年后毕业回国，到福州船政学堂任教习，1880年调任位于天津的北洋水师学堂总教习，1889年后捐得选用知府衔，并升为会办、总办（校长）。此后在教育界、出版界任要职，《天演论》是严复最有名的译作之一。

严复的海洋思想与他在福州船政学堂、格林威治海军学院的学业有关，也和他回国后从事的教学生涯有关。1880年，严复一直在李鸿章创办的北洋水师学堂任教，中国近代一批海军人才就毕业于这里。严复给北洋水师学堂带来了西方现代海洋思想、现代海军管理方式和教学理论。严复最早接触到美国人马汉的著作并将之传播到中国，同时形成了自己的海权思想。严复认为海权具有"国振驭远之良策，民收航海之利资"的政治与经济的双重目的，关系到国家的贫富强弱和国际地位高下，不缔造海权，陆权也只能随之丧失。中国的制海权应当建立在哪里呢？他构想建立在日本海、渤海、黄海、东海与南中国海海域，在这些地方规复海军，实行海上交通控制，拒敌于海洋国土之外。可见，严复的海权思想和国防观已经由传统向现代转变，至今仍然具有重要的参考价值。

（三）被誉为"东方伽利略"的中国人

徐继畬（1795—1873），字松龛，又字健男，别号牧田，书斋名退密斋，山西五台县人。徐继畬是中国近代开眼看世界的伟大先驱之一，一生著述丰富，《瀛寰志略》是他最重要的一部著作。1842年，徐继畬被道光皇帝召见，道光皇帝询问海外形势与各国风土人情，他一一作了回答，道光皇帝遂责成他纂书进呈。徐继畬广泛搜集资料，实地采访考察，于1844年完稿，初名《舆地考略》，经过进一步增补，定名为《瀛寰志略》。此书与魏源的《海国图志》同为中国较早的世界地理志。

徐继畬的海洋思想充分反映在《瀛寰志略》以及他所撰写的有关海防对策的文章中，并得到了当代学者的肯定。他们认为，《瀛寰志略》所称的"瀛寰"二字，不是传统的寰宇天下，而是陆地被海洋所环绕，是"世界"的整体概念，也是作者对地球上海洋与陆地关系的创新性描述。"瀛"就是海，列国环海而在，海大于陆，水多于土，由于各国来往多行于海上，"瀛寰"之内，各国自有主权，因而又含有海权的意味。1868年3月29日的《纽约时报》把他称誉为"东方伽利略"。

（四）林则徐——第一个"开眼看世界"的近代中国人

林则徐（1785—1850），字元抚，又字少穆，侯官（今福州市）人。

在同时代官员中，林则徐确是对"外面的世界"最为了解的人。他打破以"天朝"自居的妄自尊大和闭关锁国的保守思想，愿意了解外国情况，吸收新事物。他一面积极备战，增设西洋大炮，一面积极了解西方资本主义国家的政治、军事、经济情况，设立译馆，翻译外文书报、律例、军事技术等著作，先后辑有《四洲志》、《华事夷言》、《滑达尔各国律例》等，成为中国近代最早介绍外国的文献。他还是第一个了解国际法、运用国际法与英国人作斗争的中国人。

1841年夏秋，林则徐将《四洲志》等编译的有关外夷资料交给魏源，嘱其编撰成书。魏源不负重托，于《南京条约》订立后不久整理出《海国图志》并出版。秉承林则徐意旨的《海国图志》不仅是当时最为详尽介绍各国之书，使国人眼界大开，更重要的是提出了"师夷长技以制夷"的重要思想。林则徐率先提倡、实践的"师夷"之说是他精神世界的一次巨大飞跃，也是近代中国精神世界的巨大飞跃，具有石破天惊的启蒙意义，是近代中国逐渐生成的"新文化"的起点。因此，50余年后，康有为认为"暨道光二十年，林文忠公始译洋报，为讲求外国情形之始"。百余年后，历史学家范文澜称赞林则徐是近代中国"开眼看世界第一人"。

13 海洋战争与维权新路

海洋意识教育目标

1. 通过"什么是'海权'"的探究活动，引导学生正确认识"海权"的内涵，认识到构建和谐海洋、发展建设海上武装力量以及保卫国家的主权完整和海洋权益不受侵犯的重要性。

2. 通过"为什么说西沙海战是我国维护南海主权的一个重要行动"的探究活动，引导学生深刻认识我国对西沙群岛拥有无可争辩的主权以及我国维护南海主权的坚决态度。

3. 通过"海洋战争是解决主权之争的唯一方式吗"的探究活动，引导学生深刻认识《联合国海洋法公约》的积极作用，我国的建设海洋强国战略始终秉持建设和谐海洋的理念。

活动准备

（一）教师准备

1. 作好"学情"调查。通过问卷调查的形式了解学生对海洋战争与维权新路相关知识的认知情况。通过"问卷星"设计网上问卷调查——海洋战争与维权新路。

第1题　你知道阿尔费雷德·塞耶·马汉及他的《海权论》吗？［单选题］

选项	小计	比例（%）
知道		
不知道		
本题有效填写人次		

第2题　你知道修昔底德吗？［单选题］

选项	小计	比例（%）
知道		
不知道		
本题有效填写人次		

第3题　你认为什么是"海权"？[多选题]

选项	小计	比例（%）
海上力量		
控制海上的权力		
共同管理海洋，共享海洋资源		
以上都有道理		
本题有效填写人次		

第4题　你认为越南引发西沙海战是侵犯我国主权吗？[单选题]

选项	小计	比例（%）
是		
不是		
本题有效填写人次		

第5题　你知道中国最早是什么时候对西沙群岛开发经营的吗？[单选题]

选项	小计	比例（%）
秦朝		
汉朝		
北宋		
明朝		
本题有效填写人次		

第6题　你认为西方社会推崇的"海权"与当今世界形势有关系吗？[单选题]

选项	小计	比例（%）
有		
没有		
本题有效填写人次		

第7题 你知道《联合国海洋法公约》的内容吗？［单选题］

选项	小计	比例（%）
知道		
不知道		
本题有效填写人次		

第8题 你认为海洋战争是解决主权之争的唯一方式吗？［单选题］

选项	小计	比例（%）
是		
不是		
本题有效填写人次		

第9题 你认为当今世界增强海洋意识，加强海防对一个国家的发展重要吗？［单选题］

选项	小计	比例（%）
重要		
不重要		
不清楚		
本题有效填写人次		

第10题 你认为发展海上武装力量与我国一贯坚持的和平外交政策矛盾吗？［单选题］

选项	小计	比例（%）
矛盾		
不矛盾		
本题有效填写人次		

2. 仔细分析教材，了解"教情"。教材由"案例回放"和三个探究活动组成，涉及正确认识"海权"的内涵以及西沙海战的重要意义，引导学生深刻认识《联合国海洋法公约》的积极作用，从而构建海洋和谐的价值观念。为了提高学生的活动兴趣，课前应广泛收集有关方面的资料，包括文字、图片、视频等，还可以引导学生举行关于"海权"概念等方面的辩论会。

搜索下列相关的视频录像等资料，供学生课前观看。

（1）南海风云：激战西沙。

（2）越南在西沙冲撞中方公务船超1 200艘次。

（3）外交部发言人称我国对西沙群岛拥有主权。

指导学生在观看上述视频资料的基础上，思考如下有关问题：

① "海权"理论的由来是什么？

② 你认为怎样界定"海权"的概念比较合适？

③ 中国为什么对西沙群岛拥有无可争议的主权？

④ 西沙海战有何重要的意义？

⑤ 如何利用《联合国海洋法公约》维护我国的海洋主权？

⑥ 发展海上武装力量与我国一贯坚持的和平外交政策有何相关性？

3.研究教法，为调动学生探究参与度，最大限度地发挥学生的主体性做好准备。

本课题探究活动将理性知识和感性知识相结合，既有关于"海权"内涵的理解，又有"西沙海战"意义的理解，还有对如何解决主权之争的现实问题的探究。可以说既能激发学生学习的兴趣，又能培养他们的理性思维以及爱国主义情感。所以对教师而言，课前的备课、教学过程的设计、课上对授课过程，特别是时间分配等问题的掌控，课后对学生探究活动延续的指导，都有较高的要求。

为了增加"案例回放"的冲击力，准备激战西沙的视频；同时结合当今热点，播放外交部公布的"越南在西沙冲撞中方公务船超1 200艘次"的相关视频；为了提高学生学习的兴趣和自主学习的能力，可以引导学生就关于"海权"概念的界定和"海洋战争是解决主权之争的唯一方式吗"举行辩论会，还可举行"和谐海洋"的朗诵比赛；为了保证学生学习的效率，增加课堂活动的趣味性，提前设计三个探究活动采用的组织形式，最好能交替使用不同的方法，方便学生思维的转换和兴趣度的保持。就本课题研究而言，可以准备个体或者小组合作探究、辩论会、师生交流讨论、朗诵比赛等备选组织形式，准备目标导学式、任务驱动式等学习模式，最终教师可以根据探究内容的难易程度、可操作性、学生的认知水平等灵活选择。

（二）学生准备

1.通过访谈，对"海权"、海洋战争、海洋权益维护、《联合国海洋法公约》等知识有一定的了解和认识。

2.做好教师提前安排的在课堂上难以完成的内容。比如，提前观看教师提供的视频，了解西沙海战的意义；通过网络查询、请教老师、同学讨论等方式，理解有关

"海权"的概念；了解阿尔费雷德·塞耶·马汉及其观点；知道《联合国海洋法公约》的内容和作用；明确我国防御性国防政策，坚持"和平、发展、合作"开发利用海洋的道路。掌握相关知识，为课堂上探究讨论、分组探究活动、小组辩论、朗诵比赛等准备素材、论据和观点。

3. 条件允许的学校可以在课前以小组为单位采访相关历史学家、军事家、外交家或者相关学科专家，获取海洋战争和维权新路相关的文字、视频、史学观点和史学资料等。

活动内容分析

第一部分，情境创设。

"案例回放"生动介绍了"西沙海战"和"马岛海战"的史实，从中外两个方面，引导学生认识，无论是哪个国家，只要是涉及主权都要坚决捍卫。其中的西沙海战，正好与当今热点问题相关，容易激发学生学习的兴趣。

"导引"用简洁的语言引出第二次世界大战之后的海上战争，大多由争夺海岛引发，引导学生理性看待当今世界的海洋战争，思考如何才能更好地维护国家海洋和国家权益。

第二部分，主体活动。

本主题活动分为3个板块。

板块1：了解"海权"概念的由来，正确认识"海权"概念和历史局限，认识我国发展以海上军事力量为中心的国防力量以坚定保卫国家的主权完整和海洋权益不受侵犯的重大意义。

本板块活动主要是通过教材"探究1 什么是'海权'"中的"交流·分享"和"活动·研讨"来体现的。

教材首先指出"海权"的概念最早是由修昔底德提出来的，但是将这个概念推广并理论化的是马汉，然后对马汉的"海权"概念从狭义和广义两个角度进行了阐释。在此基础上结合学生课前所做的探究，引导他们分小组讨论，交流对"海权"的认识，分享关于对"海权"的理解。

由于学生一般难以上升到理论高度，教师可以引导学生利用教材第104页"信息长廊"，根据国际海洋法介绍海洋权利和海洋利益的重要内涵，深入理解"海权"内涵，然后采取辩论的形式，阐释不同国家的"海权"观，以完成"活动·研讨"栏目。学生通过前面的活动，在准备辩论的同时，可以进一步加深对"海权"内涵的理解，同时坚定了维护国家主权和海洋权益的信心和决心。

板块2：知道南越当局20世纪50~70年代对我国西沙群岛的种种罪行，阐释我国对西沙群岛拥有无可争辩的主权；通过了解西沙海战的意义，明确了我国维护海洋主权的决心。

本板块活动主要通过教材"探究2 为什么说西沙海战是我国维护南海主权的一个重要行动"中的"联想·分析"和"交流·分享"来体现。

教材首先介绍了南越当局在20世纪50~70年代触犯我国西沙群岛国家主权和海洋权益的表现，激发学生的爱国心，增强海洋意识。

由于有的学生对西沙群岛事件的来龙去脉不很熟悉，而"信息长廊"关于我国对西沙群岛拥有无可争辩的主权的阐释，恰好弥补了学生这部分知识的"短板"，所以建议在该栏目的引领下，教师指导学生在课前再查找相关资料，能够更全面地理解这两方面的知识，课堂进行讨论，加深对这部分知识的理解。

在此基础上，结合课前教师提供的"外交部发言人称我国对西沙群岛拥有主权"视频，完成"联想·分析"栏目，分析说明中国政府对南越侵占西沙群岛的行为采取坚决态度的原因。

"交流·分享"让学生结合历史上西方海洋强国争夺海上霸权的史实和当今社会和世界海洋形势，分析西方推崇的"海权"与之关系。分析这一问题时教师要注意引导学生多角度，采取比较的方法，全面看待二者的关系。通过分析使学生认识到当今社会，尽管和平与发展是时代的主题，海洋形势总体趋于和平，但也面临严峻挑战。正是因为海洋对于国家安全的重要作用越来越突出，激烈争夺海洋资源导致对海洋权益的强化，所以西方国家推崇"海权"。通过此栏目可以引出探究3的问题：海洋战争是解决主权之争的唯一方式吗？

板块3：通过研讨武力是否是解决主权之争的唯一方式，认识到中国会始终坚持"和平、发展、合作"开发利用海洋的道路，为推动全人类的和谐海洋事业不断努力。

本板块活动主要通过教材"探究3 海洋战争是解决主权之争的唯一方式吗"中的"活动·研讨"和"交流·分享"来体现。

"活动·研讨"谈谈对人类用武力解决世界争端的见解。这个栏目可以运用辩论的方式进行处理，通过小组分工合作、辩论的形式，培养学生自主查找资料分析、归纳概括的能力以及合作学习的能力；也可以由教师提前布置学生查阅相关资料，撰写相关的历史小论文，在课堂上进行展示，从而认识解决世界争端的正确方式。

引导学生阅读学习教材介绍的联合国在解决国际海洋争端方面所做的努力，使他们从理论上进一步认识到武力并不是解决主权之争的唯一方式。

"交流·分享"栏目的问题是对学生学习本课内容后的实际运用能力的考察，建议学生分组讨论，相互交流，通过思想的碰撞，分享相互的观点。教师要注意进行适当的点拨，既要防止学生离题太远，又要防止他们思维狭窄，还要帮助他们形成正确的认识：中国始终会坚持"和平、发展、合作"开发利用海洋的道路，为推动全人类的和谐海洋事业不断努力；海洋和谐是世界各国人民共同的价值观和美好追求，构建和谐海洋，离不开世界各国的共同参与。

第三部分，拓展活动。

"蓝色行动"栏目通过正反两方面事例，可以组织学生进行讨论，然后以"和谐海洋"为题，举办一次朗诵比赛。

"后续研究"是一个开放性的栏目，使用时教师主要起引导的作用，引导学生在一定的范围内自主选择，研究课题和方案都可以自主选择和确定，呈现方式也可多种多样。对于学生选择的研究方向和课题，教师予以一定的把关，对难以完成、脱离教学实际的，要进行一定的调整。

"时代寄语"栏目是本课题研究的小结，更是主旨的升华。通过三个探究活动的进行和铺垫，使学生明确海洋和谐是人类的美好追求，离不开各国人民的共同参与。中国会始终坚持"和平、发展、合作"开发利用海洋的道路，维护国家权益，构建全人类的和平、合作、和谐的海洋。

探究参考

探究1 **"交流·分享"：对此，你有何看法？分小组交流研讨。**

我的看法："海权"是由美国海军战略家马汉创立的。他认为，海洋对濒海国家的生存与发展有决定性的意义，而要拥有"海权"，就必须发展强大的海上军事力量。我认为所谓的"海权"就是利用强大的海上力量来达到拥有对海洋的控制权和利用权，这种权力的范围涉及军事、政治、经济等多个领域。它不仅仅是简单的控制问题，更重要的是用海洋来开拓一个新的舞台，利用海洋通道实施侵略、扩张殖民地。

"活动·研讨"：通过上网搜索等方式查找资料，了解一些国家的海权观，并谈谈自己的认识。

我的认识：历史证明，西方的海洋强国是以马汉的"海权论"为理论基础，以发展海上武装力量为中心，取得制海权，从而控制海洋和世界，为海上争霸和殖民扩张的体现。这与当今世界海洋形势和构建和谐海洋是不协调的。在和平发展的背景下，我国以创建"和谐海洋"为愿景，坚持和平走向海洋、平衡发展、不谋求海洋霸权，建设"强而不霸"的新型海洋强国。

探究2 **"联想·分析"：结合有关材料分析说明，中国政府对南越侵占西沙群岛**

的行为为何要采取如此坚决的态度？

我的分析：西沙群岛地理位置重要，资源丰富，在政治、经济和军事上，都占有极其重要的地位。西沙群岛是中国人最早发现、开发和经营的。早在汉武帝时，便发现了西沙群岛，开始在这里开发经营。宋代时，开始行使行政管辖权。明代时，对西沙群岛的一些岛屿命名。第二次世界大战后，我国将曾被日本所占的西沙群岛的主权收回并派军进驻西沙群岛，中国人民从来就没有放弃过对西沙的主权。新中国成立后，我国政府多次发表庄严声明，西沙群岛是中国领土不可分割的一部分。这一事实和立场，得到包括越南民主共和国在内的世界各国和国际组织的承认。所以面对南越侵占西沙群岛的行为，我国政府采取坚决的态度自卫还击。

"交流·分享"：分小组交流研讨，西方社会推崇的"海权"与当今社会和世界海洋形势有何关系？

我的看法：纵观历史上大国（如葡萄牙、西班牙、荷兰、英国和美国等）的崛起，可以说都与侵略扩张相关。当今社会，殖民体系已彻底瓦解，西方海权论已失去社会基础。和平与发展已成为时代的主题，海洋形势总体趋于和平，但也面临严峻挑战。海洋对于国家安全的重要作用越来越突出，激烈争夺海洋资源导致对海洋权益的强化，国际政治的结构在进入21世纪以后发生了深刻的变化，因争夺资源和战略通道而导致的冲突越来越转向海洋，所以西方国家仍有人在推崇"海权"。

探究3 **"活动·研讨"**：通过上网搜索等方式查阅资料并与同学交流对人类利用武力解决海洋争端的见解。

我的见解：人类历史上一些国家利用武力方式解决海洋争端，实际就是为了利益的争夺，但是并不能从根本上解决争端问题，应该在遵循联合国颁布的相关国际法（如《联合国海洋法公约》等）的基础上，和平解决海洋争端，共同维护海洋秩序，构建和谐海洋。

"交流·分享"：我国该如何有效地维护国家主权和海洋权益？发展建设海上武装力量与我国一贯坚持的和平外交政策有何相关性？

我的看法：要加强海洋意识，全面实施海洋防卫战略，坚持和平协商的方针，运用海洋法律法规等手段解决国际海洋争议，制定全方位、高效益、可持续的开发利用海洋资源的海洋经济战略。中国发展海上武装力量，建设海洋强国，并不与和平外交政策相矛盾，是在保卫我国主权和海洋权益完整的同时，维护地区和世界和平，推动全人类的和谐海洋事业。

活动重点

为达成"增强海洋意识、加强海防、维护国家权益的意识""海洋权益事关国家主权、安全、发展利益，要不断提高海洋维权能力，坚决维护国家海洋权益""构建海洋和谐的价值观念"等海洋意识教育目标，应探究"海权"的内涵，分析西沙海战的意义，以及解决主权之争的途径，所以理解我国的维权新路、西沙海战的意义与中国的维权新路是本课题的研究重点。

活动内容划分与课时安排

本课题研究包含三个探究活动，建议分为三个课时完成。

第一课时完成"案例回放"与探究1；第二课时完成探究2；第三课时完成探究3。

建议将"蓝色行动"栏目"和谐海洋"朗诵会作为一次主题班会进行。

活动设计案例

活动环节	师生活动	设计意图
活动导入	播放关于"西沙海战"以及"越南在西沙冲撞中方公务船超1 200艘次"的视频。 教师：西沙群岛自古就是中国的一部分，我国拥有无可争议的主权，为什么越南一再挑衅？我们应该如何有效维护国家主权和海洋权益？是不是只有通过战争才能解决主权之争呢？带着这些问题引导学生开展活动	通过"西沙海战""马岛海战"的史实，引导学生认识，无论是哪个国家，只要是涉及主权和海洋权益，都要坚决捍卫
探究1 什么是"海权"（小组合作）	1. "海权"概念以及理论的由来探究。 结合教材提供的"海权"狭义和广义的阐释，初步了解马汉的观点。 由于"海权"的理论性较强，教师可以事先准备一些史实材料，提前发给学生，特别是西方国家对马汉"海权"论的实践，帮助学生从感性和理性两个角度理解马汉的"海权"论。学生根据教师的指导课前分组查找资料，课上分组合作讨论 2. 教材第103页"交流·分享"栏目，以小组合作讨论的方式进行，这部分内容对学生来说比较生疏，教师可以引导学生利用教材第104页"信息长廊"的内容，全面而准确地理解"海权"的内涵。然后再采取辩论的形式，阐释不同国家的"海权"观，完成教材第104页"活动·研讨"栏目	通过阅读史料，能够准确概括出马汉的"海权"论，知道西方对此理论的实践；通过对"海权"概念以及理论来源的学习，正确认识"海权"的内涵；认识我国发展以海上军事力量为中心的国防力量以坚定保卫国家的主权完整和海洋权益不受侵犯的重大意义。 本活动的设置，侧重学生交流合作学习，以及综合概括和语言表达能力的培养；对在小组中合作性强、动手能力、语言表达能力强的学生要予以关注，但是对于缺乏合作精神、语言表达能力等方面表现较弱的学生，更应该关注，不能将其边缘化，要注意其在每次活动中的进步，并予以及时的肯定和鼓励

续表

活动环节	师生活动	设计意图
探究2　为什么说西沙海战是我国维护南海主权的一个重要行动（小组合作探究）	1. 西沙海战。学生根据课前预习介绍西沙海战的经过和意义，教师引导学生提炼教材第105页"信息长廊"中提供的信息，观看"外交部发言人称我国对西沙群岛拥有主权"的视频，独立思考和分析，完成教材第105页"联想·分析"栏目 2. 西方推崇的"海权"与当今社会和世界海洋形势的关系。 　　将全班分为4个组，分别代表西班牙、荷兰、英国、美国；教师可以在课前给学生提供相关的资料，布置一些具体的问题，引导学生搜集整理资料；课上每个小组阐述所代表的国家的"海权"观，在思辨中，学生进行思想碰撞，加深理解，完成教材第106页"交流·分享"栏目	通过对"西沙海战"的学习，明确我国对西沙群岛拥有无可争议的主权，海洋权益事关国家主权、安全、发展利益，要不断提高海洋维权能力，坚决维护国家主权和海洋权益。要注重学生在维护国家主权和海洋权益等海洋意识的培养。 　　培养学生学习的能力，主要侧重学生对历史资料的搜集和整理以及小组合作学习的能力
探究3　海洋战争是解决主权之争的唯一方式吗（小组合作探究）	1. 历史上解决主权之争的方式。 　　根据学生课前搜集整理的材料，课上进行展示，历史上有哪些解决主权之争的方式。结合教材第107页"活动·研讨"栏目，开展小型的辩论赛，将全班随机分成正方和反方，辩题就是"战争是解决主权之争的唯一方式吗" 2. 和平发展，构建和谐海洋。 　　教师通过对上一环节的总结，加深学生通过辩论得到的认识：和平发展，构建和谐海洋。 　　学生展示课前查到的《联合国海洋法公约》的内容以及在国际争端中发挥作用的相关史实，通过史实加深了对"和平使用海洋""用和平方法解决争端"理念的理解。 　　教师要引导学生关注当今和平发展、构建和谐海洋面临的问题，特别是我国的海上安全仍然受到很大的威胁，小组讨论解决教材第107页"交流·分享"中的问题	通过探究，引导学生认识武力并不是解决海洋争端的唯一方式。当今世界，和平与发展是时代的主题，联合国颁布了《联合国海洋法公约》等一些有效合理的国际法减缓了国际海洋争端，认识到走和平发展道路、构建和谐海洋的必要性。 　　此处是本探究的升华，对学生的能力要求较高。教师评价时要注意学生的水平不同，表现差异较大，但关注的要点不是学生们知识掌握的水平而是注意思维的培养和海洋意识的培养
小结	教师引导学生，构建历史论文的主要观点，确定其中一个或多个观点为主题，从而成文： （1）"海权"之我见； （2）海权与大国崛起的关系； （3）解决西沙群岛问题需要战争吗； （4）西方"海权"观对我国有哪些启示	通过学生自主完成历史论文的形式进行小结，从而构建海洋和谐的价值观念。引导学生构建历史论文的主要观点，不要求一致，只要言之有理，有可探究的可行性即可，对有价值的、新颖的观点给予肯定，鼓励学生的创新思维

续表

活动环节	师生活动	设计意图
"蓝色行动"以"和谐海洋"为题，举办一次朗诵比赛，建议组织主题班会	1. 教师课前可以和班主任联系，联合设计一次以"和谐海洋"为题的主题班会，以朗诵比赛的形式为主 2. 小组划分。按照班级人数，一般分为6~8组，每个小组参加比赛的人数不限，可以个人也可群体参加，体裁不限，但是内容必须围绕"和谐海洋"的主题 3. 学生要按照教师的要求，充分做好汇报展示的准备。整个准备工作要按照教师的要求进行，可以有所拓展、延伸，但是不能脱离主题 4. 教师要和班主任一起在课前落实好程序，控制好时间和班会的进程，为增加趣味性，寓教于乐，可以设计一些活动或者排演历史剧 5. 活动重点： ① 活动前要设计好班会的流程，特别是朗诵比赛的规则与实施细则； ② 邀请好教师和学生评委； ③ 学生的选材要切合班会的主题，突出主题 6. 课时安排。一课时 7. 活动（或研究）过程。课前提前一周布置准备工作，颁布朗诵比赛的规则与实施细则，邀请教师和学生评委。展示会用时35~40分钟，进行6~8组的展示。学生按照课前抽签决定的出场次序进行朗诵比赛。主题班会由学生主持，老师在课前做一定的指导，课上不要干涉，最后可以做适当的点评和总结发言（时间大约5分钟）	引导学生认识"中华民族拥有源远流长、辉煌灿烂的海洋文化和勇于探索、崇尚和谐的海洋精神，每个人都应当有建设海洋强国的自豪感和责任感"

活动资源拓展

（一）第一次鸦片战争对我国的海上军事力量产生的影响

由于第一次鸦片战争的作战区全部在沿海、沿江一带，所以中英两国的海军实力是决定本次战争胜负的重要指标。在整个战争期间，由于双方军事装备悬殊，因此清朝水军自始至终都没有能力组织一场真正意义上的海上决战。只有在战争爆发前后在沿海海域开展了九龙洋海战、穿鼻洋海战、关闸海战、矾石洋海战和第一次定海之战等小规模的海战，在沿海一带陆续进行海上袭扰战和岛岸防御战。虽然清朝水军在广东海域也取得过局部胜利，但是也很难扭转战争大局。1842年8月，英国军舰陆续到达南京下关江面，清政府无心应战，第一次鸦片战争告终。

道光二十二年（1842年），清政府代表在停泊于南京下关江面的英军"皋华丽"号上与英国签署了中国近代史上第一个因与外国战败而割让土地和开放通商的不平等条约——《南京条约》。《南京条约》的签署不仅严重侵犯了我国的主权和领土完整，而且侵犯了我国的海权。

《南京条约》，又称《江宁条约》，主要内容是：① 清英两国停战并缔结永久和平及对等关系；② 大清帝国开放沿海的广州、福州、厦门、宁波、上海五处港口，进行贸易通商；③ 大清帝国将香港岛永久割让给英国治理；④ 大清帝国向英国共赔偿2 100万银元；⑤ 清英两国各自释放对方军民；⑥ 英军撤出南京、定海等处江面和岛屿；⑦ 两国共同订立进出口关税。此外，英国商人在通商各口"应纳进口、出口货税、饷费，均宜秉公议定则例"，从而开创了协定关税之先例。废除"公行"制度，规定以后"凡有英商等赴各该口岸贸易者，勿论与何商交易，均听其便"。

（二）南沙海战

南沙海战，又称赤瓜礁海战，是继西沙海战之后中越两国海军的第二次交锋。这场发生在我国南沙群岛附近海域的小规模海战爆发于1988年3月14日，仅仅持续了28分钟，便以我军的胜利而告终。

南沙群岛，北起雄南滩，南至曾母暗沙，东起海马滩，西至万安滩，海域面积达24.4万平方海里。这里地处太平洋和印度洋的咽喉地带，是扼守两大洋的重要交通要道。这里物产丰富，蕴藏着数量可观的石油、天然气、矿产和渔业资源等。因而，无论是在交通、军事方面，还是在经济、资源方面，南沙群岛都有着十分重要的战略意义。南沙群岛，自古以来就是我国的领土。早在汉代，我国人民就已经发现南沙群岛了。在唐代之后，历代政府更是对南沙诸岛实施了行政管辖。

自1956年以后，越方不断地侵扰我国南沙群岛。1960~1967年，南越曾多次派兵入侵我国的双子礁、南钥岛等15个岛礁，并摧毁了岛上原有的中国主权碑和建筑物等。1973~1988年，南越又非法占领我国的鸿麻岛、南子岛、南威岛、柏礁、西礁、大珍礁等岛礁。面对越方的侵占野心，我国政府多次发表声明，斥责越方的不法行为。

1988年1月，中国海军根据联合国教科文组织要求在南沙群岛海域的永暑礁上修建海洋观测站，但遭到了越方政府的无理反对与阻挠。3月14日，越南海军率先在赤瓜礁挑起武装冲突。面对敌人的挑衅，正在巡航的我国海军502号、531号、556号三艘护卫舰立即迎战。最终击沉越军604号运输船，重创505号登陆舰和605号运输船，毙伤越军60余人，俘获40多人。战争结束，我国海军本着人道主义的精神，不仅允许越南船只悬挂红十字旗帜前来营救落水人员，而且派我方海军协助一起营救和打捞。

南沙海战有着重要的历史意义，不仅使我国收复、巩固了永暑礁、东门礁、渚碧礁、华阳礁、南薰礁、赤瓜礁共6个岛礁，沉重地打击了入侵者；而且向世界彰显了我国自卫反击保护领土的决心。

（三）郑成功收复台湾

在我国历史上，曾经发生过无数次的战争。其中，最成功的反侵略海战当数郑成功收复台湾的战争。1624年，荷兰殖民者侵占了我国台湾。时隔37年后，郑成功亲率2.5万名兵将，从金门出发，越过台湾海峡，直取台湾。

荷兰侵略军在得到郑成功收复台湾的消息之后，将军队集中部署在我国台湾（今台湾东平）、赤嵌（今台南）两座城堡处，以期阻挡郑成功的军队登岸。

然而，郑成功却巧妙地率军将船队驶进了鹿耳门内海，使得军队主力在禾寮港登陆。在交战过程中，荷兰侵略军试图以大型战舰"赫克托"号进攻郑军，但是在郑成功的指挥下，这艘战舰被郑军的60多艘战船团团围住，并在火药的轰炸下渐渐沉没。此后，遭到重创的荷兰侵略军一方面派使者向郑军求和，另一方面偷偷地请求援兵。

由于荷兰侵略者执意不撤出台湾，郑成功便下令猛攻赤嵌，并成功地切断了荷兰军的水源。之后，荷兰军队向郑军投降。另外，盘踞台湾城的侵略军仍负隅顽抗，但最终投降。1662年，侵略军头目被迫到郑成功大营，在投降书上签字。

至此，郑成功从荷兰侵略者手里收复了沦陷38年之久的中国神圣领土台湾。这场海战，不仅是中华民族反对外来侵略的成功尝试，而且维护了中华民族的利益，捍卫了我国主权和领土的完整。

14 建设强大的海军

海洋意识教育目标

1. 通过对人民海军建设的原因的探究活动，引导学生回顾中国近代历史的惨痛教训，分析当前海洋问题斗争的严峻复杂形势，认识中国建设一支强大的人民海军的必要性和重要性，增强"海洋权益事关国家主权、安全、发展利益，要不断提高海洋维权能力，坚决维护国家海洋权益""海军是保卫国家领海主权、维护海洋权益的主要军事力量"的海洋意识。

2. 通过对中国人民解放军海军的发展历程的探究活动，引导学生了解人民海军的建立和艰难发展历程，了解人民海军建设的新成就，增强民族自豪感和自信心，树立"人民海军只有有效维护国家的主权和海洋权益，才能为当前和未来我国经济的持续高速发展提供强有力的后盾和支撑"等海洋意识。

3. 通过对人民海军在保卫国家政权和领土完整、维护地区和世界和平方面作出的贡献的探究活动，引导学生增强"人民海军不仅保卫我国领海主权和海洋权益不受侵犯，还勇担维护地区和世界和平的重任"等海洋意识。

活动准备

（一）教师准备

1. 作好"学情"调查。通过问卷调查的形式了解学生对于建设强大的海军的原因、历程、意义等熟悉程度情况。通过"问卷星"设计网上问卷调查——建设强大的海军。

第1题　你知道中国历史上哪些有关海洋的战争？［多选题］

选项	小计	比例（%）
鸦片战争		
第二次鸦片战争		
中法甲申战争		
中日甲午战争		
西沙海战		
本题有效填写人次		

第2题　你认为下列哪些兵种属于中国人民解放军海军主体部队？［多选题］

选项	小计	比例（%）
水面舰艇部队		
潜艇部队		
海军航空兵		
海军陆战队		
本题有效填写人次		

第3题　你知道中国人民解放军海军的主要任务吗？［单选题］

选项	小计	比例（%）
知道		
不知道		
本题有效填写人次		

第4题　你认为战争失利与海上防御力量有关系吗？［单选题］

选项	小计	比例（%）
有		
没有		
本题有效填写人次		

第5题　你知道中国人民解放军海军的建立时间吗？［单选题］

选项	小计	比例（%）
知道		
不知道		
本题有效填写人次		

第6题 你了解中国人民解放军海军发展新时期的表现吗？［多选题］

选项	小计	比例（%）
武器装备新发展		
后勤保障现代化		
科研成果大量应用于装备建设		
本题有效填写人次		

第7题 中国是否有航空母舰？［单选题］

选项	小计	比例（%）
有		
没有		
本题有效填写人次		

第8题 下列哪些行动属于中国人民解放军海军参与的？［单选题］

选项	小计	比例（%）
亚丁湾护航		
索马里护航		
搜寻失联马航		
参加巴基斯坦"和平-09"联合军演		
本题有效填写人次		

2. 仔细分析教材，了解"教情"。教材由"案例回放"和三个探究活动组成，主要探究了中国人民解放军海军成立的原因、发展历程以及在保卫国家主权和领土完整、维护地区、世界和平等方面的贡献。这部分内容涉及军事内容，教师要注意调动学生的主动性和积极性，充分发挥他们的主体作用，引导他们搜集整理资料包括文字、图片、视频等，加深对中国人民解放军海军的了解。

搜索下列相关的视频资料，供学生课前观看。

（1）乘风破浪，海军60周年——中国海军实力集中展示。

（2）中国海军护航编队亚丁湾护航亮点回顾。

（3）中国海军舰艇远海训练经历回顾。

指导学生在观看上述视频资料的基础上，思考如下问题：

① 通过中国近代史上的几次中外海上交锋，思考战争失利和海上防御力量之间的关系。

② 建设一支强大的人民海军的原因。

③ 中国人民解放军海军的发展历程。

④ 中国人民解放军海军在保卫国家主权和领土完整、维护地区、世界和平等方面作出的贡献。

3. 研究教法，为调动学生探究参与度，最大限度地发挥学生的主体性做好准备。

教师在课前一定要下功夫吃透教材、明确目标、突出重点、备透学生，更要在课前对探究教学组织有一个完整的程序设计。为了增加"案例回放"的冲击力，准备"乘风破浪，海军60周年——中国海军实力集中展示"的视频；同时结合当今热点，播放央视的"中国海军护航编队亚丁湾护航亮点回顾""中国海军舰艇远海训练经历回顾"的相关视频；为了提高学生学习的兴趣和自主学习的能力，可以引导学生小组合作探究中国海军发展的历程以及中国人民解放军海军兵种，课堂上小组展示，充分发挥学生的主体作用。

本课题研究大的探究活动有三个，但小的探究点有很多。根据海洋意识教育目标的要求和教学课时安排，这些探究活动的难易、用时长短、组织形式、课上还是课下，都需要在备课时有充分的准备。本课题研究中"相关链接"出现一次，"信息长廊"出现三次，所呈现的内容都是高度概括、语言精练、知识清晰、理论性强的内容，所以教师要充分利用这四部分内容，引导学生多角度、全方位地了解中国人民解放军海军的概况。"活动·研讨"栏目一共出现两次，加上教材第111页的"交流·分享"，建议这三个栏目在本课题研究中以学生小组合作学习、课堂展示的形式为主。因为无论是中国人民解放军海军建军史还是人民海军的历史责任，文字资料、图片资料、视频资料比比皆是，学生很感兴趣，搜集整理资料的渠道又很多，在合作学习的过程中，可以培养搜集整理材料、归纳概括、表述成文、语言表达和合作学习的能力。教师在学生准备的过程中，要适当进行指导，防止学生的探究漫无边际、抓不住重点。

（二）学生准备

1. 完成教师课前的调查问卷表，对中国人民解放军海军发展的原因、历程、贡献有一定的了解和认识。

2. 做好教师提前安排的在课堂上难以完成的内容，如上网查询中国人民解放军海军的发展原因、历程、主要兵种、贡献等相关资料，观看有关的视频材料等，以便课堂上探究讨论。上网搜集有关人民海军的相关资料、新闻、图片、专家评论、史学研究等，为课堂展示、分组探究活动、小组辩论以及课下宣传壁报等准备素材、论据和观点。

3. 条件允许的学校可以在课前以小组为单位采访相关历史学家或者军事专家等获取文字、视频、史学观点、史学资料等，了解中国人民解放军海军的知识。

活动内容分析

第一部分，情境创设。

"案例回放"介绍了人民海军成立60周年海上阅兵的情况，目的在于培养学生的民族自豪感和自信心，激发他们了解人民海军的欲望。

"导引"起开宗明义的作用，明确建立一支强大的海军是建设现代化国家的必然要求，是实现中华民族伟大复兴中国梦的必然选择，是中华民族的百年夙愿。

第二部分，主体活动。

本主题活动分为三个板块。

板块1：了解中国人民解放军海军的地位和主要任务，结合中国近代历史经验教训认识中国建设一支强大的人民海军的原因，增强"海军是保卫国家领海主权、维护海洋权益的主要军事力量"的海洋意识。

本板块活动主要通过教材"探究1　为什么要建设一支强大的人民海军"中的"联想·分析"和"交流·分享"来体现。

为引导学生了解中国人民解放军海军的概况，教材首先介绍了中国人民解放军海军在中国人民解放军中的地位和主要任务，使学生对中国人民解放军海军有总体上的了解。

"联想·分析"主要通过中国近代史上几次海上交锋的失败，指导学生利用所学的历史知识论证，从历史的角度分析中国建设强大的人民海军的必要性。

"相关链接"节选了"国防白皮书：中国武装力量的多样化运用"，从国家政策的层面，拓宽学生的视野，引导他们认识人民海军力量的多样化作用，起到高屋建瓴的作用。

在此基础上完成"交流·分享"栏目，主要引导学生思考分析当前海洋现实斗争的严峻复杂形势下，人民海军要承担的保卫国家领海主权和海洋权益等神圣职责。通过小组合作学习，经过全面的搜集案例，请教教师和专家、到图书馆和网络查资料等，引导学生形成自己独特的认识。在交流分享过程中，培养学生的合作互助精神和小组之间的竞争意识，进一步认识我国建设一支强大的人民海军的必要性和重要性，增强海防意识、海洋权益等意识。

板块2：了解中国人民解放军海军在不同发展阶段的史实，探究人民海军的发展历程。

本板块活动主要通过教材"探究2　中国人民解放军海军经历了怎样的发展历程"中的"活动·研讨"来体现的。

教材首先介绍了老一辈革命家对人民海军的关注，历经几代人的努力人民海军不断发展壮大，然后通过"信息长廊"和教材正文分别介绍了中国人民解放军海军发展的新时期和现代化海军武器准备的概况，使学生较为全面地了解中国人民解放军海军的发展历程。

由于学生对本板块内容很感兴趣，而且相关资料很多，获取资料的渠道较多，所以要充分发挥学生学习的主动性和主体作用，可以结合"活动·研讨"栏目，通过介绍江苏泰州白马庙人民海军诞生地纪念馆的馆区，提前给学生布置小组合作探究任务，引导他们从"近代沧桑""白马建军""威震海疆""发展壮大""鱼水情深"这五部分着手，分成五个小组，课前合作探究，通过多种渠道搜集整理资料，教师在此过程中可以给予指导，但不能包办代替，课堂上各小组进行合作成果展示，从而深刻了解中国人民解放军海军的建军史。

板块3：了解中国人民解放军海军的兵种组成，探究人民海军在保卫国家主权和领土完整、维护地区和世界和平方面的贡献。

本板块活动主要是通过教材"探究3　人民海军在保卫国家主权和领土完整、维护地区和世界和平方面作出了哪些贡献"中的"活动·研讨"来体现的。

本板块出现了两次"信息长廊"，这两次"信息长廊"对学生探究人民海军在保卫国家主权和领土完整、维护地区和世界和平方面作出的贡献方面，都有着重要的作用。教材第113页的"信息长廊"介绍了中国人民海军兵种，通过对不同兵种概念和任务的介绍，引导学生了解人民海军的贡献，即除了捍卫国家领海主权和海洋权益不受侵犯外，还勇担维护地区和世界和平的重任。

　　而教材第115页的"信息长廊"在介绍人民海军在防止杀伤性武器扩散、海陆空通道安全防卫、反恐怖、联合搜救和人道主义救援等领域，经常与外国海军进行军事演习和演练的基础上，介绍了中国人民海军舰艇编队访问澳大利亚悉尼港、保加利亚瓦尔纳港和美国夏威夷港的情况，使学生对于人民海军在保卫国家主权和领土完整、维护地区和世界和平方面作出的贡献有较为全面的了解和认识。

　　在此基础上开展"活动·研讨"活动，结合教师课前提供的"中国海军护航编队亚丁湾护航亮点回顾"，引导学生通过上网搜索、上图书馆查阅资料、请教军事专家等方式，以小组为单位，做一个"人民海军护航荣耀回顾"，课堂上展示成果，探讨我国参加护航的重要意义。强化"海洋是连通世界的纽带"，"要以更加开放的姿态走向海洋，积极参与国际合作，努力使广阔海洋成为和平之海、合作之海"的海洋意识。

　　第三部分，拓展活动。

　　"时代寄语"栏目是本课题的小结，更是某种意义上的升华。通过古今中国在海洋方面的意识和做法，引导学生认识到在新世纪新阶段建立强大的人民海军是中国人民解放军的历史使命，实现中华民族伟大复兴中国梦的必然选择。

　　"蓝色行动"通过查阅相关资料，引导学生选取自己最感兴趣的问题进行探究，可以是人民海军发展史，也可以是中国海军兵种之己见，还可以是人民海军高科技装备武器巡礼。总之，要调动学生的积极性和主动性，发挥他们的主体作用，在学习中渗透海洋意识、强化海洋意识。

　　"后续研究"栏目是一个开放性的栏目，让学生在一定的范围内自主选择，也可将"蓝色行动"中感兴趣但是没来得及探究的活动，进行后续研究。还可以将本课中的探究活动进一步深化。比如，"人民海军高科技装备武器巡礼"的探究，可以扩大为"中西方海军高科技装备武器巡礼"的探究，通过对比，引导学生进一步了解人民海军的优劣势，增强"建设海洋强国是建设现代化国家的必然要求，是实现中华民族伟大复兴中国梦的必然选择"等意识。

　　探究参考

　　探究1　"联想·分析"：联想中国近代历史上的几次中外海上交锋，认真思考：战争失利和海上防御力量之间有什么关系？

　　我的思考：纵观中国近代史上的几次海上交锋，战争失利与海上防御力量薄弱是有着必然联系的。明代后期以后，封建统治者采取"禁海"和"抑商"等逆世界发展潮流的政策，导致了中国在航海业及海防事业的衰落。最终在鸦片战争中，清政府不敌西方的坚船利炮，被迫签订了一系列丧权辱国的条约。在中日甲午战争中，北洋水师全军覆没，从而使中国丧失了东亚海军大国地位。

"交流·分享"：在中国经济深深融入经济全球化进程之后，海军除了保卫国家领海主权，还有哪些责任凸显出来？

我的看法： 人民海军作为国家海上军事力量的主体，不仅要维护国家主权不受侵犯，还要肩负起确保国家海上方向的发展利益、保障国家海洋发展战略顺利实施的战略使命。开展海上护航、应急救援等海外行动，成为人民海军维护国家利益和履行国际义务的重要方式。中国海军还有着维护地区安全和国际海上通道安全的责任，如与韩国、巴基斯坦、美国海军舰艇开展反海盗等联合演练等。

探究3 "活动·研讨"：思考我国海军参加护航的重要意义。

我的思考： 人民海军舰艇编队赴亚丁湾、索马里海域执行护航任务，是根据联合国安理会有关决议采取的行动，是我国履行国际义务、维护国际与地区和平安全的举措；是我国使用军事力量赴海外履行国际人道主义义务；是我国海军在远海保护重要国际运输线安全；加强了中国海军远洋活动能力和军队实战能力，中国在维护国家利益与世界和平的道路上迈出了重要一步。

活动重点

为达成引导学生"认识海军在维护国家安全发展中的战略地位，从而提升海洋权益意识""建设海洋强国是建设现代化国家的必然要求，是实现中华民族伟大复兴中国梦的必然选择""海洋权益事关国家主权、安全、发展利益，要不断提高海洋维权能力，坚决维护国家海洋权益"等海洋意识教育目标，应突出探究分析中国人民解放军海军发展的原因、历程以及在保卫国家主权和领土完整、维护地区和世界和平方面作出的贡献。其中，中国人民解放军海军发展的原因和作出贡献是本课的研究重点。

活动内容划分与课时安排

本课题研究包含三个探究活动，建议分为三个课时。

第一课时完成"案例回放"与探究1；第二课时完成探究2和探究3；第三课时举行蓝色行动"海洋对国力发展的重要性"报告会（第三课时可根据课时情况进行合理取舍）。

活动设计案例

活动环节	师生活动	设计意图
活动导入	播放关于"人民海军成立60周年海上阅兵"的视频。 教师：这次多国海上阅兵活动，我国展示了全部是国产装备的25艘舰艇和31架飞机，这既是人民海军实力的展示，也是对人民海军精神面貌的检阅，向全世界传达了我们愿与世界各国海军进行交流与合作的信息。那么人民海军是如何发展起来的，又经历了怎样的发展历程？为维护国家利益作出了哪些贡献？引导学生带着这些问题开展活动	案例回放"人民海军成立60周年海上阅兵"，激发学生的民族自豪感和自信心，吸引学生注意力，激起他们的学习兴趣
探究1 为什么要建设一支强大的海军（小组合作探究）	1. 建设强大的人民海军的历史原因。 结合教材第110页"联想·分析"，教师提前提供相关资料，课上组织学生思考讨论战争失利与海上防御力量之间的关系，使学生从历史角度认识到建设强大海军的必要性和重要性 2. 建设强大的人民海军的现实原因。 结合教材第111页"相关链接"栏目"国防白皮书：中国武装力量的多样化运用（摘录）"，了解人民海军在维护海洋利益方面的责任，完成教材第111页"交流·分享"，引导学生从现实角度认识建设强大海军的重要性	通过阅读历史资料，有效提取历史信息；分析概括知识，得出理性认知，能够以史为鉴。 从中国历史经验的总结和当前海洋现实斗争的严峻复杂形势两个角度分析中国建设一支强大的人民海军的必要性。 通过对中国武装力量的多样化运用的理解，全面分析概括历史信息；通过交流分享，提高学生的实践能力和合作学习的能力
探究2 中国人民解放军海军经历了怎样的发展历程（小组合作探究）	1. 结合新中国成立初期老一辈革命家对人民海军建设的关注和教材第112页"信息长廊"的介绍，引导学生了解人民海军发展的不同阶段 2. 教师课前给学生提供一些资料，将学生分成5个小组，通过抽签，分别探究中国海军发展的5个阶段。小组课下可以通过多种渠道和方式探究，并形成合作学习成果，学习成果的方式可以多种多样，课上进行展示	探究人民海军的发展历程，由学生按照提前布置的小组合作探究的任务，进行准备，课堂进行合作成果展示，从而认识到建设海洋强国是建设现代化国家的必然要求，是实现中华民族伟大复兴中国梦的必然选择。培养学生从辩证的角度看待中国海军发展的不同阶段，在新阶段注重情感态度价值观的培养，增强民族自豪感，进行爱国主义教育。 在课前准备阶段，注重培养学生的资料搜集整理和小组合作学习的能力，以及综合概括和文字表达能力；课上注重培养学生的语言表达能力和小组合作能力

续表

活动环节	师生活动	设计意图
探究3 人民海军在保卫国家主权和领土完整、维护地区和世界和平方面作出了哪些贡献	1. 阅读教材第113页"信息长廊"栏目"中国人民解放军海军兵种"。通过对海军不同兵种任务的理解，明确人民海军在保卫国家主权和领土完整方面的责任和贡献 2. 课前阅读教材第115页"信息长廊"中国海军出访概况，观看中国海军护航编队亚丁湾护航亮点回顾的视频，搜集相关资料，完成教材第114页"活动·研讨"栏目，了解人民海军在维护地区和世界和平方面的贡献，认识人民海军的战略地位	了解人民海军的兵种；了解人民海军的日益强大，不仅成为我国的海上钢铁长城，而且勇担重任，在维护世界和平的舞台上发挥着越来越重要的作用；认识人民海军在维护国家安全发展中的战略地位，从而提升海洋权益意识。 在肯定学生积极参与的基础上，引导学生尽可能多方面探究人民海军的责任和贡献。不强求答案的一致性，言之有理即可，注重学生多角度全方面探究知识的能力
小结	教师引导学生归纳总结本课题研究的主干知识结构： 建设强大的海军 1. 建设强大海军的原因： （1）历史原因； （2）现实原因 2. 中国人民海军的发展历程： (1)新中国成立初期的发展； (2)新时期的发展 3. 人民海军在保卫国家主权和领土完整以及维护地区和世界和平方面的贡献	帮助学生构建本课题研究的认知结构，引导学生深刻认识人民海军在维护国家安全发展中的战略地位，建设海洋强国是建设现代化国家的必然要求，是实现中华民族伟大复兴中国梦的必然选择

续表

活动环节	师生活动	设计意图
"蓝色行动"举行"人民海军发展史"研究成果展示会，课后将各组的研究性成果，办一期宣传壁报，或者将制作的微视频上传到博客或者学校网站上	1. 教师课前利用导引，建议学生从人民海军峥嵘岁月回顾、高科技装备武器巡礼、各兵种实力展现、中国百年海军之我见、中国海军舰艇远海训练经历回顾、中国海军护航回顾等角度进行分析归纳 2. 小组划分。按照班级人数，一般分为5~6组，如果时间不够，可以让每一个小组承担某一个侧面或方向的汇报 3. 按照教师的要求，学生课前查阅相关资料，做好充分的汇报展示准备。整个准备工作要按照预先制订的计划进行，但也不必一成不变，在合作学习的过程中可以适当调整有所拓展、延伸。学生通过自主收集资料，按照兴趣深入探究某一个方面，激发他们的创新精神和学习动力，发挥他们的想象力 4.活动重点： ①学生合作学习成果材料准备的翔实程度； ②活动成果中的观点要准确，材料要得当； ③展示会对学生海洋意识的渗透和增强力度； ④凸显我国海军发展的历程等 5.课时安排：一课时 6.活动（或研究）过程。课前提前一周布置报告会准备工作，保证质量。展示会用时35~40分钟，进行5~6组的展示报告。学生按照课前的准备就合作学习成果展示。展示会可以由学生策划、主持，教师就其内容和发言时间做好整体把握即可。课后可以将各组的研究性成果，办一期宣传壁报，或者制成微视频上传到博客或者学校网站上	引导学生深刻认识人民海军在维护国家安全发展中的战略地位，从而提升海洋权益意识

活动资源拓展

（一）人民海军的组建史

早在抗日战争之时，毛泽东同志就提出了创建人民海军的设想，并多次同刘少奇、朱德、周恩来等人商讨相关的筹备事宜。

1949年1月，在河北省西柏坡召开的中共中央政治局会议上，通过了"一九四九年及一九五〇年，我们应当争取组成一支能够使用的空军及一支保卫沿海沿江的海军"的决议。1949年2月之后，国民党海军发起了一连串的起义事件，起义的国民党海军官兵大多参加了人民海军的创建工作，这在很大程度上也加快了人民海军的诞生。

中共中央军委最终决定由华东军区负责人民海军的组建工作。1949年3月25日，华东军区司令员兼政委陈毅向张爱萍传达了中共中央和中央军委的决定：委任张爱萍具体负责组建海军。4月23日，张爱萍在江苏省泰州市白马庙乡宣布华东军区海军成立，华东军区陆续抽调了野战军直属教导师师部及政治部全套机构及该师1个团、师直步兵营、野司侦察营和苏北海防纵队共计4000余人组编成海军，由张爱萍担任司令员兼政委。

4月28日，800多名新编入的人民海军官兵在江阴要塞司令部礼堂集合。张爱萍宣布了华东海军领导机关建立和任命名单，并作了《为建设发展新中国人民海军而奋斗》的报告。

（二）人民海军的武器装备建设进程

对于海军现代化武器装备的建设问题，中央军委从一开始就予以高度的重视。

毛泽东同志曾在1953年指出："为了建设现代化的国防，我们陆军、空军和海军都必须有充分的机械化的装备和设备，这一切都离不开复杂的专门技术。"

在海军创建之初，海军司令员萧劲光曾经就海军舰艇装备建设的具体方针和改良途径的问题作出了明确的指示：为了建设海军的舰艇装备，必须发展国家的造船工业，建立完整的舰艇制造工业体系。在发展过程中，必须经过三个重要的步骤。第一步，要争取国外援助成套材料、设备和技术，在国内装配制造，建立造船的一定基础；第二步，消化、吸收国外技术，进行仿制，材料、设备逐步做到国内自给，达到半制造；第三步，立足国内，自行设计，使用国产材料、设备，完成海军第一代武器装备的研制。

综合海军装备发展历史，我们可以看出人民海军武器装备的建设自始至终地贯彻了"独立自主，立足国内""自力更生为主，争取外援为辅"的方针，坚持走自行研制的路子。回顾我国人民海军的武器装备的建设历程，从最初的创建时期到最终真正走上自行研制的路子，期间经历了十几年的时间，即一直到20世纪60年代之时，我国人民海军的武器装备建设才真正摆脱了对外在力量的依赖，完全实现独立自主。

（三）在现代战争中，海军的主要军事任务

海军是国家武装力量的重要组成部分之一，其活动的区域主要在海洋上。海军是一个由多兵种组成的军种，现代化的海军，不仅包括水面舰艇部队、潜水艇部队，而且包括海军航空兵、海军岸防部队、海军陆战队等。在现代战争中，海军能够发挥什么作用？其肩负的军事任务主要有哪些？

第一，在现代战争中，海军可以同陆军和空军一起保卫国家的领海、管辖海域和海岸，歼灭外来侵略者的飞机、军舰和登陆部队。

第二，海军在现代战争中可以协同空军一起掩护陆军部队渡海登陆作战，也可以利用军舰、飞机等战略装备袭击敌方的海岸和沿海军事基地，收复被敌军侵占的海岸和岛屿等。

第三，在现代战争中，海上交通运输线是否顺畅至关重要。因为战争中需要消耗大量的军事物资，而这些物资的运输多半是需要通过海上交通运输线输送的，所以海军都必须保持各方海上交通线路的顺畅，以保证军事物资的及时传送。

第四，随着中国的和平崛起，海外的经济发展利益日益增多，世界性海洋开发逐渐向大洋、深海延伸。为了维护国家的海洋权益，人民海军必然走向世界海洋，坚定维护国家在海洋里的发展利益，并为人类和平使用海洋作出贡献。

第五，中国是一个海洋大国、联合国安理会常任理事国，负有不可推卸的国际义务。海军是一个以世界海洋为活动舞台的国际军种，应联合国和国际组织的要求，参与国际维和行动；在国际反恐中，参与制止非传统的战争行为；按照《联合国海洋法公约》，参与国际海上救护行动，国际合作打击海盗活动、制止贩运毒品等，在维护海洋秩序中负有重要的国际责任。

15 经略海洋，建设海洋强国

海洋意识教育目标

1. 通过"我国将建成什么样的海洋强国"的探究活动，引导学生从现实需要和海洋强国的经验两个角度进行分析，树立"21世纪是海洋世纪""海洋在国家经济社会发展和对外开放中将发挥更加重要的作用""中华民族拥有源远流长、辉煌灿烂的海洋文化和勇于探索、崇尚和谐的海洋精神"等海洋意识。

2. 通过"为什么说经略海洋、建设海洋强国是中华民族伟大复兴的必然选择"的探究活动，引导学生回顾历史，审视当前，展望未来，从多个角度认识建设海洋强国是建设现代化国家的必然要求，是实现中华民族伟大复兴中国梦的必然选择。

3. 通过"如何经略海洋、建设海洋强国，实现中华民族伟大复兴的中国梦"的探究活动，引导学生认识经略海洋、建设海洋强国这一决策的重要意义，增强"建设海洋强国必须大力发展海洋高新技术，提高人类认识海洋、开发利用和保护海洋的能力"的海洋意识，以实际行动投身于经略海洋、建设海洋强国的宏伟事业中。

活动准备

（一）教师准备

1. 作好"学情"调查。通过问卷调查的形式了解学生对建设海洋强国的丰富内涵、战略地位与重要价值等认知情况。通过"问卷星"设计网上问卷调查——"经略海洋，建设海洋强国"。

第1题　历史上有哪些世界强国曾是海洋强国？［多选题］

选项	小计	比例（%）
荷兰		
英国		
美国		
俄国		
本题有效填写人次		

第2题 你认为明清时期中国对海洋的认识符合当时的国家利益吗？［单选题］

选项	小计	比例（%）
符合		
不符合		
本题有效填写人次		

第3题 下列内容哪些属于建设海洋强国的目标？［多选题］

选项	小计	比例（%）
海洋经济可持续发展能力的提高		
建立亚太地区的海上霸权		
建立海洋生态安全格局		
海洋科技领先世界		
海洋教育水平的提高		
本题有效填写人次		

第4题 你认为建设海洋强国和我国和平外交政策相矛盾吗？［单选题］

选项	小计	比例（%）
矛盾		
不矛盾		
本题有效填写人次		

第5题 你认为西方的海洋强国战略和中国的海洋强国战略一致吗？［单选题］

选项	小计	比例（%）
一致		
不一致		
本题有效填写人次		

第6题　你了解生态文明吗？［单选题］

选项	小计	比例（%）
了解		
不了解		
本题有效填写人次		

第7题　你知道什么是经略海洋吗？［单选题］

选项	小计	比例（%）
知道		
不知道		
本题有效填写人次		

第8题　你认为下列哪些内容是我国经略海洋、建设海洋强国的原因？［多选题］

选项	小计	比例（%）
中国近代屈辱的历史教训		
开发海洋资源		
更好地保护海洋生态环境		
适应经济全球化的需要		
本题有效填写人次		

2. 仔细分析教材，了解教情。教材由"案例回放"和三个探究活动组成，涉及经略海洋、建设海洋强国这一决策的重大而深远的意义，要引导学生深刻理解其丰富内涵、战略地位与重要价值，鼓励他们以实际行动为经略海洋、建设海洋强国的宏伟事业贡献自己的力量。

搜索下列相关的视频资料，供学生课前观看。

（1）党的十八大首次将"海洋强国"定为国家战略目标。

（2）建设海洋强国，中国准备好了吗？

（3）走向海洋：经略海洋。

指导学生在观看上述视频资料的基础上，思考如下问题：

① 分析说明我国建设海洋强国的目标。

② 分析建设海洋强国是中华民族伟大复兴的必然选择。

③ 从哪些角度分析我国目前还不是海洋经济强国。

④ 高中生怎样以实际行动为经略海洋，建设海洋强国贡献自己的力量。

3. 研究教法，为调动学生探究参与度、最大限度地发挥学生的主体性做好准备。

由于本课题研究的很多内容理论性、概念性、政策性强，所以教师要认真备课研究教法，调动学生学习、探究的兴趣。根据海洋意识教育目标的要求和教学课时安排，对于探究活动的难易、用时长短、组织形式、课上还是课下，都需要在备课时有充分的准备。例如，为了增加"案例回放"的冲击力，播放十八大关于"海洋强国是国家战略目标"的视频；为了提高学生学习的兴趣和自主学习以及知识的迁移能力，可以结合"中国近代屈辱多来自海上"课题的研讨收获，理解经略海洋、建设海洋强国与中华民族伟大复兴的关系。而"信息长廊"栏目在本课题研究中共出现四次，教师要充分利用好这些信息，引导学生以小组的形式在课前准备时查找详细的信息，课上交流研讨，共享信息，提高学习的效率。

（二）学生准备

1. 完成教师课前的调查问卷表，对经略海洋、建设海洋强国有一定的了解和认识。

2. 做好教师提前安排的在课堂上难以完成的内容，如上网观看"走向海洋，经略海洋"视频，查询经略海洋、建设海洋强国的丰富内涵、战略地位与重要价值，建设海洋强国的相关资料等，以便课堂上探究讨论。搜集相关的图片、历史地图、专家评论、史学研究等资料为课堂上专题报告会、分组探究活动、小组辩论以及主题班会等准备素材、论据和观点。准备"建设海洋强国，实现中华民族伟大复兴的中国梦"的宣传牌。做好可以深入到有关社区进行宣传的相关准备（有条件的可以进行）。

3. 条件允许的学校可以在课前以小组为单位采访相关历史学家、军事专家，获取文字、视频、史学观点、史学资料等，了解经略海洋、建设海洋强国的相关知识。

活动内容分析

第一部分，情境创设。

"案例回放"——"建设海洋强国",目的在于引导学生通过对党中央伟大决策的理解,充分认识这一决策的丰富内涵、战略地位与重要价值,激发他们参与活动的兴趣,树立以实际行动投身于经略海洋、建设海洋强国宏伟事业的信心和决心。

"导引"起到画龙点睛的作用,不仅提出了探究的目标和方向,更重要的是激发学生对经略海洋、建设海洋强国的信心、决心和勇气,引导他们树立远大志向,以实际行动为建设海洋强国、实现中华民族伟大复兴的中国梦作出应有的贡献。

第二部分,主体活动。

本主题活动包括3个板块。

板块1:认识21世纪海洋的重要性,了解中国要建立"强而不霸"的海洋强国,建设和谐海洋的目标。

本板块主要通过教材"探究1 我国将建成什么样的海洋强国"中的"活动·研讨"来体现。

为了引导学生认识我国建设海洋强国的目标,教材首先介绍了海洋强国的概念,然后阐释了21世纪海洋在国家经济社会发展和对外开放中的重要作用,使学生理解我国作出建设海洋强国决策的重要性。

"相关链接"栏目在主要介绍了美国是怎样重视海洋强国战略的,列举了相关史实,从世界强国的角度论证了海洋强国战略的重要性,有利于学生从多个角度理解和掌握海洋强国决策的重要性和必要性。

"信息长廊"栏目在本板块出现两次,都是关于海洋强国目标的内容,但侧重点不同。第一次是比较全面地介绍了"建设海洋强国的目标",第二次较为明确地对"建设'强而不霸'的新型海洋强国"进行了信息介绍。这些信息理论性、概念性、政策性比较强,对于学生理解经略海洋、建设海洋强国的重大而深远的意义,深刻理解其丰富内涵、战略地位与重要价值,都很有必要。建议教师充分利用好这部分内容,布置学生以小组的形式在课前准备时查找更多、更详细的信息,供课上交流研讨使用,共享信息,提高活动的效率。

在此基础上完成"活动·研讨"栏目,结合我国建设海洋强国的目标,以及现实需要和世界强国的经验,引导学生谈谈自己的海洋强国梦,鼓励学生大胆设想、讨论、发言,通过思想的碰撞,进一步理解我国建设海洋强国的重要决策。

板块2:认识经略海洋、建设海洋强国的原因。

本板块主要通过教材"探究2 为什么说经略海洋、建设海洋强国是中华民族伟大复兴的必然选择"中的"联想·分析"和"活动·研讨"来体现。

教材一开始就介绍了我国的地理概况，然后指出建设海洋强国，我国有着得天独厚的优势，使学生树立建设海洋强国的自豪感和责任感。

"联想·分析"栏目介绍了内有中国"向海则强，背海而衰"的观点，外有地缘政治学创始人拉采尔的观点。这两种观点都强调了海洋对造就世界强国的重要作用，引发学生思考，论证自己的观点，培养独立思考和分析综合的能力，强化有关的海洋意识。这里可以将学生根据自己的选择分为正方和反方，以小型辩论会的形式进行分析，教师需要注意的是提醒学生：无论选择哪一观点，都必须言之有据、言之有理。

教材从五个角度分析说明了建设海洋强国是中华民族伟大复兴的必然选择。"信息长廊"栏目关于"生态文明"概念的阐释是为了帮助学生更好地理解和认识经略海洋、建设海洋强国的第四个原因。可以将学生分成五个小组，每组负责一个原因，课前寻找有力的论据，课上分组展示论证自己的观点。

本板块"活动·研讨"栏目出现两次，教材第120页是结合"中国近代屈辱多来自海上"的研讨收获，引导学生深化对建设海洋强国是中华民族伟大复兴必然选择的理解；而教材第121页的"活动·研讨"，是促使学生面对现实理性思考我国还未成为海洋经济强国的原因，通过反思明确中国建设海洋强国是中华民族的必然选择。这两次"活动·研讨"从不同角度使学生进一步明确经略海洋、建设海洋强国是中华民族伟大复兴的必然选择。

板块3：认识经略海洋的内涵和措施，交流高中生以实际行动为经略海洋、建设海洋强国的做法。

本板块主要通过教材"探究3　应如何经略海洋、建设海洋强国，实现中华民族伟大复兴的中国梦"中的"交流·分享"来体现。

为了引导学生思考"如何经略海洋、建设海洋强国，实现中华民族伟大复兴的中国梦"，教材首先介绍了经略海洋的内涵，使学生从理论的角度了解经略海洋；然后从多方面介绍了经略海洋的方向，使他们从实践的角度了解经略海洋。

"信息长廊"栏目"建设海洋强国，我们该从哪些方面努力"，具体介绍了经略海洋、建设海洋强国的做法，使他们有了更为感性的认识。建议教师可以就这方面的内容，提前布置学生以小组的形式在课前准备时查找相关信息，课上可以进行交流研讨。

在此基础上完成"交流·分享"栏目，本栏目最好举行一次主题班会，学生谈谈自己的看法。本栏目属于全册课题研究的总结升华，通过班会，使每位学生树立海洋强国梦，认识到海洋强国梦是每一个中华儿女的梦。作为一名高中生，应该以实际行动为经略海洋、建设海洋强国贡献自己的力量。

第三部分，拓展活动。

"时代寄语"是课题研究的升华，回顾历史，审视当前，展望未来，准确地界定海洋在中华民族伟大复兴历史进程中的地位，明确经略海洋、建设海洋强国是时代的呼唤，也是全国人民的共同行动纲领，引导学生为了中华民族伟大复兴、为了实现中国梦积极行动起来。

"蓝色行动"是海洋实践活动。本课题研究的"蓝色行动"引导学生课后观看节目"建设海洋强国，中国准备好了"。以班级为单位，围绕"建设海洋强国，实现中华民族伟大复兴的中国梦"制作宣传牌，然后以小组为单位深入到社区或者走向街头开展宣传活动。

"后续研究"栏目是一个开放性的栏目，引导学生在一定的范围内自主选择研究课题和确定研究方案。由于是本册书的最后一个后续研究。研究课题可以跳出本课题研究的范围，所选课题的较之于以前要有所深化，有一定的高度，不能敷衍了事。在研究过程中对学生遇到的难点，教师可以适当地予以指导，但不能过度干涉或者包办。

探究参考

探究1 "**活动·研讨**"：通过上网搜索等方式查阅资料，分析说明我国建设海洋强国的目标，谈谈自己的海洋强国梦。

我的海洋强国梦：成为海洋强国，应该具备以下条件：

① 应该有一支强大的海军；

② 海洋经济总量应该占到GDP的1/3～1/2；

③ 应该有世界先进的海洋科技和海洋开发能力以及海洋管控能力；

④ 在联合国海洋机构和国际组织中具有发言权和影响力；

⑤ 拥有全民的海洋意识和海洋文化；

⑥ 要有全球性的海洋战略顶层设计等等。

探究2 "**联想·分析**"：纵观古今中外，不难发现一个重要规律：向海则强，背海则衰。正如地缘政治学创始人拉采尔所认为的："只有海洋才能造就真正的世界强国。跨越海洋这一步在任何民族的历史上都是一个重大事件。"你认为这一观点正确吗？你用什么证据来说明你的观点？

我的观点与证据：我认为这一观点是正确的。在近代史上，中国闭关锁国，"有海无防"。鸦片战争以后，西方列强大多通过海上不断入侵，使我国遭受巨大的屈辱和损失；而西方国家重视海洋，开辟新航路以后，西班牙、葡萄牙、荷兰、英国这些大国的崛起都与海洋有关。说明只有重视开发及利用海洋资源、拥有强大的国防和海军实力做后盾，国家才会强盛，屹立于世界强国之林。

"活动·研讨"： 结合"中国近代屈辱多来自海上"课题的研讨收获，通过上网搜索等方式进一步查阅资料，分析说明建设海洋强国是中华民族伟大复兴的必然选择。

我的分析： （1）我国近代屈辱史和世界海洋强国发展史表明，要实现国家富强和民族振兴必须掌握世界一流的海洋开发、控制和管理能力。

（2）当今世界，开发利用海洋成为世界经济发展新的增长极，必须通过海洋强国实施海洋强国战略以推动经济社会的发展。

（3）建设海洋强国和文化强国，从国家"软实力"出发，顺应世界产业结构调整的潮流，积极发展海洋服务业，大力发展海洋文化产业。

（4）保护海洋生态环境、推进生态文明是建设美丽中国的重要内容，实施海洋强国战略可为此提供强有力的保障。

（5）维护国家海洋主权和海洋权益，营造"和谐海洋"，必须通过建设海洋强国来实现。

总之，建设海洋强国是重大的国家决策，是实现中华民族伟大复兴的必然选择，是我国走向世界强国的必经之路，具有重要的现实意义和长远的战略意义。

"活动·研讨"： 通过上网搜索等方式查阅资料，结合自己的知识经验，对以上四个方面的原因作具体分析说明。

我的分析： （1）海洋科技总体水平较低，创新能力不足。一个国家海上实力的强大和海洋经济的发展关键在于海洋科技水平的高低，海洋高新技术的突破与进步对海洋经济发展起着决定性的作用。我国与世界其他大国相比，很多测评指标都不靠前，尤其是海洋科技实力，远远落后于其他几国。

（2）海洋产业结构矛盾突出。我国海洋产业结构是第一产业比重较大，而世界海洋经济是第二产业比重较大。我国滞后于世界海洋产业结构的演进，海洋开发仍以利用自然资源为主，海洋产业发展的结构非常不合理。

（3）发展海洋经济面临的生态环境压力。开发海洋给我们带来财富的同时，海岸地区社会经济的快速发展给海洋生态环境带来巨大压力，近海污染范围不断扩大，严重破坏了近岸的生态环境，导致原有生物群落结构的破坏和物种的减少，使生物多样性受到威胁，生态服务功能受损。

（4）我国的海军力量还不够强大，保海护商能力不足。目前海军的非战争运用已是现代海军的主要功能，以维护国家的主权和安全。但中国海军总体实力相对发达国家尚有较大的差距。

探究3 **"交流·分享"：举行一次"建设海洋强国，我们一起行动"主题班会，结合研讨本册教材所提供的专题、课题的收获，在主题班会上谈谈自己的看法。**

我的看法：我国是陆海大国，海岸线漫长，不仅拥有960万平方千米的陆地国土，根据《联合国海洋法公约》还有着约300万平方千米的主张管辖海域。近代中国，封建王朝故步自封、闭关锁国、实施海禁等多重因素，严重制约了中华民族海洋事业的发展，逐渐被世界发展潮流边缘化。在西方列强海盗式的掠夺和侵略下，泱泱大国沦为贫穷落后的半殖民地国家。惨痛的历史教训，一直激励着志士仁人奋发图强。新中国成立以后，尤其是改革开放以来，随着沿海开放战略的实施，我国的海洋事业取得了长足进展，"蓝色国土"得到了前所未有的开发利用。在发展海洋事业的同时，珍惜海洋资源、保护海洋环境、维护海洋权益，日益成为全党全国人民的共识。"经略海洋"，是党中央站在历史和全局的高度作出的战略抉择，对于准确把握时代特征和世界潮流，统筹国内国际两个大局，坚持陆海统筹，坚持走依海富国、以海强国、人海和谐、合作共赢的发展道路，通过建设"和平、合作、和谐"海洋的观念，扎实推进海洋强国建设，具有重大而深远的意义。

活动重点

为达成"中华民族拥有源远流长、辉煌灿烂的海洋文化和勇于探索、崇尚和谐的海洋精神，每个人都应当有建设海洋强国的自豪感和责任感""建设海洋强国是建设现代化国家的必然要求，是实现中华民族伟大复兴中国梦的必然选择""建设海洋强国必须大力发展海洋高新技术，提高人类认识、开发、利用和保护海洋的能力"等有关的海洋意识教育目标，认识经略海洋、建设海洋强国这一决策的重大而深远的意义，应突出探究分析经略海洋、建设海洋强国的丰富内涵、战略地位与重要价值，引导学生以实际行动投身于经略海洋、建设海洋强国的宏伟事业中是本课题探究重点。

活动内容划分与课时安排

本课题研究包含三个探究活动，建议分为三个课时完成。

第一课时完成"案例回放"与探究1；第二课时进行探究2和探究3；第三课时举行蓝色行动"建设海洋强国，中国准备好了吗"报告会（第三课时可根据课时情况进行合理取舍）。

活动设计案例

活动环节	师生活动	设计意图
活动导入	播放关于"建设海洋强国"的视频。 教师：中共中央政治局就建设海洋强国研究进行第八次集体学习时强调，建设海洋强国是中国特色社会主义事业的重要组成部分。党的十八大作出了建设海洋强国的重大部署。实施这一重大部署，对推动经济持续健康发展，对维护国家主权、安全、发展利益，对实现全面建成小康社会目标进而实现中华民族伟大复兴都具有重大而深远的意义。那么经略海洋、建设海洋强国这一决策到底有何丰富内涵、战略地位与重要价值呢？引导学生带着问题开展活动	通过案例回放"建设海洋强国"，引导学生充分认识这一决策的丰富内涵、战略地位与重要价值，激发他们参与活动的兴趣，树立以实际行动投身于经略海洋、建设海洋强国宏伟事业的信心和决心
探究1　我国将建成什么样的海洋强国（比较、小组合作等方法）	1. 何为海洋强国？ 根据教材，了解海洋强国的概念，结合"相关链接"栏目"美国重视海洋强国战略"，从历史借鉴和现实需要两个角度引导学生了解党中央为什么作出了建设海洋强国、实现中华民族伟大复兴中国梦的重大决策 2. 建设"强而不霸"的新型海洋强国。 结合"信息长廊"提供的建设海洋强国的目标引导学生了解海洋强国的内涵；通过上网搜索等方式查阅资料，完成"活动·研讨"，引导学生谈自己的海洋强国梦；最后结合教材第119页的"信息长廊"阐释我国建设海洋强国的目标，始终秉承建设和谐海洋的理念	培养学生通过阅读相关资料提取有效历史信息以及多角度分析概括问题的能力。从现实需要和历史上世界强国发展的历程两个角度，引导学生明确中国要建立"强而不霸"的海洋强国、建设和谐海洋的态度。 注意对学生独立思考和分析概括能力的培养，关注学生的学习能力；特别要指导学生加深对海洋强国的内涵的正确理解，与西方的海洋强国有着本质的不同
探究2　为什么说经略海洋、建设海洋强国是中华民族的必然选择（比较、归纳综合、小组合作等方法）	1. 理解"联想·分析"中"向海则强，背海则衰"的观点，鼓励学生从多角度寻找论据证明自己的观点（答案不求一致，可以多元，但是必须言之有理） 2. 经略海洋、建设海洋强国是中华民族伟大复兴的必然选择。 结合教材提供的五个原因，将学生提前分成五组，每组负责一个知识点，搜集资料、并进行整理、归纳，课堂小组展示汇报小组研究成果。通过思想的碰撞，引导学生明确经略海洋、建设海洋强国是中华民族伟大复兴的必然选择的原因	引导学生从五个角度分析说明原因，认识建设海洋强国是建设现代化国家的必然要求，是实现中华民族伟大复兴中国梦的必然选择。 对于学生的创新思维要多加鼓励，但是学生出现明显的知识性错误和观点时，教师一定要做出正确的指导。 培养学生搜集资料、整理资料以及归纳概括的能力；通过交流分享，加强学生的实践能力和合作学习的能力

续表

活动环节	师生活动	设计意图
探究3 如何经略海洋、建设海洋强国，实现中华民族伟大复兴的中国梦	1. 何谓"经略海洋"？ 阅读教材，了解经略海洋的概念，然后小组合作探讨，列举史实，深刻理解经略海洋的内涵，提高海洋意识 2. 为建设海洋强国，我们应该怎么做？ 通过提前查找的资料，结合"信息长廊"所给的启示性资料"建设海洋强国，我们该从哪些方面努力"，组织学生探讨，结合研讨本册教材提供的专题、课题的收获，准备一次主题班会，明确作为高中生更应该以实际行动投身于经略海洋、建设海洋强国的宏伟事业中	注重对学生史论结合能力的培养，使学生明确经略海洋的概念，理解我国经略海洋、建设海洋强国这一决策的重要意义，知道我国建设海洋强国的努力方向，作为高中生更应该以实际行动投身于经略海洋、建设海洋强国的宏伟事业中，加强对学生海洋意识的渗透。 在肯定学生积极参与的基础上，要引导学生结合自身实际，以及以前研讨的成果，进一步明确作为高中生在经略海洋、建设海洋强国宏伟事业中的责任和义务，增强海洋意识
小结	教师引导学生归纳总结本课题研究的主干知识结构： 经略海洋，建设海洋强国 1. 我国将建成什么样的海洋强国 2. 经略海洋、建设海洋强国是实现中华民族伟大复兴中国梦的必然选择 3. 如何经略海洋，建设海洋强国，来实现中华民族伟大复兴中国梦？ （1）经略海洋； （2）建设海洋强国的努力方向	增强学生归纳和总结能力，特别是理论结合实际、史论结合等方面的学习能力。引导学生构建本课题研究的认知结构。引导学生深刻认识应该采取实际行动为经略海洋、建设海洋强国贡献自己的力量

续表

活动环节	师生活动	设计意图
"蓝色行动"全册知识的总结升华，举办"建设海洋强国，中国准备好了"主题班会，制作宣传牌，有条件深入到社区进行宣传	1. 教师课前指导学生观看云南电视台《新视野》栏目推出的"建设海洋强国，中国准备好了吗"节目 2. 课前指导学生回顾、整理研讨综合本册教材提供的专题、课题的收获 3. 小组划分。按照班级人数，一般分为5～6组，每个小组可以根据班会主题任选一个感兴趣的主题，进行小组研讨，课上呈现本组的研究性学习成果，形式可以多样化 4. 按照老师的要求，学生课前查阅相关资料，观看视频，进行小组研讨，做好充分的汇报展示准备，整个准备工作可以有所拓展、延伸 5. 活动重点： ① 学生合作学习的主题要契合班会主题； ② 合作学习中涉及的论点要明显，论据要得当； ③ 注意在课堂展示中以及讨论中一定要加强对学生海洋意识的渗透 6. 课时安排：一课时 7. 活动（或研究）过程。课前提前一周布置准备工作，保证质量。主题班会用时35～40分钟，进行5～6组的展示。学生展示小组的合作学习成果。主题班会由学生主持，教师不多加干涉，在班会总结的时候，可以对学生合作学习的成果进行点评，要特别注意海洋意识的渗透。课后以班级为单位制作"建设海洋强国，实现中华民族伟大复兴的中国梦"的宣传牌。有条件的可以深入到有关社区进行宣传	通过主题班会的分享，引导学生树立海洋强国梦是每一个中华儿女的梦，作为一名高中生，应该以实际行动为经略海洋、建设海洋强国贡献自己的力量

活动资源拓展

（一）中国从海洋大国到海洋强国的战略困境

中国虽然是一个海洋大国却并非海洋强国，在海洋问题上，中国依然没能很好地摆脱战略困境。主要表现为两个方面：一是从客观实力来看，中国应是一个海洋大国，但在海洋资源开发的研究水平与开发实力以及在国际上海洋问题发言权及影响力较小，这与中国的大国地位严重不相称。二是海洋权益（含海洋国土）争端频发，中国常常陷入被动应付、消极防御的状态。这种困境的形成，从外部客观因素来看，主要有三点。第一，我国的海洋地缘政治环境不佳，仅一面向洋（太平洋），海岸线也不太长，且在通向大洋的战略通道上有着许多政治制度与意识形态不同的国家，海上战略通道狭窄，受多道"岛链"环绕，容易受制于人。第二，历史遗留问题众多，矛盾涉及面广。第三，中国和平崛起是近30年来国际社会最重要的事件，它对国际格局与国际秩序产生了重大影响，必然引起国际社会广泛关注，一些西方国家散布"中国威胁论"，想方设法遏制中国的和平发展。

（二）中国海洋强国梦之路

中国是陆海复合型国家，必须兼顾陆、海两大战略方向，保持协调发展。中国的海洋资源虽较为丰富，但与世界海洋大国相比，仍相对不足；海洋空间狭长，并为岛链封锁，海洋地理更是相对不利。在这样的地缘条件下，中国应该依据自己的先天优势，客观地规划自己的战略目标及手段，坚持走中国特色的海洋强国路。

然而，在变化的同时，人类海洋文明的历史长河中也存在一些相对恒定的规律与经验。在当今世界各海洋国丰富的海洋实践过程中，也有着相对普适的价值观念。

一是海洋强国必须拥有强大的海上实力，海上实力是中国成为海洋强国的物质基础。二是海洋强国必然是以海洋文明为支撑的，文明的转型是中国海洋强国之路的社会文化保障。三是契约精神和条约体系长期是海洋秩序的基石，也应是中国参与海洋政治的主要框架。

（三）谋求合作共赢，共同发展

中国国情和和平发展战略决定了中国不会走西方侵略扩张的老路，而是要走一条"依海富国、以海强国、人海和谐、合作共赢"的新型发展道路。中国建设海洋强国，不但不会对周边国家构成威胁，而且将成为捍卫亚太地区和平稳定的中坚力量。中国一贯遵循《联合国海洋法公约》条款，坚持"和平使用海洋"，坚持对难以达成协议的争议暂时搁置并作出实质性临时安排。坚持用和平的方式解决争端，推进互利友好合作，寻求和扩大共同利益的汇合点，努力构建和谐海洋。但中国决不会放弃正当权益，更不会牺牲国家核心利益。面对错综复杂的海洋维权形势，中国采取了一系列有力举措，包括在管辖海域开展巡航执法、首艘航母入列人民海军等，充分展示了维护海洋权益的坚定意志和决心。

参考文献

［1］刘会齐. 环境利益论［D］. 上海：复旦大学，2009.

［2］陈虹宇. 基于荧光光谱法港口近距溢油监测报警系统［D］. 大连：大连海事大学，2013.

［3］李连健. 珠江口水域溢油信息系统的研究［D］. 大连：大连海事大学，2002.

［4］陈孙舸. 舟山海域化学品泄漏事故应急对策的研究［D］. 大连：大连海事大学，2006.

［5］崔达. 全球环境问题与当代国际政治［D］. 苏州：苏州大学，2008.

［6］张莉萍. 海洋污染浅析［J］. 丹东海工，2005，9.

［7］杨堃峰. 蒽、多氯联苯、三丁基氧化锡对坛紫菜生长发育的影响［D］. 青岛：中国海洋大学，2006.

［8］袁丽蓉. 波流环境中垂向紊动射流的数值模拟研究［D］. 大连：大连理工大学，2006.

［9］徐晓辉. 两种星鲽组织细胞系的建立及久效磷对其毒性作用的研究［D］. 青岛：中国海洋大学，2010.

［10］袁建华. 论珠三角地区水产养殖保险［J］. 暨南学报(哲学社会科学版)，2005.

［11］柴勋. 基于组件式GIS的赤潮灾害风险评估系统的设计与实现［D］. 上海：上海海洋大学，2011.

［12］连子如. 分子印迹固相萃取技术在海洋有机污染物和麻痹性贝毒分离检测中的应用［D］. 青岛：中国海洋大学，2013.

［13］滕依娜. 企业环境成本管理模式设计与应用研究［D］. 内蒙古：内蒙古大学，2006.

［14］马文才.海洋渔业资源集约利用下的我国渔民增收研究［D］.青岛：中国海洋大学，2008.

［15］王中波.我国常见的海洋灾害［J］.地理教育，2011，9.

［16］林海峰，等.海洋污染监测数据三维建模技术研究［J］.天津航海，2011，2.

［17］雷晓燕.风暴作用下渤海中污染物（COD）输运的研究［D］.青岛：中国海洋大学，2005.

［18］张莉萍.浅析海洋污染［G］//中国海洋工程学会.第十二届中国海岸工程学术讨论会论文集.北京：海洋出版社，2005.

［19］康维，魏志强.海上溢油污染及清理方法［J］.清洗世界，2012，28（11）.

［20］陈林春，汪舟娜.船舶溢油原因及其治理措施探析［J］.广州航海高等专科学校学报，2012，2（20）.

［21］冯军，等.现代海底热液微生物群落及其地质意义［J］.地球科学进展，2005，20（7）.

［22］王凡.地球生命起源之谜 "黑色烟雾"中的生命［J］.大自然探索，2002（10）.

［23］冯军，李江海.远离阳光的生命世界——海底黑烟囱生物群落揭秘［J］.生命世界，2004.

［24］彭奕欣.生命起源问题的新争论［J］.生物学通报，1997（5）.

［25］徐绍箐.海水油污染叠加指纹参数特征识别与效应研究［D］.青岛：中国海洋大学，2012.

［26］杨昊炜，柴田.浅谈溢油污染对海洋环境的危害［J］.天津航海，2007（4）.

［27］杜雪岩，邱金山.微纳结构复合材料固—固相变储能性能的研究［D］.兰州：兰州理工大学，2014.

［28］蓝先洪.中国陆架的沉积环境地球化学［J］.海洋地质动态，2004，20（9）.

［29］赵亚冰，林斌.海上溢油事故的警示及防备措施［J］.青岛远洋船员学院学报，2004，1.

［30］宋家慧.船舶污染海洋环境"防、救、赔"系统工程的研究［J］.中国航海，2004，2.

［31］李树华."威望"号油轮溢油事故及其在国际社会引起的强烈反响［J］.交通环保，2003，1.

［32］盖广生.大海国［M］.北京：海洋出版社，2011.

［33］陆儒德.大海告诉你［M］.北京：海洋出版社，2009.

［34］战立鹏.毛泽东人民海军建设思想及启示［J］.军事历史，2009，3.

［35］储磊.海军舰艇装备——国防工业成就的缩影［J］.军事经济研究，1991，7.

［36］张海文，王芳.海洋强国战略是国家大战略的有机组成部分［J］.国际安全研究，2013，6.

［37］孔小惠.中国作为陆海复合国家的地缘战略选择［J］.国际关系学院学报，2008，2.

图书在版编目（CIP）数据

我们的海洋教师用书：高中版／国家海洋局宣传教育中心
编.—青岛：中国海洋大学出版社，2014.10（2025.7重印）
ISBN 978-7-5670-0762-8

I.①我… Ⅱ.①国… Ⅲ.①海洋—青少年读物 Ⅳ.①P7-49

中国版本图书馆CIP数据核字（2014）第232332号

我们的海洋教师用书（高中版）

出版发行	中国海洋大学出版社
	青岛市香港东路23号　266071
	http://pub.ouc.edu.cn
	海洋出版社
	北京市海淀区大慧寺8号　100081
	http://www.oceanpress.com.cn
出 版 人	杨立敏
项目统筹	李夕聪
责任编辑	孟显丽
电子信箱	1079285664@qq.com
印　　制	日照报业印刷有限公司
版　　次	2015年10月第1版
印　　次	2025年7月第2次印刷
成品尺寸	185 mm × 260 mm
印　　张	14
字　　数	251千
定　　价	38.00元
订购电话	0532-82032573（传真）

发现印装质量问题，请致电0633-8221365，由印刷厂负责调换。